中公新書 2526

元木泰雄著

源　頼朝

武家政治の創始者

中央公論新社刊

はじめに

建久《けんきゅう》元年（一一九〇）十一月七日、数日続いた雨もようやく上がり、午後には晴れあがった。吹きすさぶ寒風の中、三騎ずつ騎馬を並べて、堂々たる隊伍《たいご》を組んだ行列が、粛々と京を進んだ。源 頼朝《みなもとのよりとも》とその御家人《ごけにん》たちである。紺青丹色《こんじょうにいろ》の水干《すいかん》を身にまとい、鹿毛《かげ》の行縢《むかばき》を着用した頼朝は、黒馬に騎乗して千騎の随兵《ずいひょう》に囲繞《いにょう》されて行列の中心にいた。おそらく彼は傲然《ごうぜん》と辺りを睥睨《へいげい》していたことであろう。後白河《ごしらかわ》院も、牛車《ぎっしゃ》の中から密《ひそ》かにこの行列を見物している。

永暦《えいりゃく》元年（一一六〇）三月、流人《るにん》として京から伊豆《いず》に送られて以来、実に三十年。仇敵《きゅうてき》平氏一門、河内《かわち》源氏一門内の対抗者であった義仲《よしなか》、義経《よしつね》、そして最後の強敵平泉藤原《ひらいずみふじわら》氏をなぎ倒した頼朝は、武士の世界における唯一の勝者となっていた。かつて敗残の流人として惨めに出立《しゅったつ》した京に、頼朝は勝者として凱旋《がいせん》したのである。

その間、京は再三の大火、大地震、そして退去する軍勢による放火、進駐した軍勢の掠《りゃく》奪《だつ》にさらされ、混乱と復興の過程で大きく変わっていたはずである。後白河院近臣として将来を嘱望《しょくぼう》されていたころ、彼が目に焼きつけていたであろう京の姿は、すっかり変貌《へんぼう》を余儀なくされていた。京に混乱をもたらした内乱を自らの手で収め、勝者として上洛《じょうらく》した頼朝の目に、変貌した京はどのように映ったのであろうか。

大きく変わったのは、むろん頼朝自身も同様である。十四歳（数え年。以下同様）で京から伊豆に流された彼も年齢を重ね、すでに四十四歳となっていた。白髪も混じっていたかもしれない。平治《へいじ》元年（一一五九）、平治の乱で父義朝《よしとも》は敗死し、頼朝は逃亡の末に捕縛され、処刑される運命にあった。平清盛《たいらのきよもり》の継母池禅尼《ままははいけのぜんに》の嘆願で九死に一生を得て、伊豆に配されたことは周知の通りである。一介の流人となった頼朝が、平氏打倒の兵を挙げたのが治承《じしょう》四年（一一八〇）、それから十年足らずで彼は対抗する武士勢力を全て倒したことになる。まさに「流人の奇跡」以外の何ものでもない。

奇跡の背景として、東国武士との重代相伝《じゅうだいそうでん》の主従関係が指摘されてきた。しかし、乳母《めのと》子《ご》の山内首藤経俊《やまのうちすどうつねとし》や、前九年《ぜんくねん》合戦において源頼義《よりよし》に「殉死」した佐伯経範《さえきのつねのり》の子孫波多野《はたの》氏など、まさに重代相伝を代表する一族が頼朝に敵対し、河内源氏とは古い関係をもたない伊豆の武士が多数協力しているのである。封建的主従関係として知られる本領安堵《ほんりょうあんど》・新恩給《しんおんきゅう》与《よ》が成立するのは頼朝挙兵が成功したあとであった。頼朝以前に、所領を媒介とした継続的な主従関係は成立していなかったのである。では、頼朝勝利の背景は何か。新たに問い直されなければならない。

頼朝は再三、死の淵《ふち》を覗《のぞ》いた。平治の乱で九死に一生を得たあとも、配流先《はいるさき》の伊豆で彼を監視していた伊東祐親《いとうすけちか》に殺されかけたところを、その次男祐清《すけきよ》に救われ、さらに挙兵直後の石橋山《いしばしやま》合戦でも敗北、戦場で山内首藤経俊に矢を射られ、岩窟《がんくつ》に身を潜ませて大庭景親《おおばかげちか》らの探索を辛くも逃れたとされる。またしても死の淵に臨んだことになる。

源頼朝坐像　甲斐善光寺所蔵の木像．作者不詳．「文保三年」（1319年）の銘があり，近年の研究では，本人の面影を伝えている可能性がある唯一の頼朝像とされる

再三の死の恐怖が、頼朝に大きな猜疑心《さいぎしん》をもたらしたことはいうまでもない。弟の義経・範頼《のりより》をはじめ、甲斐《かい》源氏などの源氏一門はもとより、上総介広常《かずさのすけひろつね》らの有力な御家人、さらには敵対した平氏一門に対する無慈

悲な仕打ちもその所産とされる。だが、猜疑心だけを強調したのでは、なぜ彼が多くの東国武士に尊崇され、幕府を樹立することができたのかが説明できない。

一方、生命の危機に直面した彼は、そのたびに救われたのも事実である。自らを滅ぼそうとする者と救済する者、彼はそれを見分ける術《すべ》を身につけたはずである。そして、単に人を疑うだけでなく、信じられる者を選び、その力を利用する、そしてさらに彼らの絶大な信頼を得る、そうした術も体得していったと考えられる。そうでなくして、一介の流人が武士政権の頂点に立つことはありえないのである。

冷酷とされる義経以下の一族との関係についても、単に頼朝個人の性格を通して考えるのではなく、当時の頼朝の立場、とくにまだ幼弱な幕府の存在形態を通して再検討する必要があるだろう。同時に、頼朝亡きあと、頼家《よりいえ》・実朝《さねとも》が非業の最期を遂げ、源氏将軍がわずか三代で滅んだ背景も、『吾妻鏡《あずまかがみ》』の記述から、一族に対する冷酷さと関連させて取り上げられることがある。また、長女大姫入内《おおひめじゅだい》の失敗など、頼朝晩年の失政と結び付ける見方もあった。この問題も、同様に頼朝が構築した権力の矛盾、弱点を通して考え直すべきであることはいうまでもない。

とくに、大姫の入内工作を中心にした、朝廷への介入について、往年の概説書はいずれも失政として、頼朝の貴族的性格の所産としてきた。さすがに近年はこうした見方は変化しつつあるが、概説・評伝は、おおむね簡略にふれるにとどまる。清新な東国での政治を創始した頼朝が、その貴族的な性格から、澱《よど》みきった公家《くげ》政権に足を取られたとする見方が依然根強いのではないだろうか。しかし、果たして朝廷に介入しようとしたことが誤った政治だったといえるのだろうか。

近年、中世成立期の公家と武家をことさらに区分し、両者の対立を強調する見方が強まっている。これは、儀式や迷信に拘《こだわ》る愚かな公家と、新時代を切り開く英雄である武士との対立、あるいは搾取する貴族とされる武士との階級対立といった固定観念がもたらす古めかしい歴史観の再燃といえよう。こうした先入観にとらわれることなく、頼朝と京との関係をも見直したい。

本書では、以上のような関心に従って、河内源氏嫡流にして、鎌倉幕府の創始者である源頼朝の生涯と、政治的役割を再検討してゆくことにしたい。

目次

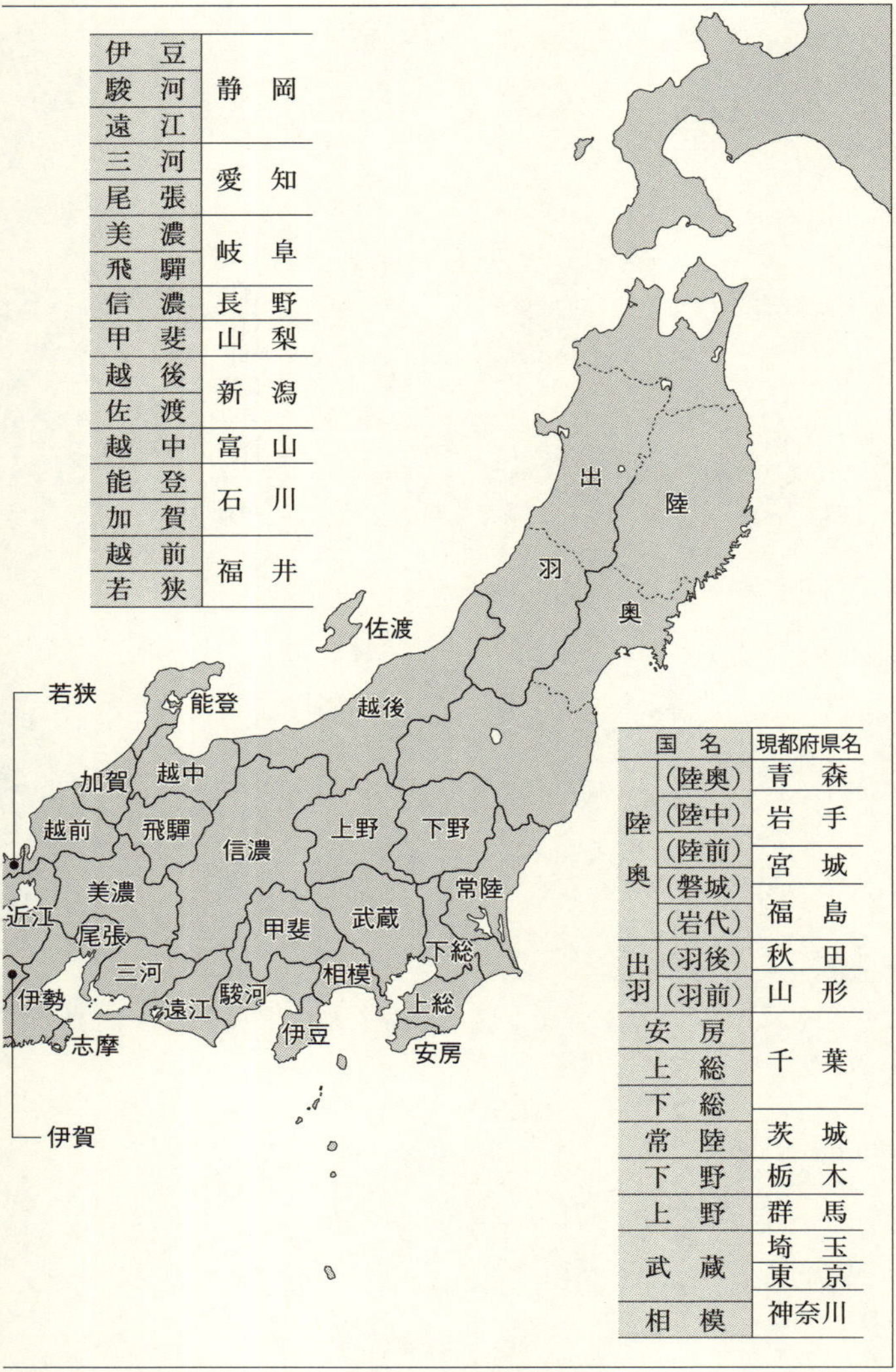

伊豆	静岡
駿河	静岡
遠江	静岡
三河	愛知
尾張	愛知
美濃	岐阜
飛驒	岐阜
信濃	長野
甲斐	山梨
越後	新潟
佐渡	新潟
越中	富山
能登	石川
加賀	石川
越前	福井
若狭	福井

国名		現都府県名
陸奥	（陸奥）	青森
陸奥	（陸中）	岩手
陸奥	（陸前）	宮城
陸奥	（磐城）	福島
陸奥	（岩代）	福島
出羽	（羽後）	秋田
出羽	（羽前）	山形
安房		千葉
上総		千葉
下総		千葉・茨城
常陸		茨城
下野		栃木
上野		群馬
武蔵		埼玉・東京・神奈川
相模		神奈川

旧国名	県名
筑前	福岡
筑後	福岡
豊前	福岡・大分
豊後	大分
日向	宮崎
大隅	鹿児島
薩摩	鹿児島
肥後	熊本
肥前	佐賀・長崎
壱岐	長崎
対馬	長崎

旧国名	県名
阿波	徳島
土佐	高知
伊予	愛媛
讃岐	香川
備前	岡山
美作	岡山
備中	岡山
備後	広島
安芸	広島
周防	山口
長門	山口
石見	島根
出雲	島根
隠岐	島根
伯耆	鳥取
因幡	鳥取

旧国名	府県名
近江	滋賀
山城	京都
丹後	京都
丹波	京都・兵庫
但馬	兵庫
播磨	兵庫
淡路	兵庫
摂津	兵庫・大阪
和泉	大阪
河内	大阪
大和	奈良
伊賀	三重
伊勢	三重
志摩	三重
紀伊	三重・和歌山

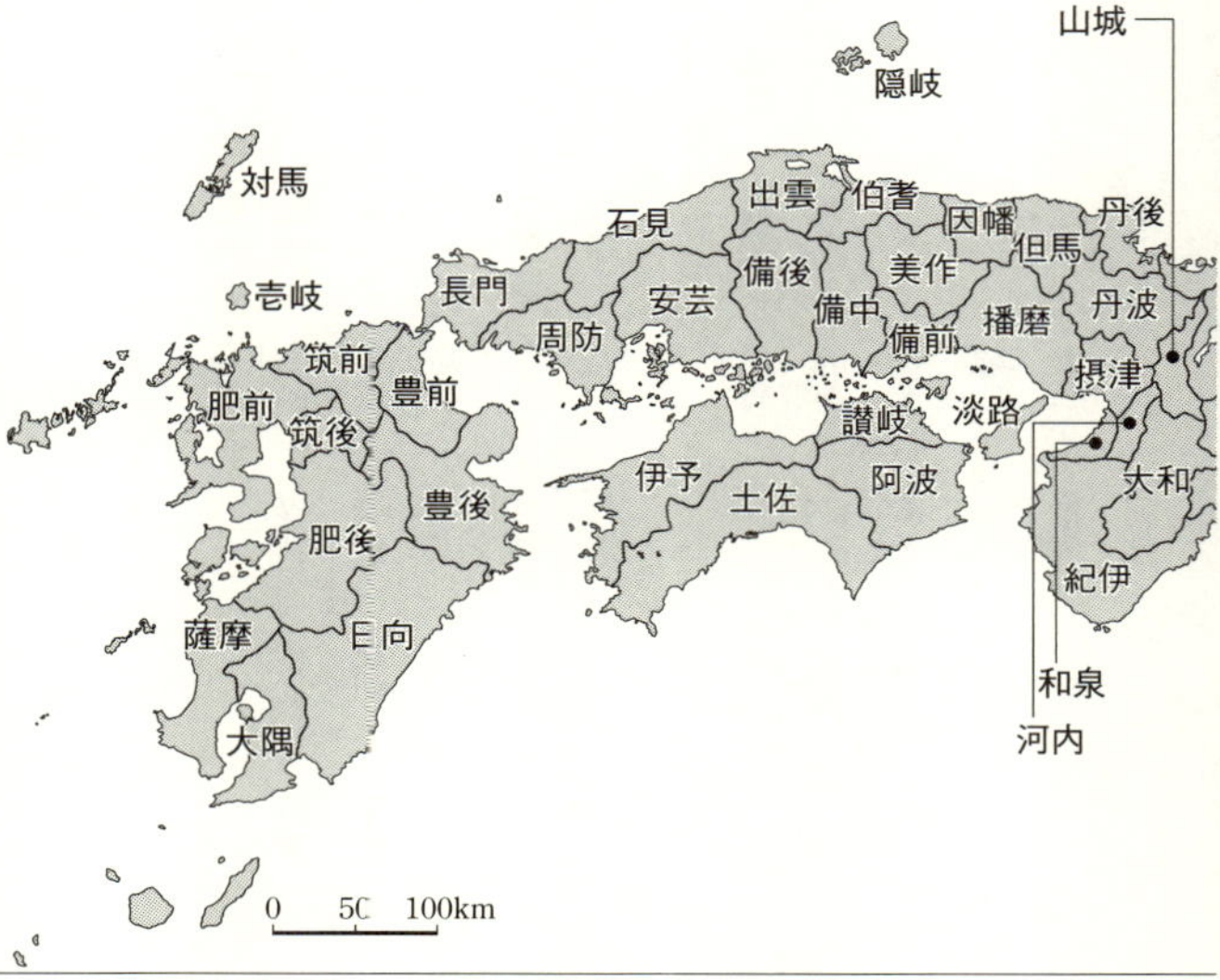

武門源氏略系図

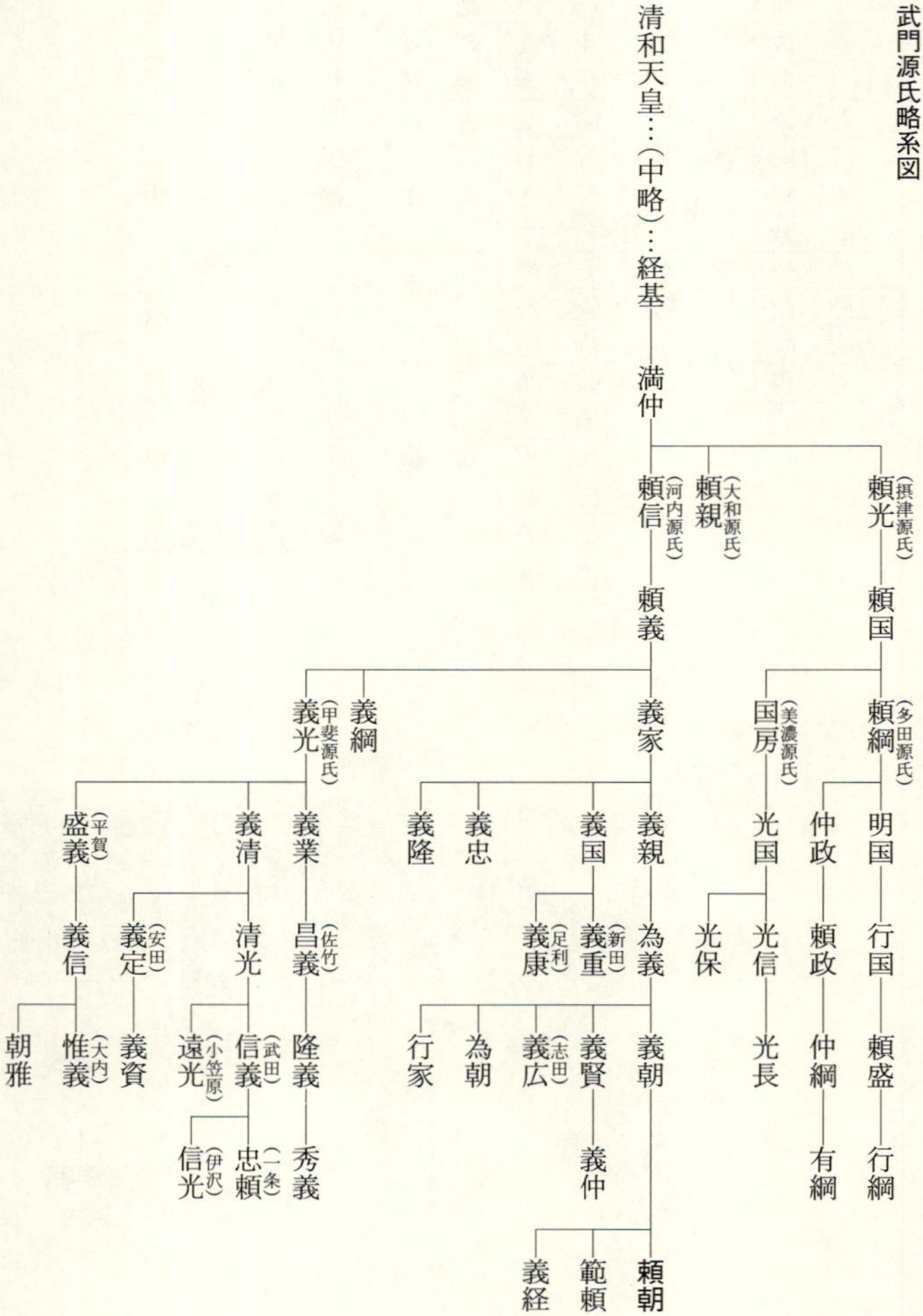

清和天皇…(中略)…経基
満仲
頼光(摂津源氏)
頼親(大和源氏)
頼信(河内源氏)
頼国
頼綱(多田源氏)
国房(美濃源氏)
明国
仲政
光国
行国
頼政
光信
光保
頼盛
仲綱
光長
行綱
有綱
頼義
義家
義綱
義光(甲斐源氏)
義親
義国
義忠
義隆
為義
義重(新田)
義康(足利)
義朝
義賢
義広(志田)
為朝
行家
義仲
頼朝
範頼
義経
義業
義清
盛義(平賀)
昌義(佐竹)
清光
義定(安田)
義信
隆義
信義(武田)
遠光(小笠原)
義資
惟義(大内)
朝雅
秀義
忠頼(一条)
信光(伊沢)

源頼朝

Ⅰ　頼朝の登場——河内源氏の盛衰

1　頼朝とその周辺

生涯の概略

そもそも、頼朝の生涯とはどのようなものであったのか。まず簡単に彼の生涯をたどることからはじめよう。

頼朝は、久安《きゅうあん》三年（一一四七）に生誕した。むろん誕生の記録はなく、生年は死没時における享年から遡及《そきゅう》したものである。父は河内源氏の武将義朝で、義平《よしひら》・朝長《ともなが》という二人の兄がいた。母は「熱田大宮司《あつただいぐうじ》」藤原季範《すえのり》の娘で、その名を「由良《ゆら》」とする説もあるが、根拠は不明確である。頼朝の生地については、母の関係から熱田神宮とする伝承もあるが、藤原季範の一族は院近臣《いんのきんしん》（中級貴族の家柄に属し、院の側近となる廷臣）として活動しており、おそらくは京都と考えられる。

十三歳の平治元年（一一五九）、父義朝のもと平治の乱で初陣《ういじん》を飾るものの敗北、父は殺され、自身は逃亡先の尾張《おわり》で捕らえられる。本来、成人の戦闘員は処刑されるべきところ、清盛の継母池禅尼の嘆願で助命された。そして、翌年、伊豆に配流され、当初は伊東祐親、ついで北条時政《ほうじょうときまさ》の監視を受ける。

治承四年（一一八〇）八月、挙兵すると、同年中に南関東を占領、寿永《じゅえい》二年（一一八三）十月には東海・東山《とうさん》両道の軍事・警察権を付与され、元暦《げんりゃく》二年（一一八五）三月、壇ノ浦《だんのうら》合戦で平氏を滅ぼすことになる。同年暮れ、対立した義経が挙兵、没落すると、諸国に「守《しゅ》護《ご》・地頭《じとう》」を設置する。

文治《ぶんじ》五年（一一八九）、平泉藤原氏の泰衡《やすひら》に圧力を加えて義経を殺害させ、ついで義経隠匿を口実に平泉藤原氏を滅ぼすに至った。こうして頼朝は、敵対する武士勢力を全て打倒したのである。かくして後顧の憂いを払拭《ふっしょく》した頼朝は、建久元年（一一九〇）十一月、本書冒頭に記したように、配流後初の上洛を果たし後白河院とも対面する。

二年後の建久三年、後白河院が死去したあと、征夷大将軍《せいいたいしょうぐん》に就任、建久六年には再度の上洛を果たし、東大寺落慶供養《とうだいじらっけいくよう》に出席する。このころ大姫入内工作に奔走するが、大姫の死去で失敗に終わる。そして、三度目の上洛を期したものの、建久十年正月十三日、鎌倉で死去する。享年は五十三であった。

頼朝の一族

父源義朝に至る河内源氏の歴史は後述に委《ゆだ》ね、まず頼朝の兄弟、母の一族にふれたい。頼朝には二人の兄がいた。長兄が義平で、平治の乱後に処刑された享年から永治《えいじ》元年（一一四一）年の生誕で、母は相模国在庁官人《さがみのくにざいちょうかんじん》（三七～三八頁参照）三浦義明《みうらよしあき》の娘とされるが、遊女とする説もある。平治の乱まで鎌倉に居住していた。次兄朝長は康治《こうじ》二年（一一四三）の生誕で、母は相模の豪族波多野遠義《とおよし》の娘である。彼も平治の乱で命を落とすことになる。

頼朝の兄弟

義朝
- 義平
- 朝長
- 頼朝
- 希義
- 範頼
- 全成
- 義円
- 義経

この兄弟の母が出た三浦・波多野両氏は、いずれも相模国の摂関家《せっかんけ》領である三崎荘《みさきのしょう》・波多野荘の荘官《しょうかん》（荘園の管理者）で、河内源氏とは古いつながりを有する一族であった。義朝が若き日に東国に下向《げこう》した際にもうけた子供たちである。義平が無官であったのに対し、朝長は後白河の中宮《ちゅうぐう》（皇后と同格の天皇の后《きさき》）藤原忻子《きんし》に仕え五位に叙されていた。波多野氏は、前九年合戦（一〇五一～六二年）で戦死した佐伯経範の子孫で、代々五位に至る家柄であったことが朝長の高い官位に影響したものとみられ、彼には嫡男の可能性もあった。しかし、平治の乱に際し頼朝は右兵衛権佐《うひょうえのごんのすけ》という栄職についており、頼朝が嫡男となったとみられる。

ちなみに五位以上の位階を有する者は、朝廷から種々の特権を与えられており、彼らこそが本来の意味での「貴族」であった。武士でありながら、五位以上の貴族としての地位を有する存在を、一般の地方武士と区別して、軍事貴族と称している。

さて、頼朝と同母であったのは、同じく平治の乱で配流された弟の希義《まれよし》と、藤原（一条《いちじょう》）能保《よしやす》室となる女子の二人である。三人の子をもうけていたことは、頼朝の母が義朝と琴瑟相和《きんしつあいわ》す存在で、後述する実家の家格から考えても、彼女が正室であったことは疑いない。

系図集『尊卑分脈《そんぴぶんみゃく》』は、希義のすぐ下に義門《よしかど》という弟があったとするが、彼の事績は一切わからない。その下に、遠江《とおとうみ》池田宿《いけだのしゅく》の遊女を母とし、源平争乱で活躍する範頼、そして九条院《くじょういん》の雑仕女《ぞうしめ》常葉《ときわ》（常盤）を母とする三兄弟、全成《ぜんじょう》・義円《ぎえん》・義経がいたことはよく知られている。

頼朝が嫡男となった背景には、母の一族の立場があった。母の系統は、藤原南家《なんけ》貞嗣《さだつぐ》流で、『尊卑分脈』によると代々四位《しい》に至っており、三位《さんみ》以上の公卿《くぎょう》より一段下の諸大夫《しょだいぶ》層（四、五位の中流貴族）であった。しかし、頼朝母の祖父季兼《すえかね》は尾張守に仕える現地代官である目《もく》代《だい》という低い地位にとどまり、現地に下向したことから、熱田宮司家との姻戚《いんせき》関係が生まれたとされる。そして熱田宮司の娘を母として季範が誕生し、これ以後、彼の系統が熱田宮司を継承することになる。もっとも、季範は従四位下《じゅしいのげ》という中央貴族の位階に至っており、尾張に住み着いたわけではなく、京で活動していた。

その子範忠《のりただ》は後白河院北面《いんのほくめん》（院の側近。次第に武士が多くなる）、その弟範雅《のりまさ》も後白河院上北面《じょうほくめん》（北面のうち、諸大夫身分の者）とされ、頼朝母の姉妹には上西門院《じょうさいもんいん》女房（女官）千《せん》秋尼《しゅうに》・待賢門院《たいけんもんいん》女房大進局《だいしんのつぼね》がいた（『尊卑分脈』）。すなわち、この兄弟姉妹は、待賢門院

頼朝の母の系譜

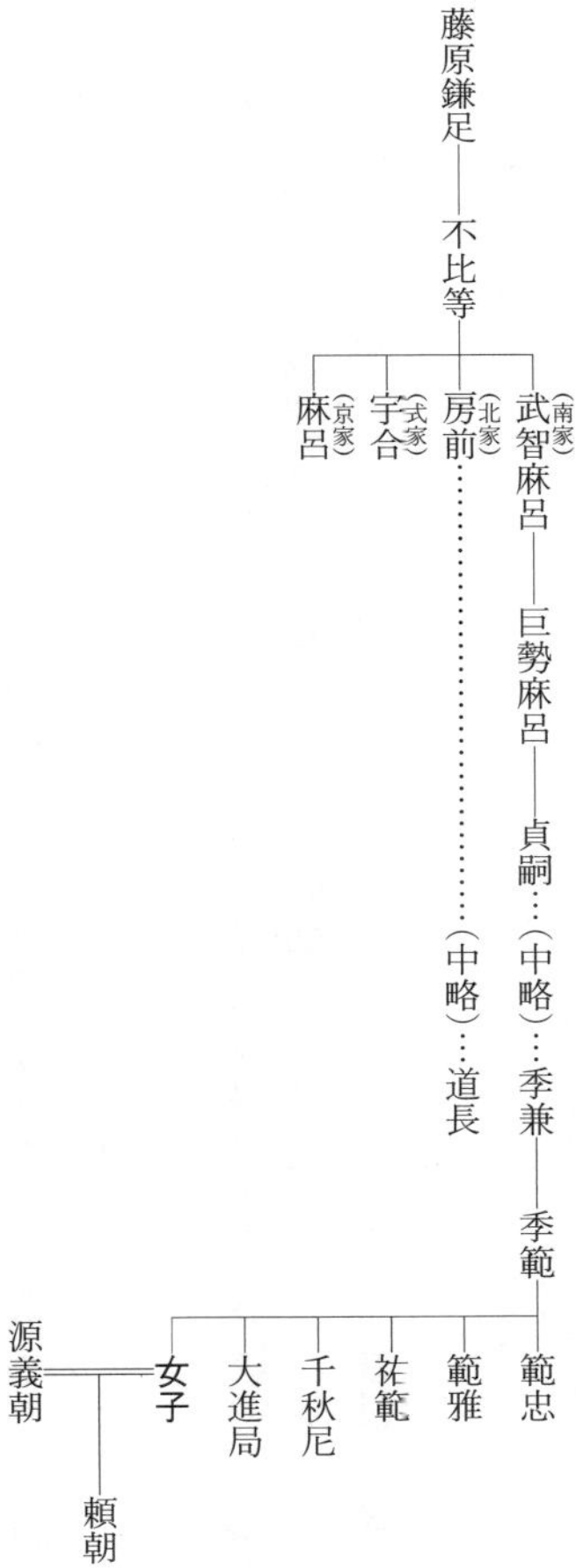

（鳥羽天皇の中宮、藤原璋子《しょうし》）とその子後白河・上西門院に仕えていたのである。範忠は後白河に近侍し、平治の乱後における後白河院政派と二条《にじょう》天皇派との対立の最中《さなか》、二度にわたり処罰されるなど、まさに後白河の腹心であった。

待賢門院は、左大臣藤原頼長《よりなが》（後出する忠実《ただざね》の次男）室幸子《こうし》の叔母《おば》にあたる。義朝と季範の娘との婚姻は、彼の父為義《ためよし》が頼長に仕えていた結果かもしれない。しかし、頼朝生誕当時、すでに待賢門院は死去していたし、その長子崇徳《すとく》天皇も退位後であり、義朝に政治的恩恵はなかった。

しかし、久寿《きゅうじゅ》二年（一一五五）、思いがけず後白河が即位したことは、俄然《がぜん》義朝に幸いをもたらす。待賢門院側近を輩出した室の生家との関係で後白河との縁故が、さらには後白河の乳母《めのと》の甥《おい》藤原信頼《のぶより》との政治的連携が生まれるのである。そしてこの人脈が、頼朝に嫡男の地位を与えた。

若き日の官職

頼朝が嫡男であったことは、彼の若き日の官歴から窺《うかが》うことができる。彼の公卿昇進以前の官歴は、『公卿補任《くぎょうぶにん》』元暦二年（一一八五）項に書き添えられた「尻付《しづけ》」（公卿昇進者の、それまでの官歴を記した部分）に記載されている。この年、平氏を攻め滅ぼしたことで、頼朝は従二位に叙され、公卿（三位以上の上流貴族）に昇進したのである。

これによると、保元《ほうげん》三年（一一五八）二月三日、頼朝は十二歳で皇后宮権少進《こうごうぐうごんのしょうじょう》に就任した。皇后とは鳥羽《とば》と待賢門院の皇女で、後白河の同母姉統子《とうし》内親王である。ちなみに皇后宮の長官である大夫《だいぶ》は徳大寺実定《とくだいじさねさだ》、副長官の権大夫《ごんのだいぶ》は藤原信頼であった。翌年の正月二十九日には右近将監《うこんのしょうげん》を兼ね、二月十三日には統子が女院《にょいん》を宣下《せんげ》され上西門院と称したことから、皇后宮権少進を止《と》め上西門院蔵人《くろうど》に補《ぶ》された。なお、三月一日に母の喪に服して一時的に官職を解かれている。頼朝は母に元服をみせることはできなかった。それから一年も経《た》たないうちに、父も失うとは想像だにしなかったであろう。

鳥羽院の子女（数字は皇位継承の順序）

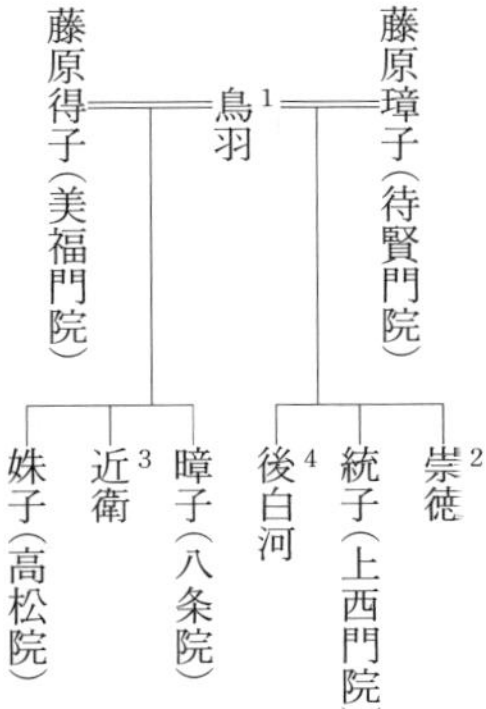

こうして上西門院に祗候《しこう》した頼朝は、六月二十八日、女院蔵人から二条天皇に仕える六位蔵人に転ずる。政治的に重要な役割を果たす五位蔵人と異なり、六位蔵人はいわば宮中の雑用係であったが、少年で任じられた者にとっては、出世のための登竜門であった。摂津《せっつ》源氏や伊勢《いせ》平氏は多数任じられているが、河内源氏嫡流では初めてであった。

そして、平治の乱で元服して初陣を果たした彼は、従五位下に叙して貴族の仲間入りを果たすとともに、右兵衛権佐に就任する。右兵衛府の次官という名誉職だが、院政期の官職制度を解説した『官職秘抄《かんしょくひしょう》』によると、四位の者が任じられることもある栄誉ある職であった。事実、頼朝以前には、大国受領《たいごくずりょう》系統（豊かな国の受領を専《もっぱ》ら歴任する家柄）の院近臣を代表する末茂《すえしげ》流（藤原四家《しけ》で最も栄えた北家《ほっけ》の傍流）の藤原隆季《たかすえ》・家明《いえあき》、そして平清盛ら、名門の出身で公卿に昇進する者が多数就任していた。

かくして頼朝は河内源氏の嫡男となり、その将来の栄達を保証された。しかし、運命は劇的に暗転する。平治の乱において父義朝は敗死し、頼朝は捕らえられる。死一等は減ぜられたものの、彼は謀叛人《むほんにん》として翌永暦元年（一一六〇）三月、伊豆に配流されることになる。以後、二十年にもわたる流人生活の始まりであった。

次に、平治の乱に至る河内源氏の歴史を簡単に振り返ってみることにしたい。

2　父義朝まで

兵乱鎮圧と内紛

頼朝挙兵が成功した背景に、東国武士の支援があったことはいうまでもない。この支援は、河内源氏の祖頼信《よりのぶ》以来、河内源氏歴代が東国武士と重代相伝の主従関係を培ってきた賜物《たまもの》などと理解されることが多い。たしかに、頼信が房総《ぼうそう》半島で平忠常《ただつね》の乱（一〇二八〜三一年）を、その子頼義が陸奥《むつ》で前九年合戦を、そして頼義の子義家《よしいえ》が奥羽《おうう》で後三年《ごさんねん》合戦（一〇八三〜八七年）をそれぞれ平定してきた。この間、頼義は桓武《かんむ》平氏貞盛《さだもり》流の直系平直方《なおかた》の娘を娶《めと》り、鎌倉の屋敷や東国における桓武平氏の名声を継承したとされる。

こうしたことから、頼義や義家は東国武士を組織し、鎌倉幕府の前提となる「武家棟《とう》

河内源氏略系図

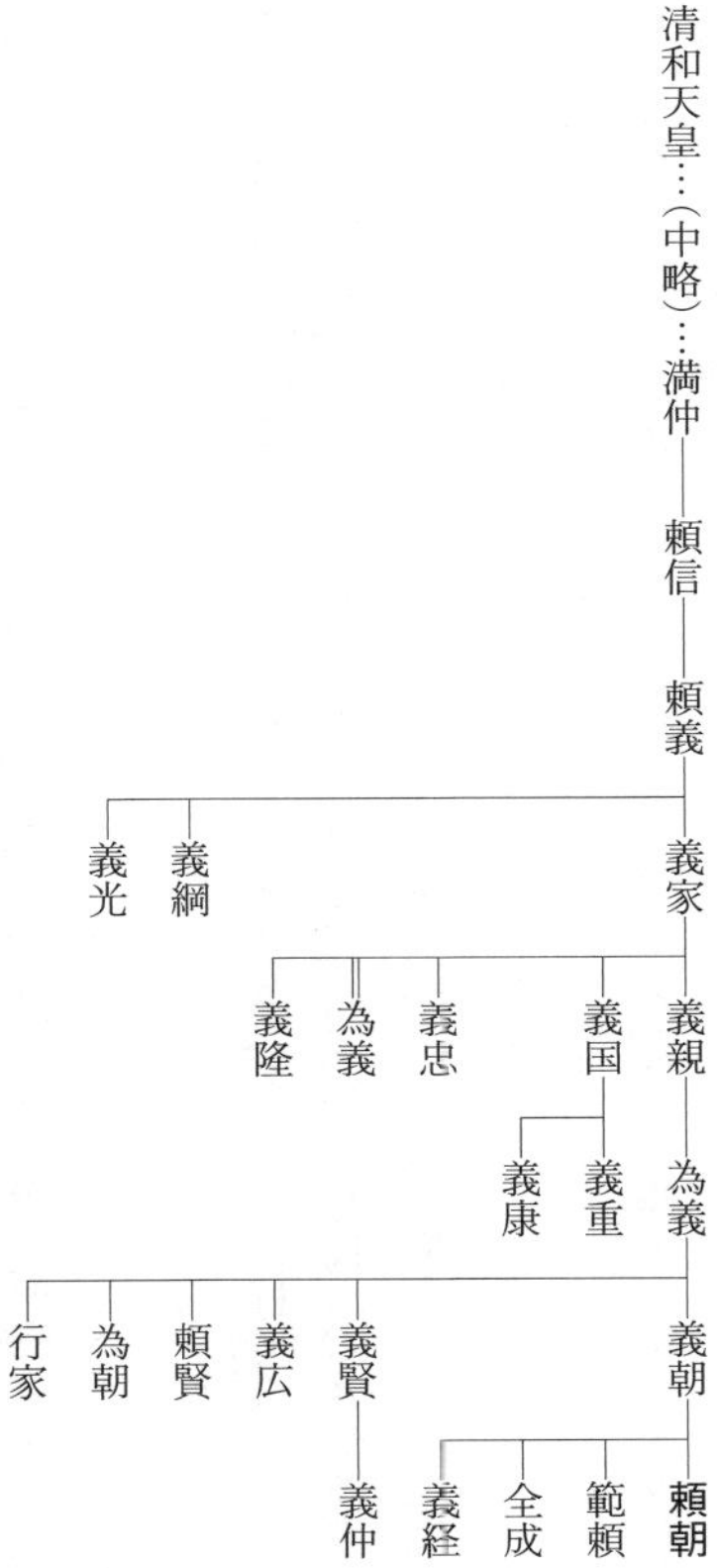

梁《りょう》」となったとする見方があった。しかし、詳細は前著『河内源氏』に記したが、彼らが鎮圧したのは辺境の局地戦であり、組織した武士はわずかなものに過ぎない。おまけに、当時の御恩は朝廷が与える官位や荘官への推挙で、一代限りの御恩でしかない。頼朝のように敵の所領を新恩給与として与え、代替わりごとに安堵したわけではないから、継続的な主従関係を締結することは不可能だったのである。河内源氏歴代は、内乱鎮圧を通して功績を挙げて、官位の昇進をめざした。そして、地方武士と院や摂関家などの権門《けんもん》（中世における有力な政治勢力）を取り次ぎ、荘園寄進の仲立ちを行ったのである。

東国・奥羽の兵乱鎮圧を通して、河内源氏は武士の第一人者となったが、義家以後は内紛や不祥事が相次ぎ没落に追い込まれる。後三年合戦が朝廷から私戦とみなされて義家が不遇となると、弟義綱《よしつな》が台頭し両者は激しく対立する。寛治《かんじ》五年（一〇九一）には、お互いの郎従の衝突から、京で両者が兵を構える不祥事も発生した。この時、五畿七道《ごきしちどう》に義家随兵《ずいひょう》の入京を禁じる宣旨《せんじ》（天皇の命令を伝える文書の一種）が下されるが、これは受領郎従や荘官として全国に散在していた義家郎従の行動を制止したものである。

一時は義家を凌《しの》ぐ勢威を誇った義綱も、近侍した関白《かんぱく》藤原師通《もろみち》の急死もあって勢力を失い、かわって義家が白河院殿上人《しらかわいんてんじょうびと》（殿上間《てんじょうのま》への立ち入りを許可された貴族。院の側近）として再浮上する。しかし、嫡男義親《よしちか》が対馬《つしま》で紛争を惹起《じゃっき》して配流され、さらに一門の紛争が勃発《ぼっぱつ》、苦悩のうちに死去した。義親は、義家没後の嘉承《かしょう》三年（一一〇八）に出雲《いずも》で反乱を起こし平正盛《まさもり》（清盛の祖父）に討伐される。こうして武士の第一人者の座は伊勢平氏に移る。

翌年には、義親にかわる義家の後継者義忠《よしただ》が暗殺され、事件への関与を疑われた義綱一族が族滅《ぞくめつ》する。義親の子で義家の養子（実子とも）となった十四歳の為義《ためよし》が一門を継承するが、若年のために家人《けにん》の統制が十分に行えず、自身も不祥事を繰り返した。かくして、為義は長年従五位下となることもできず、検非違使《けびいし》（京の警察・裁判を司《つかさど》る職）にとどめられ受領昇進も叶《かな》わなかった。

そうした為義が頼ったのが、荘園を集積し摂関家を中世的権門に再生しようとしていた藤原忠実であった。忠実、そして後継者頼長の家人として、為義とその子供たちは摂関家の家産機構を支えることになる。頼朝の父義朝も、若い日に東国に下るが、受容した豪族は摂関

摂関家略系図

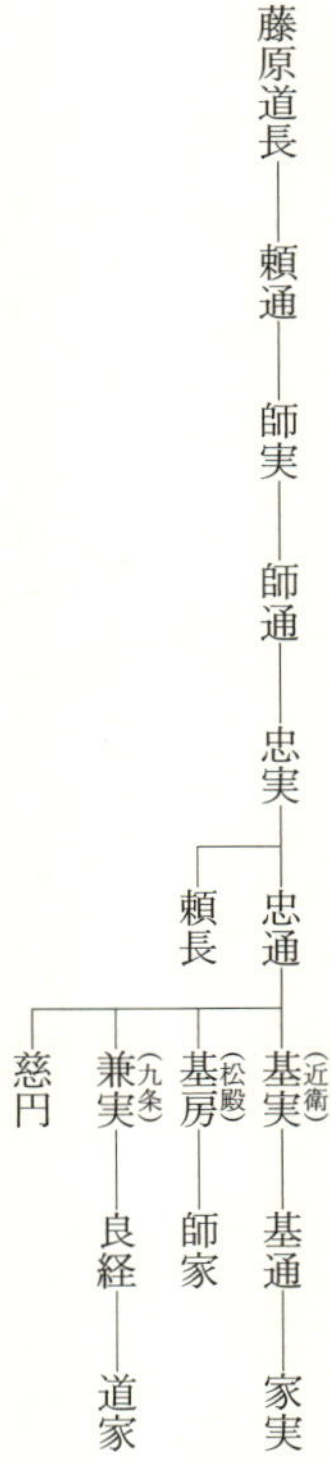

家領の荘官をつとめる三浦・波多野・上総介の諸氏で、下向には摂関家の支援があったとみられる。しかし義朝が無官で東国に下ったのに対し、弟義賢《よしかた》が東宮帯刀先生《とうぐうたてわきせんじょう》（皇太子の護衛）の栄職について在京しており、義朝は廃嫡されている。その軋轢《あつれき》が、摂関家と院・院近臣との対立と結合し、義朝は鳥羽院近臣に加わり、ついに保元の乱の一族分裂を招くことになる。

河内源氏と東国

河内源氏と緊密な関係を有した東国武士が存在したことは事実である。代々河内源氏の乳母《めのと》を出した山内首藤《やまのうちすどう》氏、頼信以来の主従関係を有したとされる三浦氏、頼義の腹心佐伯経範の子孫で、義朝室（朝長の母）を出した波多野氏、そして頼朝に対して公私三代にわたり下馬の礼をとらずと揚言した上総介広常（『吾妻鏡』治承五年六月十九日条）を出した上総介氏のように、重代相伝の主従関係と呼べる豪族も存在する。

しかし、先述のように山内首藤経俊が頼朝の乳母子《めのとご》（乳母の実子）でありながら、頼朝挙兵への参戦を拒んで石橋山で頼朝を攻撃し、波多野義常《よしつね》も同様に挙兵への参戦を拒んで滅亡したように、これらの一族が頼朝挙兵に協力したわけではない。

また、以上の豪族のうち、三浦・波多野・上総介三氏は、それぞれ相模国三崎荘、同国波多野荘、上総国菅生荘《すごうのしょう》の荘官であった。彼らは、河内源氏から荘官への推挙などの恩義を受けたのちも、河内源氏が摂関家に仕えたことで、摂関家を媒介とした主従関係が継続したものと考えられる。

鳥羽院政期、頼朝の父義朝は二十歳《はたち》前後の若き日に東国に下向した。当初彼は「字上総《あざなかずさの》曹司《ぞうし》」と呼ばれており、上総介氏のもとに下向した。ついで天養《てんよう》元年（一一四四）ごろには、三浦氏の支配下にある鎌倉に館を構え、永治元年（一一四一）三浦義明の娘との間に第一子義平を、ついで波多野遠義の娘との間に第二子朝長をもうけたが、当時彼の父為義が摂関家の大殿《おおとの》（摂関の経験者で摂関家の家長の尊称）忠実の家人であったことを考えれば、こうした坂東《ばんどう》での活動の背景に為義と摂関家の支援が存したことは疑いない。廃嫡されても、義絶されたわけではないので、為義、そしてその背後の摂関家の支援が存したのである。

義朝は、東国で二つの事件に関与した。康治二年（一一四三）には、下総国《しもうさのくに》の相馬御厨《そうまのみくりや》をめぐる紛争に介入し、御厨（伊勢神宮領荘園）の奪取を図った下総守藤原親通《ちかみち》を排除し、上総介常澄《つねずみ》（広常の父）と千葉常重《ちばつねしげ》（常胤《つねたね》の父）の対立を調停した。翌天養元年（一一四四）には在庁官人三浦氏・中村《なかむら》氏と提携して大庭御厨《おおばのみくりや》に乱入、住人に暴行を加え作物を奪った。前者の事件における受領の排除や、後者の事件で受領藤原頼憲《よりのり》が、義朝の乱行《らんぎょう》は「進止あたわず（思うように制止できない）」と慨嘆したことの背景に、鳥羽院とも緊密な関係にあっ

王家略系図（数字は皇位継承の順序）

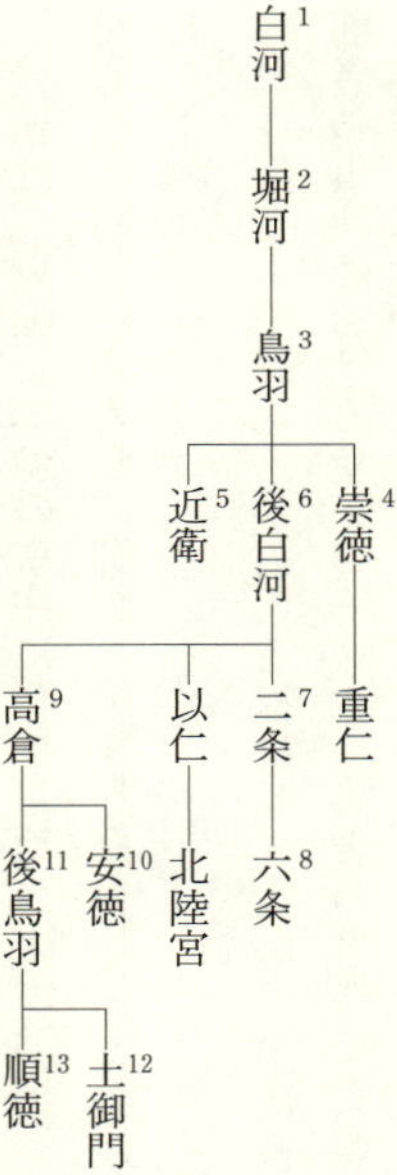

た摂関家大殿忠実が存在した。

しかし、東国下向は廃嫡をも意味したから、義朝は父やその背後の摂関家に反発した。やがて相模国は、美福門院《びふくもんいん》（藤原得子《とくし》）の知《ち》行国《ぎょうこく》（一国の収益を得る権利を与えられた国）となるが、彼女こそ鳥羽院の寵后《ちょうごう》で時の近衛《このえ》天皇の生母であり、摂関家と激しくいがみ合う院近臣家出身だった。かくして、義朝は荘園寄進を通して美福門院に、そして鳥羽院に接近する。

その効果はまさに覿面《てきめん》であった。仁平《にんぴょう》三年（一一五三）、義朝は従五位下に叙し、長年検非違使にとどめられ受領に到達できない父為義を尻目《しりめ》に、下野守《しもつけのかみ》に就任するのである。これが、為義や弟たちを刺激しないはずがない。失策で中央の官職を失っていた義賢が、義朝に対抗すべく、同じ仁平三年に上野国《こうずけのくに》に下向する。中央政界における摂関家と院近臣との対立と結び付いて、河内源氏内部の対立も深刻化したのである。

そして久寿二年（一一五五）八月、武蔵国《むさしのくに》に進出した義賢は、その拠点大蔵館《おおくらのたち》において、義朝の長男義平に討たれるに至った。義平は、すでに在京活動に軸足を移した父にかわり、鎌倉を拠点として活動していたのである。この大蔵合戦の背景には、兵乱の勃発を黙認、もしくは示唆《しさ》した、当時の武蔵守藤原信頼との連携も窺知《きち》される。京において政界を二分する保元の乱が勃発する前年のことであった。

源義朝と保元の乱

久寿二年（一一五五）七月、鳥羽院と美福門院との皇子近衛天皇が十七歳で夭折《ようせつ》した。皇位継承者は、想定外の人物であった。本命とみられた王家（天皇家）嫡流の崇徳の皇子重仁《しげひと》ではなく、美福門院の養子守仁《もりひと》（のちの二条天皇）の即位を前提に、その実父雅仁《まさひと》が皇位につくことになった。後白河天皇である。院政の可能性を失った崇徳院は事実上失脚、また近衛天皇を呪詛《じゅそ》したと噂《うわさ》された左大臣頼長とその父忠実も、やはり失脚するに至った。

崇徳も、後白河も、ともに義朝室の実家熱田宮司家の一族が近侍する待賢門院の皇子であるが、重仁の失脚は義朝にとって大きな意味があった。重仁の乳母は池禅尼であり、夫平忠盛《ただもり》は死去しているものの、禅尼の子頼盛《よりもり》が皇子を保護していた。重仁が即位したならば、頼盛の異母兄清盛の立場は微妙となるが、伊勢平氏の政治的地位はさらに上昇したであろう。重仁の失脚は、伊勢平氏一門に大きな打撃を与え、義朝浮上の一因となったのである。

それればかりではない。義朝は後白河を通して、彼の乳母の甥、武蔵守藤原信頼とも連携する。後白河の践祚《せんそ》(皇位の継承)直後の八月、先述のように武蔵国において、義朝の意を受けた義平が、摂関家の中心頼長の側近義賢を攻め滅ぼしたのもその所産である。同様に、藤原季範の娘を母とする頼朝も、一門内部における地位を著しく上昇させることになる。

翌保元元年(一一五六)、五月ごろから鳥羽院が重篤な病状に陥り政情が不安定になると、関白藤原忠通《ただみち》(忠実の長男)や信西《しんぜい》(藤原通憲《みちのり》)らはいち早く武士を動員した。六月一日の段階で義朝は、一門の義康《よしやす》(足利《あしかが》氏の祖)とともに後白河天皇の内裏《だいり》を警護している。『保元物語』は諸国の武士も動員されたとし、義朝のもとに武蔵・信濃《しなの》をはじめ、東国各地の多数の武士が従っていたとする。彼らの多くは、武蔵守藤原信頼をはじめとする受領によって公的に動員されたとみられる。

池禅尼が重仁の乳母であったために伊勢平氏は警戒され、清盛以下の一門は鳥羽院の葬儀にも招集されていない。ただ、清盛は頼盛と敵対して後白河天皇側につく動きを示したために、池禅尼は頼盛に清盛と同一行動をとるように命じ、一門の大規模な分裂を回避した(『愚管抄《ぐかんしょう》』)。七月五日に清盛の息子基盛《もともり》が検非違使として後白河方に加わった(『兵範記《ひょうはんき》』)ことで、伊勢平氏一門の旗幟《きし》は鮮明となった。万全の態勢を構築した後白河陣営は、左大臣頼長に相次いで圧力を加え、挙兵に追い込んだのである。

崇徳・頼長陣営の中心は義朝の父為義と、義朝の弟頼賢《よりかた》・為朝《ためとも》らの河内源氏一門であった。

摂関家家産機構の中心にあった彼らが、同陣営に参戦するのも当然であった。一方、後白河陣営では、消極的な姿勢を示した清盛と対照的に、義朝が合戦の主力となった。彼の献策による夜襲や放火戦術により、合戦は短時間で後白河陣営の勝利に終わった。

義朝は、河内源氏で初めて内昇殿《ないしょうでん》を許され、天皇の居所清涼殿殿上間《せいりょうでんてんじょうのま》への立ち入りを認められた上に、左馬頭《さまのかみ》という重職を与えられた。左馬頭は、本来は四位の者が任じられ、しかも院近臣の中心末茂流が事実上世襲してきた官職であったから、義朝は末茂流の家産ともいえる左馬寮《さまりょう》を入手したことになる。このように、義朝は恩賞面では破格の待遇を受けたのである。乱後、謀叛人となった一族を処刑し、父を斬首《ざんしゅ》したことで道義的な非難を浴びたが（『愚管抄』）、一族の謀叛人を自ら処刑するのは当然のことであるし、河内源氏の内紛を克服し、嫡流として確固たる地位を築く結果となった。

伊勢平氏略系図

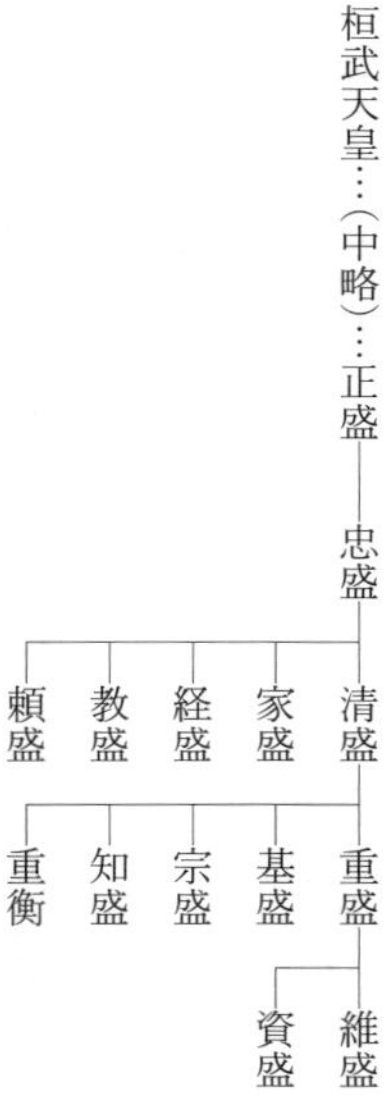

義朝が勝利した背景には、東国からの多数の武士動員があったが、それを可能にした要因は武蔵守信頼との連携に他ならない。保元の乱後、乱に対する武的貢献と後白河の寵愛とで、劇的

に政治的地位を昇進させた信頼と義朝との提携は一層深まることになる。

3　平治の乱の悲劇

平治の乱の前提

平治元年（一一五九）、頼朝の運命を大きく変える平治の乱が勃発する。保元の乱後、政治主導権を握ったのは信西であった。美福門院との談合で、後白河から二条への譲位を実現し、諸国受領に命じて内裏・大内裏《だいだいり》を再建させた鮮やかな手腕に、彼の為政者としての実力が示されている。その信西の執政のもとで躍進したのが、藤原信頼であった。

藤原信頼は保元の乱が勃発した保元元年（一一五六年）当時、従四位下武蔵守という一介の受領であったが、翌保元二年に蔵人頭《くろうどのとう》に就任、三年に入ると公卿に昇進、一気に正三位《しょうさんみ》権中納言《ごんのちゅうなごん》に至る。しかも、この年に退位した後白河院の御厩別当《みまやのべっとう》に就任するのである。この地位は院の親衛隊長を意味し、おおむね在京武力の第一人者が就任しており、鳥羽院政期には平忠盛・清盛父子がその座を占めていた。重仁を通して崇徳に近かった伊勢平氏一門が忌避された面もあるが、やはり武的な側面における信頼の実力が重視されたのであろう。

信頼は息子信親《のぶちか》を清盛の婿に、平泉藤原氏の秀衡《ひでひら》を兄基成《もとなり》の婿に迎えて姻戚関係を結び、知行国武蔵・陸奥を通して義朝を従属させていた。義朝は武蔵で家人を獲得し、陸奥において武具を購入しており、緊密な政治的結合を有したのである。まさに武門の統合者というべき立場にあった（拙著『保元・平治の乱を読みなおす』）。

ついで、信頼は関白藤原基実《もとざね》を妹婿に迎えるが、これは彼が、保元の乱で源為義以下の中心的武力を喪失していた摂関家の武的基盤となったことを意味する。院と摂関家両者の武的後見という立場は、後白河の御厩別当にして、長寛《ちょうかん》二年（一一六四）に摂政《せっしょう》基実の岳父となった平清盛と同様である。信頼は武門の統合者として、武威を背景に院・摂関家を保護下に置くことにより、後白河院政を基盤に政治を主導する信西に対抗しうる地位を占めたことになる。

信頼と結んだ義朝は、保元の乱後に下野守を重任《ちょうにん》、翌年には正五位下に昇進した。同時に子供たちも昇進しており、先述の通り三男の頼朝は上西門院蔵人から六位蔵人に転じ、次男朝長も二条天皇の中宮姝子《しゅし》内親王の中宮権少進《ちゅうぐうごんのしょうじょう》に就任し、従五位下に叙爵して大夫進《だいぶのじょう》となった。姝子内親王は、鳥羽院と美福門院との皇女で、近衛天皇の同母妹にあたり、保元四年（一一五九）二月に中宮となり、のちに女院として高松院《たかまついん》を称する。美福門院の養子二条天皇にとって、姝子との婚姻が正統性を支える側面もあった。

こうしてみると、義朝は後白河・二条双方の関係者に子息を送り込んでいたことになる。

ちなみに姝子の中宮権大夫は信頼であった。信頼もまた、後白河と同様に二条天皇にも接近していた。当時の政界には、正統の帝王二条の親政を推進する勢力と、中継ぎの帝王とはいえ、父院である後白河の院政を支持する勢力とが生まれつつあった。

信西も信頼も、後白河院政支持派であったが、保護下に置いた関白を通して天皇を動かそうとした信頼は、次第に二条親政派に接近することになる。これを察知した信西は、信頼を安禄山《あんろくざん》（唐の皇帝玄宗《げんそう》に叛《そむ》いた寵臣）に準《なぞら》え、後白河に危険を訴えた（『玉葉《ぎょくよう》』建久二年十一月五日条）が、後白河は耳を貸さなかった。時に平治元年（一一五九）十一月。事は一月足らずで勃発する。

初陣を飾った頼朝を絶望の淵に沈める平治の乱の火蓋《ひぶた》が切って落とされるのである。

信頼・義朝の挙兵

平治元年（一一五九）十二月九日、藤原信頼・源義朝率いる軍勢が突如後白河の院御所《いんのごしょ》三条殿《さんじょうどの》を急襲した。信西は事前に脱出したが、逃亡先の山城国《やましろのくに》田原《たわらの》荘《しょう》で自殺に追い込まれ、その首は獄門にさらされた。子息たちも悉《ことごと》く配流の運命をたどった。後白河は内裏の一本《いっぽん》御書所《ごしょどころ》と呼ばれる書庫に幽閉されてしまった。院政の舞台となる院御所と、政治を支えた信西の一族を奪われ、院政を停止させられたのである。

挙兵のきっかけは、平清盛が熊野参詣《くまのさんけい》に出かけ、京都を留守にしたことにあった。その直前、信西の三男藤原成憲《しげのり》（平治の乱後、成範と改名）と平清盛の娘が婚約しているが、これは信西が清盛の武力を組織する可能性を示しており、武力で信西に優越していた信頼に不安を与えたことが性急な蜂起《ほうき》の一因であろう。元来、信頼は息子信親の室に清盛の娘を迎えており、彼を盟友と考えていただけに、清盛と信西との接近という事態に動揺も大きかったのではないか。

慈円《じえん》（摂関家出身の僧。後出する九条兼実《くじょうかねざね》の弟）が著した歴史書『愚管抄』は、義朝が申し入れた縁談を信西が拒絶したことを遺恨として挙兵したとする。しかし、長男が公卿となろうとしている信西家と、義朝本人が五位の受領に過ぎない義朝家とでは家格が大きく違うし、しかも義朝が婿に迎えようとした是憲《これのり》は保元三年（一一五八）に信濃守となったが、母は高階重仲《たかしなのしげなか》の娘で、彼女の子供たちは基本的に学者・官僚となっていた。したがって、信西のいうとおり武士とは相容《あいい》れない。ちなみに、すでに大宰大弐《だざいのだいに》（大宰府の次官で、事実上の長官）として公卿を目前にしている清盛とは、家格の相違も小さく、清盛が婿に迎えようとした藤原成憲の母は、後白河の乳母《めのと》藤原朝子《ちょうし》で、その子供たちは武士とも関係が深い受領となっていた。清盛との縁談が成立したのと対照的に、義朝の申し出が拒絶されるのも当然で、それを理解できないほど義朝が愚鈍であったとは考えがたく、この拒絶を挙兵の原因とする

『愚管抄』を鵜呑《うの》みにすることは困難である。

『保元物語』によると、是憲が国守となった信濃から義朝は多数の武士を動員している。このため信濃に関心をもった義朝が、同じく後白河側近の立場にあった信西に是憲との縁談を申し入れたのであろう。拒絶された義朝は、これまで通り信頼との連携を継続したのである。

なお、義朝の挙兵の原因を慈円の言葉通りに縁談拒絶など信西に対する遺恨という、個人の思惑に求める、まるで御伽噺《おとぎばなし》のような理解や、信頼と義朝の連携を見当はずれの論拠でなんとしても認めたがらない暴論が蔓延《はびこ》っていることには呆《あき》れるばかりである。武士と貴族とを対立する階級とする、古めかしい観念の呪縛の強さを痛感せざるをえない。

清盛の熊野参詣という千載一遇の好機を捉《とら》え、信頼・義朝は急遽《きゅうきょ》蜂起し、信西殺害、後白河院政停止、二条親政確立に成功した。信頼は二条天皇のもとで除目《じもく》（任官者を定める会議）を行い、義朝を受領最高峰の播磨守《はりまのかみ》に、十三歳で初陣を飾った頼朝を先述の右兵衛権佐に任じた。義朝が任じられた播磨守は、信西の子藤原成憲から奪ったもので、保元の乱後にこの官職に就任した清盛に対抗したわけではない。

父義朝の敗死

政変の成功は、信頼と結んだ義朝の武力の賜物である。しかし、突発的かつ隠密裏《おんみつり》の挙兵だけに、保元の乱のように、受領の協力で諸国の武士を動員できたわけではない。東国に基盤を有する義朝の武力には限界があった。摂津源氏の源頼政《よりまさ》、美濃《みの》源氏の同光保《みつやす》、坂戸《さかど》源氏の同季実《すえざね》、そして源満政《みつまさ》流の同重成《しげなり》など、京周辺を基盤とする軍事貴族たちに依存する面が大きかったと考えられる。

これに対し、紀伊国二川宿《きいのくにふたかわしゅく》で平治の乱の急報に接した清盛は、地元の湯浅宗重《ゆあさむねしげ》、熊野別当（本宮《ほんぐう》・速玉《はやたま》・那智《なち》の熊野三山の統括者）らの協力を得たほか、さらに京に近い拠点伊賀《いが》・伊勢から多数の家人を動員した。かくして、清盛は数百ともいわれる多くの武士たちに囲繞《いにょう》され熊野から無事に帰京する。慈円は清盛を討つべきであったとするが、信頼・義朝は動かなかった。信頼は、子息が清盛の婿という姻戚関係を頼りに、帰京後の清盛が政治的に協力することを確信していたし、清盛を警戒したとされる義朝も、兵力不足で手出しできなかったのである。

清盛の帰還で情勢は一変する。打倒信西という目的で信頼と野合していた旧来の二条天皇親政派、すなわち二条の外伯父《がいはくふ》の藤原経宗《つねむね》、二条側近で切れ者の同惟方《これかた》らは、清盛と連携し、知略を尽くして二条天皇を内裏から清盛の六波羅《ろくはら》邸に移した。また一本御書所に監視もないまま放置されていた後白河も、惟方から天皇の六波羅行幸《ぎょうこう》計画を聞かされ脱出した。取り残されて信頼・義朝側に利用され、保元の乱に敗れ讃岐国《さぬきのくに》に流された崇徳の二の舞となることを回避したのである。

こうして二条天皇を擁した清盛が官軍になり、逆に孤立した信頼・義朝は賊軍に転落した。これにより、源頼政・同光保などは、義朝から離反する。元来、軍勢も乏しい信頼・義朝軍は弱体化し、起死回生を図った六波羅での決戦にも惨敗した。義朝は子息やわずかな郎等《ろうどう》とともに東国をめざして逃亡し再起を図った。謀叛人の立場を武力で否定する自力救済の発想である。

これに対し、藤原信頼らは後白河を頼って降伏する。しかし、聖域左京を血で汚《けが》す合戦の首謀者であり、武装して戦場に赴く武的性格を有した信頼には、敵将平清盛による斬首の運命が待っていた。

東国をめざした義朝の運命も過酷であった。彼は、延暦寺悪僧《えんりゃくじあくそう》（僧兵）の落人《おちうど》狩りに遭遇し、叔父義隆《よしたか》を討たれ、その際の負傷が原因で次男朝長を失った。頼朝とは近江《おうみ》ではぐれ、独自に武力の召集をめざした長男義平とも別れたのち、「カチハダシ（徒歩裸足）」というほうの態《てい》で、尾張国内海《うつみ》の領主長田忠致《おさだただむね》を頼る。彼は、腹心の乳母子《めのとご》鎌田正家《かまたまさいえ》の舅《しゅうと》で、義朝の家人でもあった。しかし、義朝は浴室で謀殺された。享年三十八。長男義平は、父の死後、丹波《たんば》の須知《しゅうち》氏を頼って京に潜伏し、清盛らの暗殺を企図するが、捕らえられ殺害された。

一方、近江で一行とはぐれた頼朝は、父や兄たちの最期も知らず、東国をめざすが、平氏方に捕らえられ、六波羅に引き立てられた。生殺与奪の権を清盛に握られたのである。

Ⅱ　流刑地の日々――頼朝挙兵の前提

1　流人頼朝

頼朝の配流

頼朝は逃亡の途中、近江国で義朝一行とはぐれた。もし同行していれば父と同様に長田忠致によって殺害されたであろうから、結果的には幸運であった。彼は近江や美濃の青墓《あおはか》（現岐阜県大垣市《おおがき》）で保護を受けたのち単身東国をめざすが、尾張国で同国の受領《ずりょう》平頼盛の家人平宗清《むねきよ》に捕らえられ、京に連行された。

武士社会の慣わしでは、成人男子の戦闘員は、報復の防止のためにも死刑が当然とされた。保元の乱の際には、少年だった義朝の弟たちも処刑を免れなかったとされる。したがって、十三歳とはいえ、すでに元服し初陣を飾った頼朝には、本来なら斬首が待っているはずだった。しかし、周知の通り清盛の継母であり、頼盛の実母である池禅尼の嘆願によって、頼朝は助命されたのである。

『平治物語』によると、禅尼は頼朝が久安五年（一一四九）に夭折したわが子家盛《いえもり》に生き写しであるとして、清盛に助命を願ったという。禅尼は、忠盛の正室として彼を支え、その亡きあとは後家として、一門の家長に準ずる発言力があった。また彼女の息子尾張守頼盛が頼朝の身柄を確保したことで、頼朝の処分について強い発言権があったとされる（杉橋隆夫氏）。こうしたことが助命に影響したのは疑いない。

しかし、禅尼も出身は公家とはいえ、今は武家の女性であり、彼女があえて武士社会の原則を破った背景が問題となる。これについて、角田文衞氏（「池禅尼」）は、頼朝母の弟で、頼朝の配流に際し手厚い支援を行った園城寺《おんじょうじ》僧祐範《ゆうはん》や、その姉妹で上西門院女房であった千秋尼らを通して、かつて頼朝が蔵人として仕えた上西門院が池禅尼に圧力を加えたと推察する。

池禅尼は、上西門院の同母兄崇徳上皇の皇子重仁親王に乳母《めのと》として仕えながら、保元の乱で息子頼盛を後白河側に参戦させ、崇徳を裏切った負い目を有していた。このことも、彼女が上西門院の要請に応じた原因とする。さらに角田氏は、清盛も後白河院の同母姉・上西門院に恩を売る好機と判断し、助命に応じたと推測する。従うべき意見である。

かくして頼朝は古くからの流刑地で、遠流《おんる》の国とされた伊豆に流されることとなった。頼朝の助命で弟たちも生きながらえ、同母弟希義は土佐《とさ》に配流された。義朝が常葉《ときわ》との間にもうけた幼い三人の子供たちは、出家を前提に、今若《いまわか》が醍醐《だいご》寺、乙若《おとわか》が園城寺、そして生まれたばかりの牛若《うしわか》が鞍馬寺《くらまでら》と、各寺院に入った。彼らはそれぞれ、全成《ぜんじょう》、円成《えんじょう》（のちに義円）、そして義経を名乗ることになる。

義朝の男子にはもう一人、のちの範頼がいた。彼の生年は不明だが、頼朝には弟、今若らには兄にあたる。母は遠江の池田宿の遊女とされ、幼いころ学者政治家で院近臣でもあった藤原（高倉《たかくら》）範季《のりすえ》に養育されたという（『玉葉』元暦元年九月三日条）が、平治の乱終息時点での所在は判然としない。ともかく、義朝の一族は壊滅したのである。これより二十年ののち、頼朝とその弟たちが平氏打倒に立ち上がることなど、清盛はもとより、本人たちにも想像すらできないことであっただろう。

平治二年（一一六〇）から元号が改まった永暦元年三月十一日、頼朝は伊豆に向けて京を出立した。同じ日に、平治の乱に関係した罪人権大納言藤原経宗、中納言源師仲《もろなか》、検非違使《けびいし》別当藤原惟方、そして頼朝の弟希義も、それぞれ配流先に旅立った。頼朝が配流前に希義と顔を合わせたか否かは不明だが、その後二人が見《まみ》えることは二度となかった。頼朝を護送した領送使は「友忠《ともただ》」（『清獬眼抄《せいかいがんしょう》』）で、頼朝に随行したのは母方の叔父僧祐範の郎従と、因《いな》幡国《ばのくに》の豪族高庭介資経《たかばのすけすけつね》の親族資家《すけいえ》（『吾妻鏡』寿永三年三月十日条）のみであった。

流刑地伊豆

頼朝の配流先である伊豆国は古来流刑の地の一つで、平安前期には応天門《おうてんもん》の変（八六六年）の首謀者とされた大納言伴善男《とものよしお》が配流された。近くは、保元の乱で父藤原頼長に連座した隆長《たかなが》、神護寺《じんごじ》造営をめぐって後白河に暴言を吐いた文覚《もんがく》、そしてのちに頼朝挙兵に際し最初に討伐される平（山木《やまき》）兼隆《かねたか》も同地に配流されている。

永暦元年（一一六〇）当時の受領は、桓武平氏高棟《たかむね》王流（公家平氏）の平義範《よしのり》であったが、仁安《にんあん》二年（一一六七）以前に、摂津源氏源頼政の長男仲綱《なかつな》が伊豆守に就任する。一時中原《なかはら》宗家に移るが、承安《じょうあん》二年（一一七二）に頼政知行国とある（『玉葉』七月九日条）ので、これ以前に仲綱が伊豆守に復帰し、頼政が知行国主（一国の収益を得る権利を持ち、国守《くにのかみ》を推挙できた）となっていた。その八年後の治承四年（一一八〇）年、頼政・仲綱はともに以仁王《もちひと》挙兵に参戦して滅亡し、直後に頼朝は挙兵する。頼朝が伊豆にいた二十年のうち、かなりの期間は頼政・仲綱の統治下にあったことになる。

頼朝の配流地として伊豆国蛭ケ小島《ひるがこじま》（現静岡県伊豆《いず》の国市《くにし》）が知られているが、この地は北条氏の支配領域で、当初から同地に居住したのかは不明である。彼を最初に監視したのは、かの曽我《そが》兄弟が仇敵とした工藤祐経《くどうすけつね》の父祐継《すけつぐ》であった（坂井孝一氏「流人時代の源頼朝」）とされ、頼朝の配流先もその所領伊東《いとう》と考えられている。祐継は在京経験を有し京にも人脈があったという。しかし、彼はまもなく四十三歳で死去し、その後は異母弟伊東祐親の監視を受けた。祐親は甥の祐経を上洛させ、その留守中に所領と室を奪取したため、遺恨を抱いた祐経は祐親の子河津祐泰《かわづすけやす》を殺害する。この事件が、やがて祐泰の遺児曽我兄弟による仇討《あだう》ち事件を惹起することはよく知られている（二五四～二五六頁で後述）。頼朝は、こうした自力救済がむき出しになった武士の世界を目の当《ま》たりにしていた。

『曽我物語』によると、頼朝は祐親の上洛中、その三女との間に男子をもうけるが、この子は祐親に殺害され、三女も別の武士に嫁がされたという。また、安元《あんげん》元年（一一七五）九月には頼朝自身も殺害の危機に見舞われたが、祐親の次男祐清（九郎）に救われて、北条に脱出したとされる（『吾妻鏡』養和《ようわ》二年二月十五日条）。おそらく京で内裏の警護に当たる大番役《おおばんやく》で上洛し、清盛や平氏一門の威勢に接した祐親が、頼朝を保護することに危機感を抱いたのであろう。

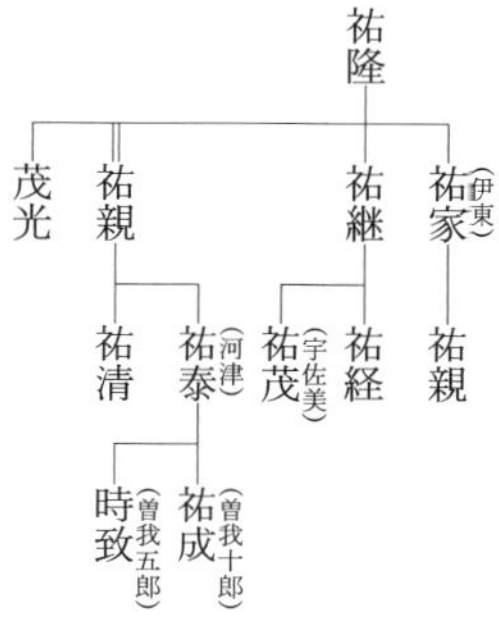

工藤氏略系図

　このように、有力な平氏家人である伊東祐親の下での生活は、頼朝にとって危険と隣り合わせであった。北条に逃れて以後、頼朝は北条時政の保護を受け、その娘政子《まさこ》と結ばれる。現在の蛭ヶ小島付近に居住するようになったのは、この時期のことと考えられる。

頼朝の支援者

時として危険にも見舞われた流人時代の頼朝であったが、その生活は比較的自由なものであったとされ、彼の周囲には少なからぬ支援者も存在していた。野口実氏「流人の周辺」(『中世東国武士団の研究』所収)の詳細な分析によって、その顔ぶれを見てみよう。

まず取り上げられるのは、頼朝の乳母やその関係者である。乳母は夫(乳母夫《めのと》、乳父《めのと》とも)とともに貴人を幼い頃から養育・保護する役目を担った。それだけに、乳母やその一族と貴人とのつながりは深いものがあった。

頼朝の乳母の中で、最も大きな役割を果たしたのが、比企尼《ひきのあま》である。彼女の出自は不明だが、武蔵国比企郡(埼玉県)を「請所《うけしょ》」として夫比企掃部允《かもんのじょう》とともに下向し、挙兵に至るまで二十年にわたって頼朝を支援し続けたという(『吾妻鏡』寿永元年十月十七日条)。おそらく、比企郡の年貢納入を請け負う現地管理者となったのであろう。その養子能員《よしかず》(比企尼の甥とされる)は頼朝に仕え、頼家の外戚《がいせき》となっている。そして比企尼は各地の有力武士である安《あ》

比企尼の姻戚関係

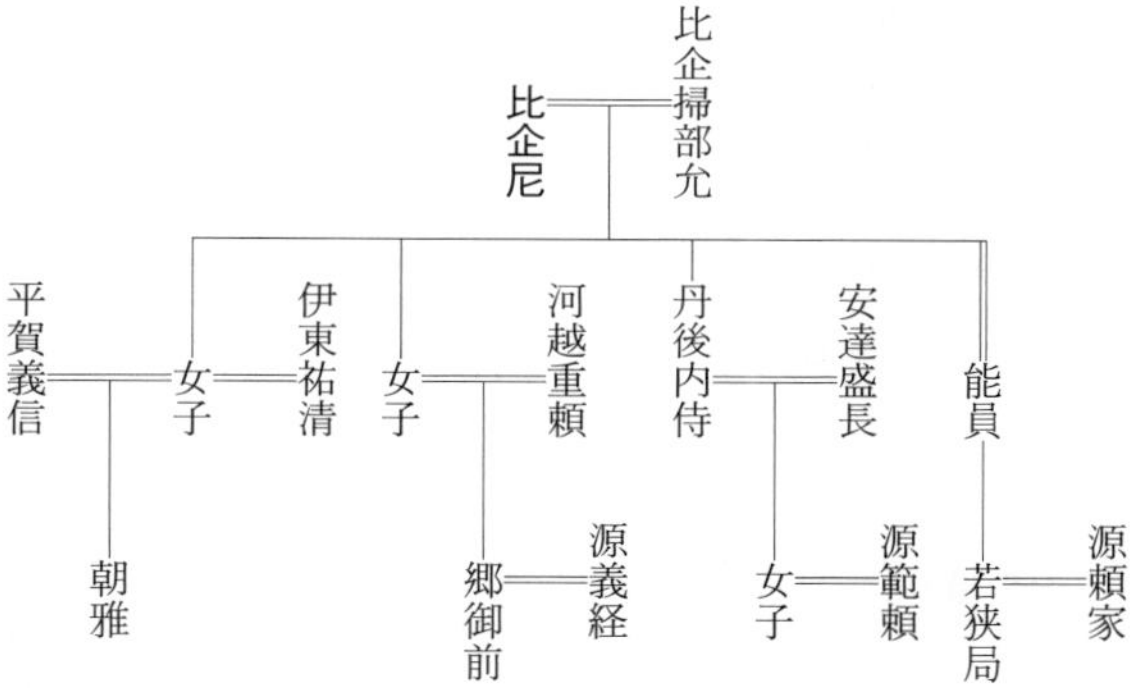

達盛長《だちもりなが》、河越重頼《かわごえしげより》、伊東祐清を女婿《じょせい》に迎え、頼朝に対する支援を命じた。

このうち安達盛長は武蔵国の武士で、挙兵時より腹心として頼朝を支えている。盛長の娘は頼朝の弟範頼の室となる。また平治の乱にも参戦した右馬允《うまのじょう》足立遠元《あだちとおもと》は彼の年長の甥で、その娘は後白河の腹心藤原光能《みつよし》の妻となっており、盛長は後白河との媒介という役割を果たしたとみられる。河越重頼は、頼朝の挙兵当初こそ平氏方として三浦義明を攻撃するが、その後頼朝の有力御家人となり、彼の娘はやがて頼朝のもう一人の弟義経の室となる。祐清は、先述のように祐親の謀略を頼朝に通報して危機を救ったが、これも比企尼の女婿という立場が関係したものとみられる。なお祐清との離別後、尼の娘は平賀義信《ひらがよしのぶ》に再嫁し、頼朝の猶子《ゆうし》（自分の子のように遇して社会的後見をするもの）となる朝雅《ともまさ》を生んでいる。

他の乳母やその縁者たちも大きな役割を果たしている。

宇都宮《うつのみや》（八田《はった》）宗綱《むねつな》の娘で、小山政光《おやままさみつ》の室となる寒河尼《さむかわのあま》は、のちに宇都宮一族と頼朝との紐帯《ちゅうたい》となる。また、後述する佐々木定綱《ささきさだつな》も宇都宮氏の婿であった。頼朝の乳母で相模国早川荘《はやかわのしょう》に居住した摩々尼《ままのあま》（摩々局《ままのつぼね》とも）は、中村・土肥《どひ》氏の一族で、これらの武士団と頼朝とを結び付け、軍事的な支援を実現したとみられる。さらに頼朝の乳母の甥三善康信《みよしやすのぶ》は、京の情報を十日に一度もの頻度で頼朝のもとに送っていた。彼からの連絡によって、頼朝は身辺の危機を知り、挙兵を決断することになる。

一方、比較的自由な立場にあった頼朝の周辺には、かつて義朝家人だった浪人や、流人たちが祇候していた。その代表が近江を拠点としていた佐々木秀義《ひでよし》一族である。秀義は義朝の家人で、軍馬等購入の専使《せんし》として陸奥との間を往復していたが、平治の乱後に近江の所領を奪われ、陸奥に下向する途中、相模国で渋谷重国《しぶやしげくに》の婿となり、その食客となる。子息のうち、定綱・盛綱《もりつな》は頼朝に近侍して熱心に奉仕したという。そして定綱・経高《つねたか》・盛綱・高綱《たかつな》の兄弟四人は、そろって治承四年（一一八〇）八月の挙兵に参戦する。

また加藤景員《かとうかげかず》とその子光員《みつかず》・景廉《かげかど》も、佐々木氏と同様の浪人である。先祖は前九年合戦における黄海《きのみ》合戦で、頼義を最後まで守った七騎の一人となった藤原景通《かげみち》で、河内源氏累代の家人といえる。元来は伊勢に拠点を有して京でも活動する軍事貴族であったが、平氏の有力家人である伊藤《いとう》氏に敗れて所領を失い、東国に流浪していた。彼らも頼朝挙兵に参戦し、重要な役割を果たすことになる。

このほか、筑前住吉社《ちくぜんすみよししゃ》の神官佐伯昌助《まさすけ》、京下《きょうくだり》の判官代《ほうがんだい》藤原邦通《くにみち》ら、種々の職掌の者が頼朝の周囲に集まっていた。

2　北条時政と源頼政

在庁官人北条時政

伊東祐親に命を狙《ねら》われた頼朝を保護下に置いたのが、北条時政であった。彼が頼朝を娘政子の婿に迎え、一貫して頼朝を支えて幕府樹立の功臣となることは周知の通りである。『吾妻鏡』の時政初出記事である治承四年（一一八〇）四月二十七日条には、「上総介平直方朝臣《あそん》五代の孫。当国（伊豆国）豪傑」とのみ記されており、官職に関する記述がない。このため、京において時政の「眼代《がんだい》」（代官）として活躍し、「左兵衛尉《さひょうえのじょう》」の官職を有した時定《ときさだ》を嫡流とする説もあった。しかし、系図の分析から時定は時政の弟と考えられている（野口実氏）。

二人の父にあたる時兼《ときかね》は「北条介」を名乗っており（『吾妻鏡』建久四年二月二十五日条）、在庁官人であった。また、『吉口伝《きつくでん》』（『続群書類従《ぞくぐんしょるいじゅう》』）は時政を在庁官人と明記し、鎌倉末期に討幕を訴えた護良《もりよし》親王令旨《りょうじ》（四七〜四八頁参照）に「伊豆国在庁北条遠江前司《ぜんじ》時政」（元《げん》

北条氏略系図（数字は執権就任の順序）

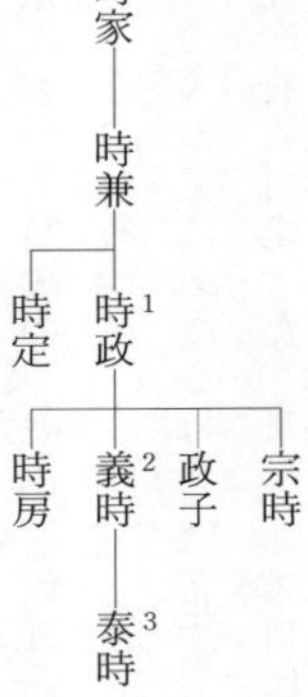

弘《こう》三年二月十一日付、太山寺《たいさんじ》文書）とあることから、時政自身が在庁官人であったことは疑いない。

高等学校の教科書にも登場する在庁官人は、地域においては有力者である。しかし、六位程度の地方武士であり、在京活動を専らにする軍事貴族とは身分的に截然《せつぜん》と区別される。それゆえに護良親王は、討伐対象である北条高時《たかとき》（鎌倉末期の嫡流家当主）の祖時政を「在庁」と記して、貶《おとし》めたのである。『吾妻鏡』が、あえて時政を「豪傑」などと曖昧《あいまい》に表現し、彼の官職を記さなかったのは、在庁官人であったことを隠蔽《いんぺい》するためと考えられる。

また、『吾妻鏡』が時政の祖として平直方の名を挙げたのは、平忠常の乱後、その平定に失敗した直方が、平定を成し遂げた頼信の子頼義を女婿とした故事と関係するとみられる。頼義の末裔《まつえい》頼朝を女婿としたのが、他ならぬ直方の子孫時政で、直方と頼義の岳父・女婿関係を、時政と頼朝との関係に投影した可能性がある。ただ、『吾妻鏡』に直方と頼義の関係に関する記述はみられない。

時政の出自に関する野口実氏の分析（「「京武者」の東国進出とその本拠地について」「伊豆北条氏の周辺」）によると、時政の祖父時家《ときいえ》以後、北条氏に関する諸系図の記載が一致しているという。時家は伊勢平氏に属し、貞盛の子で伊勢平氏の祖でもある維衡《これひら》の系統に属する軍事貴族であったとみられ、おそらくは伊豆に下向した際に北条の婿となったと推察される。したがって、本来は中央で五位以上の位階を有する一族だったと考えられる。

時家の子時兼は、『吾妻鏡』には時定の父とのみ記されているが、諸系図に時定は時政の弟とされているので、時兼は時政の父となる。時政が在庁官人として伊豆で活動したのに対し、弟時定は衛府《えふ》の官人として京で活動していたことになる。こうした、一族間における在地と京との分業は、先述の伊東氏一族における祐親と工藤祐経のように、地方武士には多くみられる。その時政が、頼朝を保護下に置いたのはなぜであろうか。

知行国主源頼政

伊東祐親は平氏家人であり、そのことが頼朝に対する危害にもつながった。これに対し、時政は在庁官人として知行国主源頼政に仕える立場にあった。時政の頼朝に対する保護を考える鍵は、頼政との関係にある。

軍記物語『源平盛衰記《げんぺいじょうすいき》』（『平家物語』の異本）によると、頼政の長男で伊豆守であった仲綱と工藤茂光《もちみつ》（工藤祐隆《すけたか》の子）らとは主従関係にあったという。先述のように、一時の中断を挟んで頼政知行は長年にわたっており、しかも頼政一族は武士だけに、伊豆の在庁官人と緊密な関係を結んでいたとみられる。同様に北条時政とも関係を有した可能性が高い。このほか、延慶本《えんぎょうぼん》『平家物語』によると、承安三年（一一七三）、後白河に暴言を吐いて伊豆に配流された文覚を連行したのは、のちに頼朝の腹心として鎌倉殿御使《かまくらどののおつかい》に起用される近藤国《こんどうくに》平《ひら》であった。このように、知行国主頼政の人脈は、頼朝に継承されているのである。

頼政は摂津源氏の武将で、大江山《おおえやま》の鬼退治の伝説で名高い頼光《よりみつ》の子孫にあたる。頼朝の祖頼信は頼光の弟で、兄弟はともに藤原道長《みちなが》に仕えている。同じ武門源氏（清和《せいわ》源氏）とはいえ、両系統は分立して二百年に及んでいた。頼政の父は白河院に仕えて下総守などをつとめた仲政《なかまさ》で、母は藤原南家貞嗣流の学者政治家友実《ともざね》の娘であった。彼女の甥に頼朝の異母弟範頼を養育した藤原範季が、そして従兄弟《いとこ》に信西がいた。

先述のように、頼政は平治の乱の当初は義朝と行動をともにするものの、六波羅に脱出した二条天皇に従って清盛に属した。この結果、彼は乱後も京で政治的地位を保つことができたのである。もともと頼政は、二条天皇の養母で鳥羽院の寵后美福門院の院殿上人であり、また美福門院とその皇女八条院《はちじょういん》に近しい武士であった。仁安元年（一一六六）には、二条の皇子で八条院が支援する六条《ろくじょう》天皇の殿上人となっている。その後、承安元年（一一七一）には後白河院の御給《ごきゅう》（院をはじめとする皇族が官位を与える制度）で正四位下《しょうしいのげ》に昇り、治承二年（一一七八）には従三位《じゅさんみ》に叙され、武門源氏初の公卿昇進を果たしたのである。

武門源氏において、昇殿は摂津源氏の頼光・頼国《よりくに》父子、河内源氏でも保元の乱の恩賞による義朝の先例があるが、公卿昇進は初の快挙であった。これは清盛の推挙によるもので、外《がい》孫《そん》の皇子（のちの安徳《あんとく》天皇）生誕のご祝儀と考えられる。頼政と清盛とが、良好な関係にあったことがわかる。

このように、様々な政治勢力と巧みに関係を保持してきた頼政は、同時に武門源氏一門に対する保護も行い、一門の孤児らを養子として迎えている（多賀宗隼氏『源頼政』）。たとえば、保元二年（一一五七）に謀叛の疑いで殺害された弟頼行《よりゆき》の息子、政綱《まさつな》・兼綱《かねつな》兄弟、久寿二年（一一五五）に義平に殺害された義賢の遺児仲家《なかいえ》らである。仲家は、以仁王令旨を諸国に配布する行家《ゆきいえ》と同様に八条院蔵人に補任され、やがて以仁王の乱で頼政と運命をともにすることになる。

こうした頼政が、平治の乱で自身が見限って滅亡させた義朝の遺児に、情けをかけた可能性は高い。頼政、そして彼に仕える在庁官人北条時政の連携の下で、頼朝は保護を受けていたのである。しかし、こうした比較的長閑《のどか》といえる生活は、中央情勢の激変に伴って大きく変化することになる。

3　以仁王の乱と頼政の滅亡

治承三年政変——後白河院政停止

平治の乱からちょうど二十年を経た治承三年（一一七九）は、大きな歴史の転換点となった。平清盛が武力で京を制圧し、後白河院を幽閉、院政を停止したのである。翌年、外孫の安徳を即位させ、女婿の高倉《たかくら》を傀儡《かいらい》として院に擁立した清盛は、事実上独裁政権を樹立するに至った。両者はなぜ衝突したのであろうか。

そもそも中継ぎの天皇に過ぎず、権威に乏しかった後白河は、仁安三年（一一六八）における皇子高倉天皇の即位によってようやく院政を開始した。高倉は平清盛の義妹滋子《しげこ》（建《けん》春門院《しゅんもんいん》）を母としており、後白河と清盛とは高倉の擁立で提携し、後白河院政を確立したのである。以後、ともに日宋《にっそう》貿易に携わるなど、協調関係が続いたが、その背景には後白河の寵愛を一身に集めた建春門院の存在があった。しかし、安元二年（一一七六）、彼女が三十五歳で死去すると、後白河・清盛という二人の権力者間の矛盾が一気に表面化する。二人は、政治の主導権、院近臣と平氏一門の昇進をめぐり、激しく衝突することになる。

両者の矛盾が激発したのが、安元三年（八月に改元されて治承元年）六月に勃発した、いわゆる鹿ケ谷《ししがたに》事件である。事の発端は、延暦寺・日吉《ひえ》神社の加賀《かが》にある末寺を、加賀守藤原師《もろ》高《たか》の弟で目代の師経《もろつね》が焼き払ったことにあった。同年四月、怒った延暦寺側は、日吉神社の神輿《みこし》を擁し、師高の配流を要求して強訴《ごうそ》する。師高は後白河の腹心西光《さいこう》（藤原師光《もろみつ》）の子である。驚いた後白河は、清盛の嫡男ながら、院近臣の中心藤原成親《なりちか》の妹婿で、後白河に近侍した平重盛《しげもり》に迎撃させるが、神輿に矢を射たてる失態を犯し、撃退に失敗する。四月二十日、院は師高の配流を余儀なくされた。

事はそれで収まらなかった。直後の二十八日に左京は空前の大火（太郎焼亡《たろうじょうもう》）に見舞われ、さらに三十日には中宮庁を盗賊が襲撃するなど京の治安が極端に悪化した。治承・寿永の内乱（いわゆる源平争乱）をまだ経験していない当時において、これは平安京始まって以来の大混乱であった。そして、保元の乱で失脚した崇徳院の怨霊《おんりょう》の仕業とする説が人口に膾炙《かいしゃ》する。崇徳を斥《しりぞ》けて帝王となった後白河に対する痛烈な批判であり、後白河の正統性が否定されたに等しい。

激昂《げっこう》した後白河は、理不尽にも延暦寺の頂点に立つ天台座主《てんだいざす》明雲《みょううん》を捕らえ、謀叛の罪で伊豆へ配流する。配流を担当したのが知行国主源頼政の郎従であったが、あろうことか明雲の身柄は途中で延暦寺の悪僧たちに奪われたのである。怒り心頭に発した後白河は、福原《ふくはら》（現兵庫県神戸市）から平清盛を呼び寄せ延暦寺攻撃を命ずるに至った（『玉葉』五月二十九日条)。

しかし、事態は急転、清盛は院近臣西光、成親を拘束し、西光を斬首、成親を配流先で虐殺したのである。院近臣による清盛暗殺計画が露見したためであった(『玉葉』六月二日条、『顕広王記《あきひろおうき》』六月五日条)。しかも、後白河もこの計画に加わっており、後白河と清盛との関係は決定的な破綻《はたん》を迎えた。ただ、すぐに後白河院政を停止しなかったのは、親院政派の重盛の存在と、高倉に皇子がなく代替の院が存在しなかったためである。

しかし、治承二年(一一七八)、のちの安徳天皇となる皇子が生誕し、後白河を排除し高倉院・安徳天皇の新体制が可能となった。そして翌年に重盛が死去するに及んで、後白河と清盛の全面衝突は不可避となった。ここで後白河が、人事や摂関家問題で清盛を挑発したため、ついに治承三年政変が勃発する。この政変が以仁王の乱を惹起し、さらには十年にわたる内乱と、武士政権の樹立とをもたらす契機となったのである。

治承三年政変の衝撃

治承三年政変は、後白河が関白藤原(松殿《まつどの》)基房《もとふさ》と結び、清盛を挑発したことに直接の原因がある。十一月十四日に武力を率いて福原から入京した清盛は、まず関白基房を解官《げかん》・配流して女婿近衛基通《このえもとみち》を関白に据えたのを手始めに、院近臣四十名を解官し、太政《だじょう》大臣藤原師長《もろなが》（頼長の長男）らを配流して院政の基盤を壊滅させた。そして二十日、ついに後白河院を洛南の離宮鳥羽殿《とばどの》に幽閉し、院政を停止したのである。

翌治承四年（一一八〇）二月、清盛は高倉の譲位と、安徳の践祚《せんそ》を実現、王権を構成する院・天皇・摂政、全ての首を挿《す》げ替えた。これは、武士が武力によって王権を改変したことを意味し、のちの承久《じょうきゅう》の乱（一二二一年）や、足利尊氏《たかうじ》による建武《けんむ》政府打倒の先駆といえる。むろん、このような武力による強引な王権の改変が、激しい反発を生まないはずはない。翌年、頼朝の運命を大きく変える以仁王の乱が惹起されるのである。

治承三年政変の矛盾はそれにとどまるものではない。高倉退位後初の神社参詣に、先例を破って厳島《いつくしま》神社が選ばれたように、宗教界の秩序も大きく改変された。清盛は、厳島神社を皇祖神とする新たな信仰体系を構築しようとしたのである。厳島参詣に反発した権門寺院は武力で蜂起する動きを示した。園城寺・興福寺《こうふくじ》に加え、親平氏派が多い延暦寺も参加し、後白河・高倉上皇の奪取をめざしたのである（『玉葉』治承四年三月十七日条）。権門寺院と平氏との間には鋭い対立が生じていた。当時は、「王法仏法相依《おうほうぶっぽうそうえ》」と称されたように、正統な王権によって仏法も支えられると考えられていたから、宗教秩序を改変しようとする清盛が擁立した安徳天皇は、正統性が疑われたのである。

政変の矛盾は地方にも及んだ。清盛は、院や院近臣が有した多数の知行国を奪取し、平氏一門や関係者に与えた。この結果、各国に目代などとして平氏家人が進出し、元来居住していた平氏家人と結んで国内を支配することになる。逆に、これまで院や院近臣と結んで国内支配を担当してきた在庁官人は特権を失い、存在を脅かされるに至った。

坂東では、院の側近平業房《なりふさ》が受領をつとめた相模、同じく藤原為保《ためやす》が受領であった上総で受領の交代が確認される。前者の新国守は信西の孫藤原範能《のりよし》で、平氏一門ではなかったが、東国における清盛の後見と呼ばれた平氏家人大庭景親が台頭し、在庁官人三浦氏に対抗する。後者では平氏侍大将伊藤忠清《ただきよ》が受領に就任、有力在庁官人上総介広常に圧力を加えることになる。

在地における緊張が高揚したのは、何も知行国主が交代した国に限らない。下総では受領の交代は確認できないが、平氏家人の目代、平氏と姻戚関係を有する千田親政《ちだちかまさ》らが勢力を伸張させ、在庁官人千葉氏などを抑圧したのである。このように、平氏政権の成立に伴う平氏家人の台頭は、諸国で武士相互の対立を激化させ、軍事的な緊張を高めていった。そうした中で、以仁王の挙兵計画が密かに進行してゆくことになる。

以仁王令旨

以仁王の挙兵について、『吾妻鏡』や『平家物語』は、平氏一門の横暴・無礼に怒った源頼政が、以仁王に挙兵をもちかけたとする。しかし、上横手雅敬氏の指摘（『平家物語の虚構と真実』）の通り、首謀者は以仁王とみられる。頼政は、すでに七十七歳の高齢で、先述のように清盛とも親しい関係にあった。治承三年政変に憤懣《ふんまん》はあったと思われるが、後白河の側近ではなく、清盛に対して一族の命運をかけて蜂起するほどの遺恨があったわけでもない。

一方の以仁王は、後白河院の第二皇子で、母は権大納言藤原季成《すえなり》の娘である。母の身分も高いのに、異母弟の憲仁《のりひと》（のちの高倉天皇）即位をめざす平氏から警戒され、親王宣旨も受けられず不遇に陥っていた。しかし、彼は叔母で大荘園領主の八条院の猶子となり、その保護を受けたのである。このことは、美福門院・八条院と結び、本来は正統な皇統であった二条・六条天皇系統の後継者として、皇位を狙う立場となったことを意味する。

治承三年政変で清盛が後白河院を幽閉、強引に安徳天皇を擁立し、以仁王の所領をも没収したことで王の憤りは深まった。さらに、多くの権門寺院や、旧院知行国における平氏家人と在庁官人との葛藤《かっとう》などの情報が以仁王のもとに届いたことであろう。彼は、八条院領の武士や権門寺院との連携を深めながら、挙兵の機を窺うことになる。そして、八条院と関係深い源頼政一族の支援を受けて、安徳即位のその日に平氏討伐を命ずる以仁王令旨を発給し、皇位に対する野心をあらわにしたのである。

主君以仁王の命令を受けてこの令旨を発給したのは、頼政の嫡男伊豆守仲綱であった。令旨とは、皇后・皇太子・皇子などの皇族が発給する奉書《ほうしょ》形式の文書である。この「以仁王令旨」は、古文書学上の令旨の形式とは異なることから、偽物説が提起されたこともあるが、自らを天皇に準《なぞら》えて革命を志向する王の文書について、細かい形式を云々《うんぬん》しても意味のないことである。羽下徳彦氏が「以仁王〈令旨〉試考」（『中世日本の政治と史料』所収）で指摘したように、この文書は追討・討伐を命ずる時に用いられる官宣旨の一類型というべき様式と考えられる。

なお、『愚管抄』に、園城寺に立て籠《こ》もった以仁王が多くの檄文《げきぶん》を発給したとあることから、令旨の存在や挙兵計画自体を否定する見解があるが、挙兵・謀叛計画なくして八条院の猶子でもある重要人物に、配流という重罰を科すことはありえない。

令旨は、八条院の蔵人となった源行家によって諸国の源氏に配布される。彼は、まず伊豆国北条の頼朝のもとを訪れたという。頼朝の河内源氏嫡流という正統性を強調する虚構とも思われるが、頼政が挙兵に深く関与していたことを考えれば、伊豆で保護下にあった頼朝を最初に訪問した可能性は高い。

頼朝は令旨を受け取る際、武家の礼装である水干に着替え、河内源氏の氏神石清水八幡宮《いわしみずはちまんぐう》を遥拝《ようはい》した。令旨を見た頼朝は、これこそ「天の与うるを取り、時至りて行う（天が与える物を受け取り、その時が来れば事を行う）」ことを意味すると考え、挙兵を決断する。行家が甲斐・信濃に向けて旅立ったあと、頼朝は腹心の北条時政を招いて、ともに令旨を見たという（以上、『吾妻鏡』治承四年四月二十七日条）が、史料の性格上、どこまでが真実かは不明確である。少なくとも、頼朝・時政はすぐに挙兵に応じることはなかった。まだ、伊豆には政治的緊張や混乱は及んでいなかったのである。

しかし、それから一月足らずの間に以仁王は挙兵に追い込まれ、頼政一族とともに滅亡することになる。頼政に代わって、清盛の室時子《ときこ》の弟で平氏政権の中枢にいた平時忠《ときただ》の知行国主就任で、伊豆にも重大な政治的混乱が発生するのである。

乱の鎮圧と「福原遷都」

以仁王の配流騒ぎが起こったのは、五月十五日である（『玉葉』）。『平家物語』は熊野からの密告で挙兵計画が露見したとするが、右大臣九条兼実はまだ事件の真相を把握しておらず、その日記『玉葉』において配流の原因にふれていない。しかし、事態は急変する。以仁王は追捕《ついぶ》を逃れて園城寺に脱出し、園城寺の悪僧に匿《かくま》われる。園城寺の悪僧たちは、興福寺・延暦寺に檄文を送り、平氏打倒を呼びかけた。

興福寺はこれに呼応したが、延暦寺が拒否したため、高倉院の厳島参詣の時にみられた三寺院の連帯は成立しなかった。謀叛が明確化したことで、五月二十一日、平氏は園城寺攻撃を決定するが、この時に平氏一門とともに頼政も追討軍の大将軍の一人となっていた。平氏は、頼政も含む挙兵計画の全貌を把握していなかったのである。翌二十二日、頼政は自邸を焼却し、一族とともに以仁王に合流し、反平氏の旗幟《きし》を鮮明にした。

平氏の攻撃を前に、寺僧に裏切り者が出たことで、二十六日未明、王と頼政一行はより強力な興福寺を頼って園城寺を出立した。しかし、平氏の追撃を受けて、頼政らは木津川《きづがわ》の河原《かわら》で、そして以仁王も南都《なんと》（興福寺）を目前にしながら光明山《こうみょうせん》の鳥居の前で落命した。計画途中での露見ということもあって、王の脱出からわずか十日ほどの短期間で鎮圧されたのである。

当時、権中納言であった中山忠親《なかやまただちか》の日記『山槐記《さんかいき》』五月二十六日条によると、頼政とともに討死したのは渡辺党《わたなべ》（摂津国渡辺を拠点とする武士団）と、義仲の兄で八条院蔵人だった源仲家ら八条院関係者など、ごく限定された武力であった。平氏側二百騎に対し、以仁王・頼政側はわずか五十騎程度であったとされ（『玉葉』五月二十六日条）、合戦は小規模であった。しかし、清盛の動揺は大きく、六月一日に突如、安徳天皇、後白河・高倉両院を強引に福原に遷幸《せんこう》させた。いわゆる「福原遷都」の引き金になったのである。

清盛が自身の別荘地福原に遷都を計画した最大の理由は、平氏と王家が結んだ新王朝に相応《ふさわ》しい新都を造営することにあった。しかし、まだ都市として整備もされていないこの時点で、突如天皇・院を移した背景には、以仁王挙兵に京を囲繞《いにょう》する権門寺院が参戦したことが関係していた。

清盛が当初計画した「和田京《わだきょう》」は土地が狭隘《きょうあい》であったために頓挫《とんざ》するが、八月に清盛は全面遷都の方針を打ち出す。このころ、清盛が遷都問題に専心したことが、東国における反乱勃発への対応を遅らせることになるのである。

III　挙兵の成功——流人の奇跡

1　挙兵の決断

身辺の危機と中央の政情

以仁王の乱の結果、伊豆の知行国主源頼政と、その嫡男の伊豆守仲綱が敗死した。かわって、知行国主には平時忠、受領《ずりょう》にはその息子時兼《ときかね》が就任し、受領の代官である目代には流人平兼隆が起用された。時忠は清盛の室時子の弟で、公家ではあるが一門の有力者であった。謀叛人となった頼政にかわり、平氏政権中枢の人物が知行国主となったのである。当然、伊豆にも大きな政治的緊張が生じることになる。

目代の兼隆は伊勢平氏の傍流であるが、その祖父盛兼《もりかね》、父信兼《のぶかね》は保元の乱で清盛一族と別個に行動しており、清盛の一門でも、家人でもない立場にあった。兼隆は父の訴えで伊豆に配流されたが、別当時忠の下で検非違使《けびいし》をつとめた関係もあって、目代起用の幸運を射止めたのである。しかし、それがために頼朝挙兵で最初に血祭りにあげられるとは、夢想だにしていなかったであろう。

時忠知行の下、現地支配に平氏家人が重用されることになり、長年の平氏家人伊東祐親らが大きな勢力を得た。通常の知行国主の交代ではなく、前任者の謀叛という異常事態であるから、対照的に頼政と結んで在庁官人をつとめた北条・工藤氏らが特権を奪われ、苦境に陥ったことはいうまでもない。

北条時政は娘政子と兼隆との婚姻を画策して、政子の拒絶にあったという（『源平盛衰記』）。真偽のほどはわからないが、当時の時政の窮状を反映するのではないか。また、時政は池禅尼の姪《めい》である牧《まき》の方《かた》を後妻に迎えるが、これも池禅尼の子平頼盛の保護を求めた可能性がある。しかし、時政は苦境を脱することはできず、結局頼朝の擁立と挙兵へ奔《はし》ることになる。

以仁王・頼政の滅亡から一月余りを経た治承四年（一一八〇）六月十九日、頼朝の乳母《めのと》の甥三善康信から重大な情報が伝えられた。康信は、以仁王の乱後、令旨を受けた諸国の源氏追討が命じられたので、源氏正嫡の頼朝は特に危険であるとし、奥州亡命を勧めたのである。しかし、頼朝はこれに従わず、二十四日にはあえて挙兵を決断した（以上『吾妻鏡』）。

六月初頭の清盛は、先述のように福原遷幸に専念しており、全国の源氏追討など命じてはいない。ただ、清盛の「私郎従」（直属の精鋭）である大庭景親を、源仲綱の子を追討するために東国に下しており、各地で頼政の残党追捕があった。これを康信は、令旨受給者の追捕とみなした可能性が高い。なお、仲綱の子は有綱《ありつな》とみられ、景親下向の前に陸奥に逃亡し（以上『玉葉』治承四年九月十一日条）、陸奥で義経の知遇を得て、やがてその女婿《じょせい》となっている。

頼朝が、大庭景親の下向を自身への追討と誤解して挙兵したとする解釈もあるが、挙兵の判断は個人の思惑のみでなされるものではない。知行国主の交代に伴う北条以下在庁官人の危機、伊豆に限らず周辺諸国の平氏家人に対する反発、そして大庭下向で予想される身辺の危機の増大などから総合的に判断し、挙兵を決断したのである。

ここで大きな意味をもつのが後白河院の密旨《みっし》である。『平家物語』（巻第五「福原院宣《いんぜん》」）は、伊豆に配流されていた神護寺の文覚が、福原に幽閉されている後白河のもとに赴き、頼朝に対する平氏打倒の院宣（院の命令を受けて出す文書）を得たとする。もっともこの逸話には、文覚が伊豆から福原まで三日で移動し、福原で平氏の監視下にあった後白河と対面したとするなど、非現実的な部分が多い。とはいえ『愚管抄』のように後白河の密旨を虚構と断ずるわけにもゆかない。

『吾妻鏡』六月二十七日条によると、京で大番役を終えた三浦義澄《よしずみ》、千葉胤頼《たねより》の二人が北条の頼朝を訪ねた。前者は旧後白河知行国の在庁官人、後者は後白河の同母姉上西門院の側近である。彼らが後白河の密旨を伝えるとともに、平氏家人の台頭など院の旧知行国における情勢、三浦氏と姻戚関係にある上総介氏、あるいは平氏家人に圧迫される千葉氏の動向などを頼朝に語ったことは想像にかたくない。

とくに、三浦氏が在庁官人をつとめる相模国では、大庭景親が台頭した反面、平頼盛家人で後白河にも近い中原清業《きよなり》が目代として国衙《こくが》（国司が政務に当たった役所）を掌握しており（森幸夫氏「頼朝挙兵時の相模国目代について」）、在庁官人らの一斉参戦が見込まれた。頼朝は、挙兵に多くの参戦者と、そして後白河救援という大義名分が得られることを確信したのである。

頼朝の武力

迫り来る危機、高まる反平氏の機運の中で頼朝は挙兵を決断した。『吾妻鏡』によると、六月二十四日、頼朝は腹心の安達盛長を相模の武士たちのもとに遣わし、参戦を促したというから、後白河の密旨も義澄・胤頼の訪問に先駆けて、伝えられていたのかもしれない。挙兵計画は半ば公然のものとなり、もはや後戻りはできなくなった。

しかし、最も頼りになるはずの乳母子《めのとご》山内首藤《やまのうちすどう》経俊、そして兄朝長の外戚であった波多野義常が協力を拒否し、あまつさえ罵言《ばげん》まで浴びせたという（七月十日条）。もはや、平氏への通報も確実である。このうち山内首藤氏は、河内源氏代々の当主の乳母を出し、経俊の父・兄も平治の乱で討死したほか、義朝に殉じた腹心鎌田正家も同族である。まさに河内源氏の腹心中の腹心というべき一族であった。とはいえ、現在の頼朝は一介の流人に過ぎない。乳母子とはいえ、滝口《たきぐち》（内裏の警護に当たった武士）などとして在京活動を経験し平氏とも接触した経俊が、危険な頼朝挙兵への参加を拒否するのも、驚くことではない。

また波多野氏は、前九年合戦で頼義戦死の誤報を受け、敵陣に突入して「殉死」した佐伯経範の子孫でもあった。しかし義常の父義通《よしみち》は平治の乱以前に義朝と袂《たもと》を分かっているし、東国下向を計画した清盛に侍所《さむらいどころ》（家人が一堂に会する建物。後述）を献上したとされる平氏に近い存在であった（野口実氏）から、そもそものような一族に挙兵参戦を勧誘したかどうかも疑わしい。

おそらく、頼義以来の東国武士と河内源氏との結合を強調する『吾妻鏡』が、佐伯経範の子孫でありながら、頼朝を裏切った許しがたい武将として波多野義常を印象づけようとしたための作為であろう。延慶本『平家物語』にも、経俊の暴言は記されているが、義常のそれはみえない。

いずれにせよ、かつて河内源氏と主従関係を有しても、その子孫が必ずしも頼朝に従ったわけではなく、挙兵の武力として頼義以来の主従関係を重視する見方は成り立ちがたい。逆に河内源氏歴代とは深い関係にあったとはいえない伊豆の武士団が頼朝を支えることになる。要は、この時点で平氏に恩恵を受けているか、圧迫を受けているかが立場の分岐点であった。

ところで、坂東八ヵ国の侍奉行でもあった平氏の侍大将上総介伊藤忠清が、京にいた大庭景親に対し、頼朝が北条時政・比企掃部允《かもんのじょう》に擁立され、謀叛を計画しているとの噂を伝えている。この情報は駿河《するが》の平氏家人長田入道からもたらされたとされる（『吾妻鏡』治承四年八月九日条）が、相模の武士団に対する参戦要請が漏洩《ろうえい》した可能性もある。

一方、『吾妻鏡』八月六日条によると、頼朝は工藤茂光《もちみつ》・土肥実平《さねひら》・岡崎義実《おかざきよしざね》・宇佐美《うさみ》助《すけ》茂《もち》（祐茂）・天野遠景《あまのとおかげ》・佐々木盛綱・加藤景廉らを招請し、各々《おのおの》に「偏《ひとえ》に汝《なんじ》を恃《たの》む（そなただけが頼りだ）」との由を伝えたという。先述したように、平氏の圧力に苦しむ伊豆・相模の武士、流浪して頼朝に祗候した佐々木・加藤一族など、その立場、頼朝との関係は様々であった。各人の「独歩」（勝手な行動）は禁じるが、「一揆《いっき》」（一致団結）を望んだという。頼朝から相対的に独立し横の連携に乏しい武士たちに、頼朝に対する忠誠競争を促し、勝利に向けて軍団が一体化することを期待したのである。

佐藤進一氏による有名な主従関係の二類型によると、従者には「家人《けにん》」と呼ばれる忠実な絶対随順型（隷属・献身）と、「家礼《けらい》」と呼ばれる独立性が強い双務契約型（同盟）とがあった。前者の典型は、乳母子、平氏における伊賀・伊勢家人など、所領と結合した重代相伝の家人であるが、乳母子に裏切られ、流人で所領のない頼朝には、前者のような存在が欠けていた。

頼朝に祗候した武士の多くは、平氏・平氏家人との敵対関係が原因で頼朝に従ったに過ぎない。彼らは強い独立性を有していたため、頼朝はその統制に苦心することになる。それだけに、岳父として自らを保護する北条時政、そして乳母として支援する立場を貫いた比企尼の一族に対する信頼と依存は大きなものとなるのである。

目代兼隆の打倒

治承四年（一一八〇）八月十七日、頼朝は挙兵する。北条時政・義時《よしとき》父子、工藤茂光、頼朝の警護に残った盛綱を除く佐々木兄弟以下が、平時忠の目代平兼隆とその後見堤信遠《つつみのぶとお》を討伐すべく、伊豆北条の館を出撃していった。途中、北条時政の指示で佐々木兄弟は信遠の宅を攻撃し、白昼のごとき明月の照らす下で佐々木経高が矢を発した。これこそが、平氏討伐の最初の一箭《いっせん》であったと、『吾妻鏡』は印象的に記す。佐々木兄弟は激戦の末に信遠を殺害した。

一方、時政らは兼隆の館を襲撃し、そこに信遠討伐を終えた佐々木兄弟、さらに護衛のためにとどまっていた佐々木盛綱以下も加わり、ついに兼隆を討ち取ったとする。『吾妻鏡』によると、当日は三島《みしま》神社の祭礼で、兼隆の郎従の多くは遊興に出かけ、館の警備は手薄であったというから、頼朝に対し無警戒であった。このために、小人数での不意打ちが成功したのである。

もっとも兼隆は直前まで流人であり、独自の郎従を多数組織していたとは考えがたい。また、平氏の一門でも、家人でもないため、他の平氏家人との連携も十分ではなかったとみられる。こうしたことも、頼朝の攻撃で簡単に倒されてしまった原因であろう。

一方、京の情勢も頼朝に幸いした。ちょうどこのころ、清盛は内裏や八省院《はっしょういん》（大内裏の正殿）の造営など、福原に首都機能を大規模に移転する方針を打ち出し（『玉葉』八月二十九日条）、貴族や一門の反対も押し切り、福原遷都を強引に推進しつつあった。そして、貴族に対する邸宅の班給《はんきゅう》、建物の建設、儀式の遂行方法などが喧《やかま》しく議論されていた。遷都問題に心を奪われた清盛は、以仁王の乱挙兵とは直接関係のない東国情勢にあまり注意を払わなかったのである。

兼隆を討った頼朝は、伊豆国の蒲屋御厨《かばやのみくりや》に下文《くだしぶみ》（命令文書）を発給し、以仁王の命によって兼隆と結ぶ史大夫《しのたいふ》中原知親《ともちか》の支配を禁止することを命じた。頼朝は、東国支配を正当化する権威の源泉として、後白河ではなく以仁王を用いた。しかし、これには伊豆の旧知行国主頼政と結んだ以仁王の権威を利用した面があった。やがて、伊豆を離れ旧後白河知行国の武士たちと合流すると、次第に以仁王の名を用いることはなくなるのである。

頼朝は緒戦に鮮やかな勝利を収めたが、これは敵の油断を衝《つ》いた不意打ちに過ぎない。平氏家人たちからの本格的な攻撃に備え、多くの武力を有する三浦一族、さらには上総介・千葉氏との合流は不可避であった。しかし、最初に合流する予定だった三浦一族は、拠点の衣《きぬ》笠《がさ》城（現神奈川県横須賀《よこすか》市）を出立したものの、豪雨による増水に阻まれ頼朝と合流できずにいた。そこで頼朝は室北条政子を伊豆山権現《ごんげん》に預け、三浦との合流をめざし東に進むことになる。その軍勢は、北条時政と息子宗時《むねとき》・義時、工藤・天野・宇佐美氏など伊豆の有力武士団、そして土肥・岡崎氏など、相模西部の武士団を中心に、三百騎であったという（『吾妻鏡』八月二十日条）。

これに対し、平氏家人の中心大庭景親は、相模・武蔵の平氏方を糾合、三千騎の軍勢で頼朝の行く手を阻んだ。さらに、伊東祐親も三百騎を率いて頼朝軍に背後から迫った。かくして、石橋山合戦が勃発する。

2　武士団の糾合

石橋山の敗北

石橋山は、現在の神奈川県小田原《おだわら》市に属し、市街地の西南にあたる。山が海に迫り、新幹線、東海道線も隧道《ずいどう》が連続する難所である。合戦の様子は『吾妻鏡』八月二十三・二十四日条に詳しい。

大庭軍は頼朝を支援する三浦軍の到着前に決着をつけようとして、八月二十三日の夜に攻撃を仕掛け、激戦は翌日まで継続した。頼朝が見事な弓箭《きゅうせん》の技量を発揮したのをはじめ、郎従たちも奮戦するが、衆寡《しゅうか》敵せず、ついに敗走する。この間、岡崎義実の子佐奈田与一《さなだよいち》義忠《よしただ》、工藤茂光、さらに時政の嫡男宗時ら、重要な郎従たちが相次いで命を落とした。椙山《すぎやま》に隠れた頼朝も、大庭軍の捜索を受け、一時は自害も覚悟したが、頼朝の所在を知りながら、大庭景親の目をそらさせた梶原景時《かじわらかげとき》の「有情之慮《うじょうのおもんぱかり》」に危機を救われた。そして地元の土肥実平の案内で、真鶴岬《まなづるみさき》から安房《あわ》をめざして渡海することになる。

挙兵後の頼朝にとって、石橋山合戦は唯一の敗北であった。それだけに、その後の勝利との対比を劇的に描こうとした『吾妻鏡』の叙述には大仰《おおぎょう》な面もある。しかし、戦死者の顔

関東武士団の分布と頼朝の進路　野口実『武家の棟梁源氏はなぜ滅んだのか』（新人物往来社）をもとに作成．○は国府

ぶれを見ても、頼朝軍の苦戦、危機は疑いようもない。またしても頼朝は死の淵に直面し、辛くもそれを逃れたのである。

一方、頼朝挙兵の報告は、九月三日に京に届いた。右大臣九条兼実は「謀反の賊義朝の子」が目代を「陵礫《りょうれき》」（侮り踏みにじること）し、駿河・伊豆両国を占領したと記している（『玉葉』）。兼実は、頼朝の名前すら認識していないが、事態を深刻に受け止め、挙兵の背景には清盛の暴政があり、鎮圧は困難であると述べた。一方、権中納言中山忠親は、翌四日に「故義朝男《なん》兵衛佐頼朝、義兵を起《た》つ」としている（『山槐記』）。「義兵」には、後白河の救援という意味がこめられていた。清盛批判の挙兵とする点で、兼実と共通する。

石橋山合戦の報告は、『山槐記』の九月七日条、『玉葉』の九月九日条にみえる。前者では、頼朝が敗れ、残りわずかになって箱根《はこね》山中に逃亡し、頼朝舅《しゅうと》の「北条次郎」、「藁藤介用光」が討たれたとする。この二人が、北条宗時、工藤茂光を指すことはいうまでもない。後者は、「群賊わずかに五百騎」で、官兵二千騎に敗れて山中に逃れたとし、二十二日に予定されている追討軍の出立は事に遅れたとしている。朝廷では石橋山合戦の勝利で頼朝軍は壊滅し、事態は終息に向かったという認識があった。これが平氏の油断を招くことになる。

さて、頼朝との合流に失敗した三浦義澄らは、本拠衣笠城に帰る途中の由比浦《ゆいがうら》で平氏方の畠山重忠《はたけやましげただ》軍を破り、五十騎余りを討ち取る（『吾妻鏡』八月二十四日条）が、重忠はその報復と平氏の重恩に報いるために、秩父《ちちぶ》一族の河越重頼・江戸重長《えどしげなが》らとともに、三浦氏の本拠衣笠城を攻撃した。三浦氏の家長義明が敵を引き受けて戦死する間に、一族は衣笠城を捨て房総半島に脱出する（『吾妻鏡』八月二十七日条）。

武蔵国は、平治の乱まで藤原信頼が知行したが、乱後は平氏が奪取し、以後二十年にわたって清盛の四男知盛《とももり》が受領・知行国主をつとめ、現地武士の家人化が進行していた。知行国主と武士との結合の深さを示す事例といえる。

平氏の軍制は、勇猛・忠実だが少数の「家人」と、強制的に徴発された「かり（駆）武者」の二段構えで、まずは家人が早期に反乱軍鎮圧に当たり、ついで「かり武者」を中心とする官軍が残敵を掃討することになっていた。東国の反乱では、大庭・伊東・武蔵武士らの家人が迅速に一撃を加え、反乱軍を打ち破ったのである。平氏軍制は、有効に機能していた。

しかし、重盛家人だった藤姓足利氏が広常とともに大庭景親を攻めたとされるなど（『玉葉』九月十一日条）、平氏内で傍流となった小松殿《こまつどの》（重盛）系統の武士たちは、すでに独自の行動をとっており、平氏側も一枚岩ではなかった。そして房総半島で頼朝が再起するや、事態の進行は平氏の想定をはるかに凌駕《りょうが》することになる。

房総半島の制圧

頼朝は、土肥実平の案内で真鶴岬から安房国に渡海した。石橋山の敗戦で死の淵に臨んだ頼朝を脱出させた実平、真偽に問題もあるが頼朝を大庭景親から救った梶原景時の功績は比類ないもので、頼朝が彼らに深い信頼を寄せるのも当然であった。

さて、安房への渡海は石橋山合戦敗北の結果ではあるが、上総介・千葉氏に依存する面は大きく、渡海は当初からの予定とみられる。海上で三浦一族と合流した頼朝は、安房に上陸した。安房国には河内源氏の所領丸御厨《まるのみくりや》が存在し、地元の武士安西景益《あんざいかげます》らの支援も期待できた。また三浦義澄がたちまちに平氏方の長狭常伴《ながさつねとも》を追討するなど、三浦氏も安房の地理・情勢に精通していた。また同国は平氏一門ではなく、後述するように北条時政とも政治的関係を有する吉田経房《よしだつねふさ》の知行国であった。こうしたことから、避難先には相応しく、ここで頼朝は上総介・千葉氏との合流も待つことになったのである。

なお、九月一日に国中の京下輩《きょうくだりのともがら》を追捕させたことから、頼朝挙兵の目的は平氏だけではなく、貴族政権自体に対する反逆とする見方もある。しかし相模では目代と連携しており、ここで追捕された京下輩とは、平氏の息がかかった目代・荘官を意味する。

『吾妻鏡』によると、安房を制圧した頼朝は、上総介広常・千葉常胤に合流を呼びかけるために、それぞれ和田義盛《わだよしもり》、安達盛長を使者に立てた。広常が、常胤のあとから参入すると消極的な態度であった（九月六日条）のに対し、常胤は感涙を流して直ちに参戦に応諾し、源頼義以来河内源氏所縁《ゆかり》の地である鎌倉への入府を提案したという（九月九日条）。

その後、常胤は平氏方の下総国目代（九月十三日条）、平忠盛の女婿千田親政（九月十四日条）らを相次いで打倒し、平治の乱で敗死した義朝の叔父義隆の遺児である頼隆《よりたか》を伴って、頼朝のもとに参上したとされる（九月十七日条）。しかし上総介広常は参戦を即答せず遅参したばかりか、頼朝に対し帰順を装いながら、内心では殺害を企てる「二心」を抱いていた。その彼が頼朝に合流してみると、遅参を厳しく叱責《しっせき》され、頼朝に「人主《じんしゅ》の体（人の上に立つ器量）」に適《かな》う大将軍としての威厳を感じて服属したという（九月十九日条）。

こうした『吾妻鏡』の広常に関する記述を詳細に検討した野口実氏（「源頼朝の房総半島経略過程について」「平家打倒に起ちあがった上総広常」）は、広常は当初から頼朝側であったとされる。すでに『玉葉』九月十一日条に、介八郎《すけのはちろう》広常が大庭景親を攻撃したという報告がみえるのはそれを裏付ける。

広常は、上総の受領となった伊藤忠清に強い圧迫を受け、『源平盛衰記』には京で監禁されたとする記述もある。平氏と結んで族長権奪取を企図した庶兄常義《つねよし》（常茂《つねしげ》）なども広常を脅かした。広常は平氏の抑圧で厳しい立場に置かれており、平氏方となる可能性はなかったのである。合流の遅延は、国内の敵対勢力の討伐に手間取った結果で、「二心」があったとする『吾妻鏡』の記述は、寿永二年（一一八三）末における広常粛清の伏線とみられる。

また、野口氏は、広常が上総国の目代を討伐したと推測され、それゆえに頼朝は無事に上総国を通過できたとする。目代は、侍奉行上総介忠清の任務を代行し、東国の平氏家人を統制していたとみられるから、目代の滅亡で平氏家人の連携が破壊され、彼らは各個撃破されることになる。しかも、広常が糾合した軍勢は二万騎とされ、頼朝軍最大の規模であった。広常は頼朝勝利に対する最大の功労者で、頼朝軍団の動向を左右する大きな存在となる。

一方、『吾妻鏡』の文治二年（一一八六）正月三日条によると、常胤は先述した六男胤頼の説得で頼朝側に参戦したとあり、むしろ常胤のほうが消極的であったことを窺わせる。千葉常胤を賞賛し、上総介広常を貶める『吾妻鏡』の記述は、上総介氏が滅亡を遂げたのに対し、子孫が存続した千葉氏が、『吾妻鏡』編纂時に先祖の功績を主張した結果である。

曩祖の地鎌倉

房総半島の勝利で頼朝軍の軍事的優位は決定的となった。そして、当初石橋山などで平氏側に立ち、さらに衣笠城を攻撃して三浦義明を殺害した武蔵の武士たちも、頼朝陣営に参入することになる。畠山・河越・江戸といった秩父一族は、三浦攻撃では団結したが、元来は武蔵国府の実権などをめぐる対立も存した。また早くから頼朝に気脈を通じた葛西清重《かさいきよしげ》を用いて、江戸重長を牽制《けんせい》する工作も奏功したと考えられる。

一方、父三浦義明の仇敵畠山重忠・河越重頼らの参入に、義澄以下三浦一族の心中が穏やかであろうはずがない。頼朝は、「勢力のある者たちを取り立てないと、事は成しがたい。忠義を思う者は憤りを残してはならない」と述べて遺恨を宥《なだ》めたという（『吾妻鏡』十月四日条）。思えば、久寿二年（一一五五）八月、三浦義明に支援された源義平が、叔父の義賢もろともに河越重頼の父秩父重隆《しげたか》を滅ぼしており、三浦・秩父系統の武士相互の対立・遺恨は深刻なものがあった。しかし、大庭景親をはじめとする平氏方との抗争はまだ決着がつかず、さらに平氏による追討軍との戦いも想定されたために、両者の抗争は回避されたのである。

また、乳母子《めのとご》でありながら頼朝を裏切った山内首藤経俊は、当然処刑されるはずであったが、老いた乳母の嘆願で助命している（『吾妻鏡』十一月二十六日条）。彼の助命は、頼朝が降伏者に寛容な態度をとることを明示し、石橋山合戦などでいったん頼朝に敵対した多くの武士たちの参入を促進する結果となった。かくして、頼朝は東国武士相互の衝突を巧みに回避し、孤立した大庭景親ら、中心的な平氏家人を攻撃目標として東国武士を結合させた。この結果、軍団は急速に膨れ上がることになる。ここに調停者、軍団組織者としての頼朝の姿をみることができる。

しかし、三浦一族にとって、父の仇敵である畠山重忠らに対する遺恨が消えるわけがなかった。頼朝は、平氏をはじめとする外敵の脅威を煽《あお》り、勝利で敵方所領を没収し新恩給与を行うことで、対立を糊塗《こと》し結合を維持したのである。しかし、内部対立という脆弱性《ぜいじゃくせい》を内包した軍団は、戦乱終了による外敵の消滅、平時への移行とともに矛盾を露呈する。そして頼朝没後、鎌倉幕府は大規模な内紛に見舞われることになる。

頼朝は、先陣を畠山重忠に、御後《ごご》（頼朝の後ろに控えて警護する役目）を千葉常胤に委ね、幾千万とも知れぬ大軍を率いて相模国に到着したという（『吾妻鏡』十月六日条）。そして父義朝が居館を有し、「曩祖《のうそ》」（先祖）源頼義以来の由緒をもつ鎌倉を拠点とした。頼義は、平忠常の乱後の長元《ちょうげん》九年（一〇三六）、相模守に就任し、桓武平氏嫡流平直方の娘と結婚、長男義家が生誕した時に、直方から鎌倉の屋敷を譲渡されたという（『詞林采葉抄《しりんさいようしょう》』）。そして前九年合戦後の康平《こうへい》六年（一〇六三）に石清水八幡宮を勧請《かんじょう》して鶴岡八幡宮《つるがおかはちまんぐう》を建立し、同社は永保《えいほう》元年（一〇八一）に義家に修造されたという（『吾妻鏡』十月十二日条）。

ついで頼朝の父義朝も、鎌倉の亀谷《かめがやつ》に館を築き、三浦義明の女婿となって、長男義平をもうけている。野口実氏は、鎌倉を義朝の郎等の邸宅も存在する都市的性格を帯びた地とみる（『武門源氏の血脈』）。このことは、頼朝や多くの武士たちが民屋に宿泊したことからも、裏付けられよう。『吾妻鏡』が、鎌倉を「海人野叟《かいじんやそう》のほか、卜居之類《ぼっきょのたぐい》、これ少し」（治承四年十二月十二日条）と記すのは、頼朝以後における同所の発展を劇的に描こうとするための虚構とみられる。ともかく、頼朝は父祖の伝統を継承する地に入ったのである。

3　富士川合戦

富士川合戦の前提

清盛は、頼朝の反乱を鎮圧すべく、孫の維盛《これもり》（重盛の長男）を大将軍とする追討軍を派遣する。その追討軍と頼朝・甲斐源氏の連合軍とが衝突したのが、富士川《ふじがわ》合戦である。勝利に勢いづいた源氏軍とはいえ、実態は烏合《うごう》の衆である。平氏追討軍が勝利すれば、事態は大きく変化する可能性もあった。しかし、追討軍は戦わずに潰走《かいそう》した。『平家物語』は、平氏は大軍を擁しながら、合戦の直前、武蔵武士斎藤実盛《さいとうさねもり》が語る源氏の勇猛さに怖気《おじけ》づき、水鳥の羽音に驚いて戦わずして逃亡したとし、平氏の臆病《おくびょう》を物語る逸話として有名であるが、むろんこれは虚構である。

富士川合戦の前提として重要な意味をもつのが鉢田《はちた》合戦である。『吾妻鏡』治承四年（一一八〇）十月十四日条によると、平宗盛《むねもり》（清盛の三男）の知行国駿河の目代　橘　遠茂《たちばなのとおもち》や有力な平氏家人長田入道らの軍勢が駿河国鉢田で、武田信義《たけだのぶよし》以下の甲斐源氏の前に壊滅したという。先述のように北条時政と政治的関係を持ち、有能な官人として知られる吉田経房の日記

『吉記《きっき》』十一月二日条は、二千騎の軍勢が袋小路に誘い込まれて殲滅《せんめつ》され、駿河目代以下八十人が斬首されたとする。先述のように、平氏の軍制は、まず精強な家人が一撃を加え、ついで官軍が掃討することになっていた。しかし、この作戦は完全に失敗したのである。これが追討軍の士気を阻喪させ、富士川合戦に重大な影響を与えたことはいうまでもない。

鉢田合戦で平氏家人を壊滅させた甲斐源氏は、源義家の弟義光《よしみつ》の子孫で、河内源氏の傍流にあたる。その中心は武田信義と、彼の叔父安田義定《やすだよしさだ》（『尊卑分脈』では弟ともみえる）であった。頼朝と同時期に反乱を引き起こし、甲斐国を占領（『山槐記』九月七日条）し、さらに『吾妻鏡』によると信濃にも侵攻している。『吾妻鏡』は、北条時政が甲斐源氏に同道し、あたかも頼朝と連携して活動したかのように記しているが、彼らは木曽義仲とも連携しており、実際には頼朝から独立して行動していたのである。『玉葉』は、甲斐源氏を富士川合戦における反乱軍側の中心と記している。

一方、頼朝軍が数万に膨張したために、あくまでも頼朝に敵対しようとした平氏家人は、窮地に追い込まれた。『吾妻鏡』によると、まず相模の豪族波多野義常が頼朝からの討手《うって》を受けて自害（十月十七日条）、翌十八日には大庭景親が頼朝軍に前途を阻まれ逃亡（二十六日に処刑）、十九日には伊東祐親も捕らえられ処刑された。かくして、反乱の当初、勇敢に戦った東国の平氏家人たちは全滅した。頼朝の反乱軍は、平氏側にとって想定外の大軍となり、追討軍到着前に家人が一撃を加えるという平氏軍制は機能不全に陥ったのである。

平維盛を大将軍とする追討軍が駿河国に到着したのは、十月十八日以降であった。彼らは九月二十二日に福原を出立、翌日六波羅に入るが、ここで二十九日まで長期逗留《とうりゅう》している。この遅延が、鉢田合戦やその他の平氏家人の各個撃破の遠因となったとされる。ただ、平氏家人は追討使到着前に敵に打撃を与えることになっていたので、到着以前の出撃は予定通りであったが、追討軍の下向が早ければ、彼らの士気も高まり、周囲で模様眺めをしていた武士たちも多数参戦したかもしれない。

追討軍遅延の原因は、侍大将伊藤忠清が陰陽道《おんみょうどう》の悪日《あくにち》とされる「十死一生日《じっしいっしょうび》」に本拠六波羅を出立することを拒んだことにあった。本拠を福原とし、六波羅を通過点として早期出立を主張した維盛と対立している（『山槐記』九月二十九日条）。これは、単に平氏の迷信深さを物語るだけではない。忠清は伊勢を拠点とする平氏重代相伝の家人であったから、伊勢を遠く離れ、先祖の墳墓堂がある六波羅を放棄する福原遷都に反発し、あくまでも六波羅を本拠と主張したのである。当時の平氏一門内で、福原遷都をめぐり深刻な軋轢が存在したこと、そして出立の遅延も気にかけない、東国情勢に対する楽観視も窺われる。しかし、追討軍を待っていたのは、東国の平氏家人全滅という恐るべき事態であった。

平氏敗走と義経の来訪

駿河目代以下の家人の敗報に、寄せ集めの追討軍の士気が低下したことは論を俟《ま》たない。追討軍は、近江から沿道の国々の武士を動員したが、動員は難航し、参入した者も一族・郎等を伴わなかったり、途中で離脱したりする有様で、富士川に到着した時には、京から随行した平氏家人が大半であった（『吉記』十一月二日条）。飢饉《ききん》による兵糧不足の上に、東海道諸国の多くはもともと後白河や院近臣の知行国で、平氏に敵意を有する武士が多く、しかも戦争と無関係で戦意も低かった。富士川に到着した時、軍勢はわずかに四千騎、数万と噂された源氏軍に敵対することは困難で、さらに逃亡者が出たのである。

これに対し、源氏方は戦乱を勝ち抜いてきた、精強で高い戦意を有した軍勢であった。合戦が戦わずに決着がつくのも当然といえる。それでも戦おうとする維盛を老練の侍大将忠清が説得し、撤退が決まった直後に火災が発生、さらに水鳥の羽音もあって、全軍は潰走してしまった。ただ、平氏側で上総介広常の庶兄常義が戦死しており（『吾妻鏡』十月二十日条）、上総における広常の立場が確立されたことになる。

さて、『吾妻鏡』（十月二十一日条）によると、合戦の決着がついたあと、上洛を断念し黄《き》瀬川宿《せがわのしゅく》（現静岡県沼津《ぬまづ》市）に逗留していた頼朝は、弟義経と運命的な邂逅《かいこう》を果たしたという。義経は生誕直後に平治の乱に遭遇し、出家を条件に助命されて鞍馬山に入るが、承安四年

(一一七四)ごろ、平泉に下向、藤原秀衡の保護を受けていた。彼は秀衡の制止を振り切り、佐藤継信《さとうつぐのぶ》・忠信《ただのぶ》兄弟らわずかな郎従を率いて、合戦の翌日に頼朝のもとに参入した。そして二人は後三年合戦における先祖源義家・義光兄弟の故事を思って懐旧の涙に咽《むせ》んだという。

これに対し、延慶本『平家物語』は、義経が合戦の前日に秀衡から与えられた軍勢を率いて合流したとし、秀衡の支援を受けて頼朝のもとに馳《は》せ参じたとする。秀衡の様子を尋ねた頼朝に対し、義経は秀衡が鹿ヶ谷事件や以仁王挙兵について、頼朝はどのように対応するのか、気にかけていたと述べた。治承三年政変まで後白河の知行国として、院と政治的に緊密な関係を有した秀衡の立場を考えれば当然の発言であり、だからこそ挙兵した頼朝に義経と援軍を送ったのである。秀衡の腹心佐藤継信・忠信兄弟の随行からみて、秀衡の支援を受けずに脱走したとは考え難く、また秀衡の政治的立場から考えて、延慶本『平家物語』の記述がより事実に近いと考えられる。

秀衡の支援を受けた義経の来訪に頼朝が欣喜《きんき》し、義経を優遇したのはいうまでもない。義経は頼朝の猶子であったとされる(『玉葉』文治元年十月十七日条)が、そうした関係を結んだのは、この時を措《お》いてほかにありえない。

なお、すでに十月一日に、醍醐寺の僧となっていた全成《ぜんじょう》が頼朝のもとに参入している。彼は、先述のように常葉《ときわ》を母とする義経の同母兄であった。武将としての活躍をみせることはなかったが、室政子の妹阿波局《あわのつぼね》と結婚し、のちに実朝の乳母夫《めのと》となっている。頼朝と義経との不和の一因を、彼の母常葉の出自の低さに求める見方もあるが、全成の処遇をみる限り、それは当てはまらない。

富士川合戦の結果

富士川合戦は、平氏の自滅ともいうべき潰走と、追撃する源氏との小競り合いで終わった。合戦自体は小規模なものでしかなかったが、その結果はきわめて重大なものとなった。頼朝の南関東支配は継続し、独立国の様相を呈する。また、追討軍の敗退は平氏政権の権威を崩壊させ、内乱の長期化・深刻化をもたらした。富士川合戦は源平争乱の本格化を告げる狼煙《のろし》となったのである。

『吾妻鏡』十月二十一日条によると、平氏軍追撃を命じた頼朝に対し、上総介広常・千葉常胤・三浦義澄ら有力家人が、常陸国《ひたちのくに》の佐竹《さたけ》氏をはじめとする敵対勢力の存在を理由に反対したため、頼朝も上洛を断念したという。そして、駿河に武田信義を、遠江に安田義定を守護として派遣し、頼朝は東国経営に専念することになったとされる。

頼朝の上洛断念は、後白河院の救援・平氏政権の打倒をめざす頼朝と、在地支配の安定、所領拡大をめざす東国武士たちとの意識の相違を示す出来事として著名である。東国豪族たちは近隣の平氏方との対立抗争から蜂起したのであり、所領の保全を優先するのは当然であった。もっとも、東国武士たちも、上洛を完全に拒否したわけではなく、坂東平定後に行うべきであるとしている。『愚管抄』にみえる、朝廷を蔑《ないがし》ろにした上総介広常の発言などから、彼らが京を無視し東国独立をめざしたかのように考えるのは疑問である。

当時の客観的情勢から判断して、頼朝が上洛を断念するのは当然であった。坂東には、『吾妻鏡』にみえる佐竹氏のほか、常陸の源（志田《しだ》）義広《よしひろ》、上野の源（新田《にった》）義重《よししげ》、下野の藤原（足利）俊綱《としつな》ら、平氏家人や、源氏一門だが頼朝に帰服しない豪族も多数存在していた。大軍を率いて坂東を留守にすることなどありえないのである。

さらに、甲斐源氏一族による駿河・遠江支配は、頼朝の指示ではなく、彼らの実力による占拠と考えられる。安田義定は、寿永二年（一一八三）に木曽義仲とともに上洛し、遠江守に就任しており、一《いち》の谷《たに》合戦にも独立した立場で参戦している。甲斐源氏に東海道を押さえられ、前途を塞《ふさ》がれたことになり、この面からも上洛は困難であった。頼朝は鎌倉への帰路につき、その途中の相模国府で初めて論功行賞を行った。ここでその後の鎌倉幕府における主従関係の基軸となる本領安堵・新恩給与が打ち出され、いわゆる封建的主従関係が樹立される。

一方、前代未聞の追討軍の敗走によって平氏政権の権威は崩壊し、反乱は全国に拡大した。

翌十一月には、京に程近い近江・若狭《わかさ》でも反乱が発生している。頼朝や甲斐源氏による東国占領も継続し、内乱の長期・深刻化の様相を呈した。内乱鎮圧を焦眉《しょうび》の課題と見た清盛は、福原遷都を中止して平安京に還都するとともに、畿内周辺の敵対勢力の掃討に乗り出すことになる。

4 鎌倉幕府の基礎

新恩給与と本領安堵

富士川合戦に勝利したことで、平氏追討軍の脅威が去った。頼朝の軍事的な占領地域は、平氏政権から独立した「国家」の様相を呈した。『吾妻鏡』十月二十三日条によると、鎌倉への帰路についた頼朝は、先述のように相模国府で家人に対する初めての論功行賞を行っている。北条時政はもとより、甲斐源氏の武田信義・安田義定をも含む家人らの本領安堵、新恩給与がなされ、三浦義澄を三浦介に補任し、下河辺行平《しもこうべゆきひら》を元のごとく下河辺庄司《しょうじ》（下総の下河辺荘の荘官）とすることが命じられた。頼朝は味方と敵対者とを区別して、味方となった家人の本領を安堵するとともに、没収した敵方所領を新恩として、勲功を挙げた者に給与したのである。

本領安堵は、味方と認定して、攻撃対象外としたことを意味する。当時の東国は内乱状態であり、武士は頼朝に敵対するか味方するかの選択を迫られ、中立はありえなかった。当初、やむをえず平氏方となった武士も多い中、頼朝は味方を確定したのである。なお、『吾妻鏡』の同日条には、大庭景親が捕らえられ、河村義秀《かわむらよしひで》・山内首藤経俊らが所領を没収されたことがみえるが、処罰されたのは石橋山で平氏方となった者の十分の一程度であったという。頼朝の寛大さで軍団は急速に肥大化したこと、その反面で軍団が対立関係を内包し不安定であったことを物語る。

一方、新恩給与は、頼朝が敵から没収した所領を恩賞として戦功を立てた者に与えたことを意味する。本来、武士の所領は国司が支配する公領（国衙領）、荘園領主が支配する荘園のいずれかであり、その移動は国司・荘園領主の命で行われたが、頼朝は独断で処分したのである。これは、反乱軍支配下で、国司や荘園領主の権限が及ばない特殊な状況で実現したことになる。

頼朝は官軍となってからもこの権限を継続させ、朝廷から与えられた平氏没官領《もっかんりょう》はもちろん、謀叛人討伐後に没収した所領は、頼朝が新恩として御家人に与え、地頭に任命することを朝廷に認めさせた。公領・荘園の現地を、頼朝が任免権をもつ地頭が支配する、地頭職《じとうしき》が成立するのである。彼らの収入・権限・職務内容は前任者と異ならないが、任免権が頼朝のものとなったことで、その立場は強化されることになる。

御家人たちは、新恩給与として地頭に任じられることを求めて戦功を競い、精強な軍団が成立する。頼朝は、軍団内部に矛盾を抱えるだけに、つねに外敵を設定し、新恩給与を目的とする戦闘に軍団を駆り立てていった。その結果が、鎌倉幕府の樹立であることはいうまでもない。しかし、平時に移行し新恩給与が困難となると、内部矛盾は噴出せざるをえない。頼朝死後における血で血を洗う幕府の内紛も、その産物であった。

これよりのち、所領は鎌倉殿（鎌倉幕府の将軍）・御家人双方の代替わりごとに安堵されることになり、初めて所領を媒介とした継続的な主従関係が成立するのである。かつて河内源氏の先祖たちは、家人に官位授与や荘官補任を斡旋《あっせん》したが、その御恩は一代限りでしかなく、その子孫は国司や荘園領主に安堵されていた。したがって、鎌倉殿と御家人との主従関係のあり方は、それまでの河内源氏当主と家人との関係から大きく変化することになる。

頼朝は、鎌倉の居館ではなく、相模国府で論功行賞を行っている。これは相模目代中原清業の存在が関係したとみられる。この清業は、先述した森幸夫氏の指摘のように、平頼盛家人で、後白河とも近しい関係にあった。彼はその後も相模に居住し、寿永二年（一一八三）、義仲から逃れて頼朝のもとに下向してきた平頼盛の後見をつとめている。清業のもとで相模国衙の機能が保持されていたことも、同所で論功行賞が行われた一因であろう。先述のように、頼朝は安房国で「京下輩」を追捕したことから、頼朝や東国武士たちが京の公家政権全体に対して反発していたとする見方もあるが、これは当たらない。

佐竹攻撃

鎌倉に帰った頼朝は、広常・常胤・義澄らが脅威とした常陸国の佐竹氏討伐に出撃する。佐竹氏は八幡太郎《はちまんたろう》義家の弟義光流の嫡流で、義光の子義業《よしなり》は在京して検非違使などをつとめ、平泉の藤原清衡《きよひら》（平泉藤原氏四代の初代）後家と結婚している。当時、佐竹氏は常陸国北部の奥七郡《おくしちぐん》を中心に強大な勢力を誇り、周辺諸国にも圧迫を加えていたことから、上総介・千葉氏との軋轢を生じていたとみられる。そして当主隆義《たかよし》は在京中で、一門は平氏方であった。『吾妻鏡』によると、富士川合戦から帰還してまもない十月二十七日、頼朝は隆義の子秀義《ひでよし》に対する攻撃に進発する。そして、一時は苦戦するものの、佐竹一族の分裂を利用して秀義の籠もる金砂城《かなさ》（現茨城県常陸太田市《ひたちおおた》）を攻略し、秀義を陸奥国花園城《はなぞの》に逃亡させたという。そして十一月八日には、奥七郡をはじめとする佐竹氏の所領を勲功賞として武士に分配して、早速新恩給与を実行した。東国武士の利害に敏感に対応し、新恩給与の恩恵を体験させたのである。

ただ、佐竹氏は秀義の父隆義の帰郷で再起し、平泉藤原氏と並ぶ頼朝の脅威となり、上洛回避の原因となっている（野口実氏『坂東武士団の成立と発展』）から、頼朝が大勝して敵方所領を全て没収したかのごとき記述には疑問がある。また、常陸国府で叔父源義広（義憲《よしのり》・義範《よしのり》とも）・行家と対面するが、彼らは頼朝の軍事行動に協力せず、のちには敵対する。佐竹攻めのあとも、常陸の情勢は不安定であった。

『吾妻鏡』の十一月八日条によると、捕らえられた佐竹家人岩瀬与一太郎《いわせよいちたろう》は、頼朝が平氏討伐を差し置いて、源氏一門の佐竹氏を攻撃したことを非難し、「子孫の守護なし」と述べたという。元暦二年（一一八五）五月、義経が頼朝の勘気を解くべく差し出したとされる「腰《こし》越状《ごえじょう》」にも同様の文言がみえる。頼朝の一門に対する酷薄な姿勢を強調する点は、『吾妻鏡』で一貫している。こうした頼朝の態度が源氏将軍の断絶を招いたとし、そのあとを受けて幕府を支えた執権《しっけん》政治を正当化する論理である。むろん発言の真偽は疑わしい。

「源平争乱」とはいっても、血筋で陣営を決めたわけではない。だいいち東国武士の多くは桓武平氏に属する。佐竹氏のほか、在京していた源氏一門に平氏家人は少なくない。甲斐源氏の武田信義の子有義《ありよし》は平重盛の、加々美《かがみ》（小笠原）長清《ながきよ》兄弟らは平知盛の、それぞれ家人であった。甲斐源氏一門の多くは早く頼朝に合流するが、義家の三男義国《よしくに》の子で、上野国を拠点とした新田義重のように頼朝に反抗する者もいた。

義重は元来平宗盛に仕えており（『山槐記』九月七日条）、義家嫡孫を称して頼朝に反抗していた（『吾妻鏡』九月三十日条）。京で活動していた彼から見れば、頼朝など一介の流人に過ぎず、いまや自分こそが河内源氏嫡流と考えるのも当然といえる。しかし、義重は木曽義仲らの圧力で、治承四年（一一八〇）末には頼朝の軍門に降《くだ》っている（『吾妻鏡』十二月二十二日条）。義重の子孫に新田義貞《よしさだ》が登場することになる。

御家人の成立

佐竹の脅威を斥《しりぞ》けた頼朝は鎌倉に帰還し、三浦義澄の甥和田義盛を侍所《さむらいどころ》別当に任じた（『吾妻鏡』十一月十七日条）。彼は、八月、畠山重忠の攻撃を受けて衣笠城から安房に逃亡する途中、石橋山合戦から敗走してきた頼朝と海上で出会い、勝利の暁に「侍別当《さむらいべっとう》」に補任する約束をしたという（延慶本『平家物語』）。

義盛は、十二月十二日に鎌倉で行われた頼朝の新邸移徙《いし》（正式の転居）に際し、侍所においで出仕者を確認する「着到《ちゃくとう》」を記し、別当としての職務を行っている。この侍所は十八間とされ、柱の間が十八もある、三十三間堂《さんじゅうさんげんどう》のような横長の建物であった。そこに北条時政父子、足利義兼《よしかね》（義康の子）以下三百十一人の武士たちが二列に向かい合いながら着座したという（『吾妻鏡』）。

侍所は、政所《まんどころ》と並ぶ鎌倉幕府の重要機関で、御家人統制を担当したことで知られる。政所と同様、侍所は元来摂関家などの公卿家にあった家政機関で、家司《けいし》以下の家政機関職員の補任辞令を保管するとともに、主家への出仕を確認する着到の記入、儀式参仕の催促といった役割を果たした。儀式と戦陣という相違があるが、こうした家人に対する統制という侍所の機能を頼朝は継承したのである。

ただ、公家の侍所と大きく異なることがある。頼朝の侍所は、公家にはない主君の座が設けられており、家人との対面が可能であった。しかも、公家の侍所が三間程度であるのに対し、十八間もある巨大なものだったのである。この点については、平氏の侍所との関係が注目されている。義盛が侍所別当を所望したのは、坂東の侍を奉行した上総の受領伊藤忠清を羨《うらや》んだためであった（延慶本『平家物語』）。忠清の役割や、侍所の存在は不明だが、平氏の侍所を推測することはできる。

相模国松田《まつだ》の波多野氏の邸宅には、二十五間もある巨大な侍所があった（『吾妻鏡』治承四年十月二十五日条）。これは治承三年（一一七九）の正月、平清盛が富士山もしくは鹿島《かしま》参詣を計画した際に建設させたもので、ここに東国の家人を一堂に集めて対面することにより、主従関係を確認しようとしたと考えられている（野口実氏「平清盛と東国武士」）。清盛は家人統制のために巨大な侍所を設けたのである。頼朝の侍所も家人を一堂に集め対面する場であり、清盛が建設した侍所の機能も継承していたことになる（滑川敦子氏「和田義盛と梶原景時」)。

相模国府における論功行賞で、所領を媒介とした主従関係を約束された武士たちは、鎌倉の侍所において頼朝と対面し、目にみえる形で頼朝と正式の主従関係に入った。頼朝のもとに組織された新たな集団である御家人が成立したのである。石井進氏は、この儀式を頼朝が樹立した事実上の独立国の国王の戴冠式《たいかんしき》とし、鎌倉幕府の成立とされる。まだ地域権力に過ぎず、全国政権化していない段階で幕府の成立と言い切れるかという問題は残るが、幕府成立の大きな画期の一つであることは疑いない。

この儀式を記した『吾妻鏡』の十二月十二日条は、御家人の邸宅も甍《いらか》を並べ、街路も完成し、地名も付されて鎌倉が大きく変化したとする。先述の通り、かつて義朝、その子義平が拠点としたことがあり、鎌倉が全くの草深い田舎《いなか》であったとは考えがたく、幕府の草創を強調する『吾妻鏡』の誇張した表現であろう。ともかく、鎌倉は、その死去に至るまで約二十年にわたる頼朝の居所となるのである。

Ⅳ　義仲との対立——源氏嫡流をめぐって

1　後白河院政の復活

清盛の最期

頼朝が鎌倉に新邸を築き、御家人との主従関係を固めていたころ、清盛は全力で反転攻勢をめざしていた。清盛は、富士川合戦で大敗を喫し内乱が激化したことで、念願の福原遷都を諦めて治承四年（一一八〇）十一月京に還都し、天皇・院を平氏一門の拠点六波羅・西八条《にしはちじょう》に近い八条・九条付近に住まわせて平氏の保護下に置いた。そして、長年の軍事基盤である伊賀・伊勢の精強な家人を先頭に、三方向から近江に攻め込んだ。

平氏軍は、近江源氏をはじめとする反乱軍を打ち破り、たちまちに近江を制圧する。そして十二月初めには、以仁王挙兵に協力した園城寺が、そして同月末には畿内における最大の反平氏勢力であった興福寺と南都の諸寺院が、烏有《うゆう》に帰したのである。

年が明けた治承五年（一一八一）も平氏の反撃は止《や》まず、美濃に攻め込んで美濃源氏の光《みつ》長《なが》を倒して、同国を制圧する。正月十四日には、名目上の治天《ちてん》の君《きみ》（院政を行う上皇）高倉院が、わずか二十一年の生涯を閉じるが、清盛は院の遺詔と称して畿内およびその周辺九ヵ国を統括する総官《そうかん》を創設して嫡男宗盛を任じ、それを補佐する総下司《そうげし》を設置して、広範囲からの兵士・兵糧徴収を可能とし、内乱鎮圧体制を強化したのである（総官制）。

清盛の陣頭指揮のもと、平氏は着々と頽勢《たいせい》を挽回《ばんかい》していった。しかし、打ち続く戦闘や京の改造といった激務は、すでに老境にあった清盛の身体を蝕《むしば》んでいた。突如熱病に倒れた清盛は、閏《うるう》二月四日に急死したのである。享年六十四。死去に際し清盛は、東国奪回を命じた（『吾妻鏡』閏二月四日条）のはもちろん、平氏一門が最後の一人となろうとも頼朝と戦うことを命じ（『玉葉』養和元年八月一日条）、頼朝の首を墓に供えるように言い残した（『平家物語』）。二十年余り前、池禅尼の嘆願で頼朝を助命した自身の判断の甘さを悔やんだことであろう。頼朝に対する遺恨と憤怒《ふんぬ》は、想像を絶するものがあった。

清盛の死去は大きな変化をもたらした。彼の後継者宗盛は政権を後白河に返上したため、平氏政権は消滅し、後白河院政が全面的に復活する。高倉院が重病に陥って以来、清盛も後白河院庁《いんのちょう》を復活させ、その職員である院司《いんじ》を任命したが、政治活動は厳しい監視下に置いていた。清盛の死去で、後白河は治承三年政変以来、久しぶりに院政を全面的に再開したのである。

ところが、宗盛は政権返上を謳《うた》いながら、源氏追討を制止する後白河を無視して戦闘を継続した。その背景には先述した清盛の遺言があったとみられる。一門の総帥として、偉大な家長であった父の遺言を守るのは当然ではあるが、院の命令を蔑ろにしたことに相違はない。後白河は憤慨し、宗盛との関係には大きな亀裂《きれつ》が入った。このことが、二年後の寿永二年（一一八三）七月、平氏都落ちに際し、後白河が平氏を見限り脱出する遠因ともなる。

後白河の制止を振り切って出立した平氏軍は、三月十日の墨俣川《すのまたがわ》合戦で源行家、その甥の義円らが率いる源氏軍に圧勝して尾張に攻め込んだ。総官制も奏功したものと考えられる。しかし、折からの大飢饉で兵糧米が尽きて、戦闘の継続は困難となり、以後、東海道の戦線は膠着《こうちゃく》状態となる。なお、この時に討死した義円は、義経の同母兄で、平治の乱後に園城寺に入り、当初は円成《えんじょう》を名乗っていた。彼は鎌倉に下った形跡はなく、尾張付近で独自に行動していた行家に従ったものとみられる。

頼朝の和平提案

治承五年（一一八一）閏二月に清盛が死去し、後白河院政が復活したこと、そして平氏からの追討が停滞したことで、頼朝をとりまく情勢は大きく変化した。それまで、頼朝の喫緊の政治課題は、安徳天皇・平氏政権の打倒と後白河の救援、平氏追討軍への迎撃態勢維持であった。しかし、平氏政権が消滅し、後白河が朝廷の中心となった以上、後白河救援という上洛の名目は失われ、軍事行動は休止せざるをえない。逆に平氏追討軍が下向する危険も低下したことから、頼朝は「東国経営」に力を注ぐことになる。

そうした最中の治承五年七月、頼朝は後白河に和平提案を行った(『玉葉』八月一日条)。その内容は、平宗盛にも伝えられ、九条兼実らの公卿にも知れ渡ることになる。後白河や貴族たちにとって、頼朝は許しがたい謀叛人ではなかったのである。また、後白河も和平に関心があったこと、そして平氏の統制を受けず、自由な政治活動を行っていたこともわかる。

頼朝の申し入れは、以下のようなものであった。

まず頼朝は、後白河に叛意《はんい》がないことを述べ、挙兵は「君」、すなわち後白河の敵である平氏の討伐が目的で、後白河の救援をめざした行動であるとした。そして、平氏を滅亡させてはならないならば、両者を並立させて、東国を源氏、西国を平氏が支配して乱を鎮圧し、その上に朝廷が国守を補任するようにと申し入れたのである。頼朝は、武力で治安維持に当たる源平両氏と、徴税などの民政を担当する国宰《こくさい》(国司)とを区別しており、のちの守護と国守の並立という公武関係の原型をみることができる。

後白河から、頼朝の和平案を示された宗盛は、先にもふれたが「我が子孫、一人といえども生き残らば、骸《むくろ》を頼朝の前にさらすべし」、すなわち一人でも生き残ったなら、頼朝と死ぬまで戦えという父の遺言を盾に一蹴《いっしゅう》してしまった。この清盛の遺言は、文言といい、その後の平氏の運命との符合といい、あたかも呪《のろ》いの言葉のように思われる。

それはともかく、家長であった父の権威・権限は絶対であり、父の遺言の遵守は一門統率のためにも不可欠であった。また、助命の温情を裏切った頼朝を、絶対に許せるはずもない。とはいえ、清盛死去後に続き、再び後白河の意向を踏みにじった宗盛に対し、後白河が不信を深めたことはいうまでもない。

頼朝が実際に和平できると思ったか否かは不明であるが、敵対する意思がないことを後白河に再認識させたのは事実である。場合によっては、二年後の寿永二年十月宣旨のように、東国に対する公的支配権の付与を期待した可能性もある。それはともかく、こうした対和平提案のような朝廷工作が、寿永二年（一一八三）七月に平氏を都落ちに追い込んで木曽義仲が上洛した際にも勲功第一という評価を得る原因となったのである。

秀衡と義経

頼朝と義経といえば、宿命的な対立関係にあった兄弟として著名である。義経は、出家した全成を除き、頼朝軍に加わった初めての俗人の弟であり、治承四年（一一八〇）十二月の侍所開設に際しては、母方の従弟《いとこ》とされる足利義兼が御家人として名を連ねたのに対し、義経は親族として特別待遇を受けた。さらに義経は、頼朝と「父子の義」にあった（『玉葉』文治元年十月十七日条）が、先述のようにこの関係は合流直後に結ばれたのであろう。治承四年当時、いまだ継嗣《けいし》なき頼朝の後継者候補となったのである。ちなみに、嫡男頼家の生誕は寿永元年（一一八二）のことである。

しかし、その頼朝は、義経に対する態度を一変させた。養和元年（一一八一）七月二十日に行われた鶴岡若宮《わかみや》宝殿上棟式で、頼朝は義経に対して大工に与える馬を牽《ひ》くことを命じた。これは、御家人である畠山重忠、佐貫広綱《さぬきひろつな》らと同様の役目であった。ためらう義経に頼朝が激怒したため、恐れた義経は命に従ったという（『吾妻鏡』）。頼朝が、義経を御家人並みに処遇したとしてよく知られている出来事である。

当初、頼朝は、義経が藤原秀衡から与えられた武力を率いて参戦したことで、彼を介した秀衡との連携を期待した。しかし、義経参戦後、秀衡から頼朝に対する新たな支援がなかったために、頼朝は義経を冷遇したのである。秀衡が武力とともに義経を送り出した背景には、後白河救援という目的が存したが、治承五年（一一八一）閏二月の清盛死去で後白河院政が復活すると、その名目は失われた。また、近隣の平氏家人と衝突した東国武士たちと異なり、陸奥国内において平氏勢力との衝突もなかった。こうしたことから、秀衡は積極的に頼朝を支援しようとはしなかったのである。勘繰れば、頼朝が隣接する佐竹攻めをした際に傍観したことにも、消極性が示唆されるのかもしれない。

そればかりか、治承五年六月には、信濃国横田河原《よこたがわら》（現長野市）における合戦で越後《えちご》の平氏方城助職《じょうすけもと》（のち長茂《ながもち》と改名）が木曽義仲に大敗を喫し、「藍津《あいづ》」（会津）の拠点に逃亡するや、秀衡は郎従を派遣し会津を奪取してしまった（『玉葉』七月一日条）。支配が及んでいなかった会津地方を、秀衡は城氏の敗北を利用して占領したのである。秀衡の領土的野心が明らかで、さらに義仲との連携さえも窺わせる事件であった。頼朝が秀衡に警戒心を抱くのも当然といえる。

さらに決定的な出来事が起こった。同年八月十五日、平宗盛の策略で、秀衡は通常地方豪族ではありえない陸奥守に就任したのである（『玉葉』）。これが頼朝攻撃を請け負わせるための補任であることはいうまでもない。むろん秀衡は平氏に与《くみ》することはなく中立を貫くが、頼朝は秀衡を敵視することになる。

『吾妻鏡』によると、翌養和二年（一一八二）四月五日、頼朝は、江ノ島弁才天《えのしまべんざいてん》に高雄《たかお》神護寺の文覚を招き、秀衡を呪い殺すべく調伏《ちょうぶく》するに至った。平泉はもはや仮想敵国であり、このの ち頼朝は上洛を困難とする理由に秀衡の脅威を挙げることになる。この儀式には、足利義兼・北条時政以下の有力御家人が結集するが、義経の姿はなかった（『吾妻鏡』）。秀衡の腹心佐藤兄弟を従える義経の立場が悪化したのはいうまでもない。しかも、直後に頼朝の嫡男頼家が生誕するのである。頼朝と父子関係にあったがゆえに、後継者をめぐって義経は頼家と競合し、立場はさらに厳しいものとなった。

以後、義経の活動は『吾妻鏡』にもみえず、『玉葉』寿永二年（一一八三）閏十月七日条における彼の上洛に関する記述まで姿を消すことになる。その間、華々しく活躍したのが、頼朝の従弟木曽義仲であった。

2　木曽義仲の入京

義仲の挙兵

義仲は、頼朝挙兵の翌九月、信濃国で挙兵した（『吾妻鏡』治承四年九月七日条）。やがて彼は頼朝との競合を回避して北陸道に進み、三年後の寿永二年（一一八三）七月に入京、平氏を都落ちに追い込み、源平争乱を大きく動かすことになる。

義仲の父義賢は為義の次男、すなわち頼朝の父義朝の長弟で、母は『尊卑分脈』に遊女とある。義賢は、無官で東国に下った義朝と対照的に、皇太子（のちの近衛天皇）を警護する東宮帯刀先生《とうぐうたてわきせんじょう》に任じられ、嫡男の座を与えられたが、京で失策を犯して解官《げかん》され、仁平三年（一一五三）、坂東で活躍する義朝に対抗すべく上野に下向、ついで武蔵に進出した。義仲は、その翌久寿元年（一一五四）、武蔵国で生誕したとされる。しかし、翌久寿二年八月、父が大蔵合戦で義朝の長男義平に討ち取られたため、信濃国木曽に逃れて同地で成長する。木曽義仲と称されるのはこのためである。

大蔵合戦の背景には、後白河側近の武蔵守藤原信頼・源義朝と、藤原頼長の側近であった源義賢との対立があった。このため、義仲の一族は後白河と距離を置き、先述のように源頼政の猶子となった義仲の兄仲家は、八条院蔵人に任じられ、以仁王挙兵で戦死している。義仲と、八条院・以仁王との関連が窺われ、のちに以仁王の遺児（北陸宮《ほくりくのみや》）が義仲のもとで庇護《ひご》されることになる。このように、父を頼朝の兄に殺され、頼朝が仕える後白河ではなく八条院系統に近い義仲は、頼朝とは疎遠であった。

信濃国では、受領《ずりょう》・知行国主の交代による軋轢はなかったが、甲斐源氏の侵攻で戦乱が勃発する中、兄の遺志を継ぎ以仁王の令旨に応えたのであろう。彼は、父の足跡をたどり上野国に進出するが、頼朝との衝突を嫌って北陸に向かい、治承五年（一一八一）六月、信濃北部の横田河原合戦で、越後から一万騎の大軍とともに進撃してきた平氏方の豪族城助職に圧勝する（『玉葉』）。この戦いには、木曽の直属軍のほか、「サコ（佐久）」党、甲斐源氏武田氏が参戦していた。甲斐源氏は義仲とも連携していたのである。また、この戦いが藤原秀衡の会津進出を誘発し、頼朝の秀衡に対する警戒心を高めたことは先述の通りである。

以後、義仲の北陸道進出に伴い、反乱は北陸道各地に拡大する。北陸は京の食料供給源であったから、飢饉にあえぐ京にとって、北陸の反乱は東国に比してはるかに切実な問題となった。平宗盛は、八月十五日、先述のように秀衡を陸奥守に任じて頼朝追討を、同時に城助職を越後守に任じ義仲の追討を命じた。しかし大敗を喫した助職に追討の余力があろうはずもない。彼に頼らざるをえないところに、平氏の追い詰められた状況が示されている。平氏も北陸道に追討軍を派遣するが、結果は芳《かんば》しいものではなかった。

義仲の躍進

寿永元年（一一八二）は、飢饉の影響で戦線が膠着状態となったこともあり、比較的平穏であった。鎌倉では八月十二日、頼朝と政子の間に待望の男子が生まれた。のちの頼家である。乳付役《ちつけやく》には、比企尼の娘である河越重頼の妻が招かれた。翌日、御家人たちは護刀《まもりがたな》を献上するが、その中に前年頼朝のもとに参入した梶原景時・景季《かげすえ》父子の名もあった。彼らが早速に頼朝の側近に加わっていたことがわかる（以上『吾妻鏡』）。

頼家の誕生で後継者を得た頼朝と、次期鎌倉殿の外戚を約束された北条時政らの喜悦は大きかった。しかし、先述のように頼朝の猶子となっていた義経の立場に暗い影を投げかけることになった。もちろん、二十年余りのちに頼家を待ち受けている悲惨な運命など誰一人知る由もない。

一方、義仲にも立場を変化させる出来事があった。七月、先述のように、以仁王の遺児が京を脱出し義仲の保護下に入ったのである。この王子は北陸宮と通称され、越中国《えっちゅうのくに》で義仲の保護を受けたという（延慶本『平家物語』）。王子が義仲を頼った背景には、先述した八条院蔵人の兄仲家と以仁王・八条院との関係があったと考えられる。北陸宮を擁立した義仲に、上洛して王子の即位をめざす意識が生まれることになる。

寿永元年（一一八二）から翌年初頭にかけて、義仲は北陸宮を擁し、東山道・北陸道に勢力を拡大していった。こうしたことから、八条院・以仁王に仕えた行家が、頼朝のもとを去り義仲に合流した。ついで寿永二年二月、頼朝の叔父義広が頼朝に反抗して挙兵する。

義広は本名を義範といい、保元の乱の前年に東宮となった守仁親王（二条天皇）の帯刀先生をつとめたためか、父為義に与することはなく、乱後も河内国に居住していた。親王は後白河の皇子だが美福門院の猶子であったから、彼は美福門院やその皇女八条院に近い立場にあった。

義広は、『吾妻鏡』に「志田（太）」とあるように、八条院領（最大の王家領荘園）常陸国志田荘を本拠としており、行家と同様に八条院に連なる武将であった。義広の挙兵時期について、『吾妻鏡』は治承五年（一一八一）閏二月とするが、追討に関する恩賞を記した文書から、寿永二年（一一八三）二月の事件と考えられている（石井進氏『中世武士の実像』）。

『吾妻鏡』閏二月二十日条によると、平氏追討軍下向の噂により、頼朝御家人の多くが東海道に出陣した隙《すき》を衝き、義広は数万騎で鎌倉をめざしたが、下野国野木宮《のぎみや》（現栃木県下都賀《しもつが》郡野木町）の合戦で小山朝政《ともまさ》・宗政《むねまさ》兄弟に敗北し没落する。やがて義広は上洛して義仲に合流、その最期まで行動をともにし、結局逃亡先の伊勢で滅亡することになる。

このように、義広は義仲と密接に関係しており、北陸宮を擁し勢力を拡大する義仲に呼応すべく挙兵したのである。行家に続き、八条院に連なる源氏一門に、義仲と連動する動きが出たことになる。こうして義仲の存在は、頼朝にとって重大な脅威となっていった。

なお、この合戦に初めて源範頼の名が登場する。先述のように、彼は義朝の六男で、母は遠江国池田宿の遊女とされ、幼少期を同国の蒲《かばの》御《み》厨《くりや》で過ごしたことから蒲《かばの》冠者《かじゃ》と呼ばれる。その後、九条家家司《けいし》で後白河院近臣でもあった藤原範季に養育された（『玉葉』元暦二年九月三日条）。頼朝に合流した時期や経緯は不明である。頼朝の弟全成《ぜんじょう》・義経が合流した際には、『吾妻鏡』にその時の有様やそれまでの挿話が記されているが、範頼にはそれがみえない。おそらく、『吾妻鏡』の欠落で失われたのであろう。

義仲入京と平氏都落ち

　頼朝と義仲との関係悪化を物語るのが、義仲の嫡男義高《よしたか》が頼朝の人質となったことである。延慶本『平家物語』は、行家が頼朝に背いて義仲と合流した上に、甲斐源氏の伊沢信光《いさわのぶみつ》（武田信義の五男）の讒言《ざんげん》が原因で、頼朝が義仲の攻撃を計画し、和解の際に義仲は人質として義高を差し出したという。真相は不明だが、両者の間が緊張したこと、義仲が頼朝に属する形で後顧の憂いを絶ったのは事実である。義仲にしてみれば、北陸宮を擁するだけに一刻も早い上洛を望んだのであろう。

　一方、そのころの京は、鴨長明《かものちょうめい》『方丈記《ほうじょうき》』で知られる空前の大飢饉に襲われていた。食料供給源である北陸で反乱が勃発した養和元年（一一八一）には、平氏一門の都落ちも噂されるほどであった。それだけに、北陸奪回は焦眉の問題で、寿永元年（一一八二）に安徳天皇の即位大嘗祭《だいじょうさい》を終えた平氏は、翌二年、義仲追討をめざし北陸道に大規模な遠征軍を派遣したのである。

　その軍勢は数万に及ぶ空前の大軍であったが、寄せ集めのために士気は低く、指揮系統も曖昧という有様であった。しかも、兵糧不足で沿道から掠奪を繰り返したため住人の敵対を招き、北陸には平氏家人も乏しかったことから、道案内も不在であった。このような軍勢が、歴戦の強者《つわもの》である義仲軍に敵《かな》うはずもなかった。

五月、越中国の倶利伽羅峠《くりからとうげ》、そして加賀国の篠原《しのはら》という二度にわたる大規模な合戦で、平氏軍は壊滅的な敗北を喫するに至った。『玉葉』の六月五日条によると、篠原合戦において四万の平氏軍は、わずか五千の義仲軍に大敗を喫し、大半は逃亡、戦死したという。もはや平氏に抵抗する余力はなく、義仲の上洛は不可避となった。

「義仲」の名前が『玉葉』に初めて登場するのは、倶利伽羅峠合戦について記した寿永二年（一一八三）五月十六日条であった。その直前の四月二十五日条では、東国・北国における反乱の中心を頼朝・信義としており、無位無官の義仲はその存在さえも知られていなかった。このことが、義仲入京後、彼を頼朝代官とする見方を生むことになる。また、上洛が迫った同七月二日条でも、今回は義仲・行家のみが上洛して頼朝は上洛しないと述べるなど、九条兼実は源氏を一体視していた。

その後、平氏は都落ちに追い込まれる。寿永二年七月二十五日、平氏一門は安徳天皇・三種の神器を擁し、大宰府《だざいふ》をめざして慌しく京を去った。そこには、飢饉の京に源氏軍を誘い込む戦略的退去の側面もあったが、後白河の脱出を許したことは重大な失策であった。

後白河は、七月二十五日未明に延暦寺に脱出した。後白河にとって源氏は、けっして敵対者ではなくむしろ救援者であったし、自身の権威を蔑ろにした宗盛を信頼しないのも当然であった。宗盛もむろん後白河を信用していたわけではなく、和平工作への利用や、院に近い重盛の系統（小松殿一門）の敵対を防ぐために、あえて拘束しなかったのである。

寿永二年七月二十七日、後白河は延暦寺から下山し、翌二十八日に義仲・行家が入京した。後白河は彼らに平氏追討を命じたのである。この結果、平氏は賊軍に転落した。安徳はいわば平氏のお手盛りの天皇で、しかもまだ五歳の幼少ながら、政務を代行する摂政も院もいない。このような安徳では、都落ちした平氏の立場を正当化することは困難で、平氏は地域権力に転落することになる。

歴史に「もしも」という言葉は禁句だが、あえて用いることをお許し願いたい。もしも後白河が平氏に拉致《らち》されていたら、平氏は強い正統性を有したに違いない。これに対し、義仲は八条院・北陸宮を擁立し、独自の王権を構築したであろう。王権が分裂し、おそらく内乱は長期化したと考えられる。そして、権威の源泉である後白河を失った頼朝は、著しく立場を悪化させたはずである。後白河の脱出によって、日本は分裂の危機を回避し、頼朝も没落の危機を免れたことになる。

3　義仲との抗争

源氏の恩賞

これまで述べてきたように、寿永二年（一一八三）七月、義仲は平氏を都落ちに追い込み、膠着状態にあった争乱を大きく展開させた。富士川合戦後に上洛を望んだ頼朝にしてみれば、口惜しい思いもあったろうし、軍団の動揺も免れなかった。しかし、義仲と後白河とは激しく対立することになり、そのことが頼朝に寿永二年十月宣旨をもたらすことになる。

七月二十八日、入京した義仲と行家は、院御所法住寺殿《ほうじゅうじどの》の一郭にある蓮華王院《れんげおういん》（三十三間堂）御所に参入し、後白河から平氏追討を命じられた。ここに源氏は官軍となり、平氏は賊軍に転落する。院御所に入った際、二人は先を争って確執を露呈した（『玉葉』）。両人の風体は「夢か、夢にあらざるか」と貴族を仰天させた（『吉記』）。もちろん、院に拝謁するには、あまりにみすぼらしかったからである。同日、院は院庁《いんのちょう》の庁官中原康貞《やすただ》を頼朝に送っている（『百練抄《ひゃくれんしょう》』）。

三十日には院御所で議定《ぎじょう》があり、源氏武将の恩賞が定められた。ここで勲功第一とされたのは、いまだ上洛していない頼朝で、第二が義仲、第三が行家とされたのである。義仲の鮮やかな軍功を知る我々の目には意外に映る。しかし、義仲の存在すら知らなかった院や貴族は、頼朝と義仲との軋轢など知る由もなく、源氏を一体と考えていた。したがって、最初に挙兵した上に、元来院近臣として高い政治的地位を有していた頼朝が高く評価されたのである。無位無官の田舎者である義仲や、大した戦功もない行家は、頼朝の代官に過ぎないと朝廷側は認識していた。

むろん、義仲はこれを容認しなかった。おそらくは彼の抵抗で、頼朝の恩賞は見送られ、それればかりか謀叛人の立場さえも解消されることはなかった。頼朝が謀叛人の立場を脱し、本来の位階に復するのは十月のことである。

八月十日、義仲は従五位下左馬頭兼越後守、行家は従五位下備後守《びんごのかみ》に補任されるが、これを不満とした義仲は五日後に伊予守《いよのかみ》に遷任する。伊予は四位上﨟《しいじょうろう》の任国（『官職秘抄』）という受領の最高峰である。行家も十三日に備前守《びぜんのかみ》に遷任したが、義仲との懸隔《けんかく》を不満とし閉門するに至った。源氏内部で、義仲と頼朝ばかりではなく、義仲と行家との対立が明白となった。

また、義仲は「相伴《しょうばん》源氏」などと呼ばれた清和源氏諸流の武将と入京した。以仁王挙兵で戦死した頼政の息子、源満政流、美濃源氏の光長など、摂津・近江・美濃などの京周辺を拠点とし、衛府・検非違使《けびいし》等として活動していた軍事貴族たちである。その中に甲斐源氏の安田義定の名前があった（『吉記』七月三十日条）ことは注目される。

先述のように、義定は富士川合戦後、遠江を支配していたが、頼朝の命を受けて配置されたわけではなく、実力で奪い取ったのである。彼は義仲らとともに京の治安維持に当たり、八月十六日には、謀叛人にとどめられた頼朝を尻目に遠江守に就任し、実効支配を朝廷に公認された。義定が頼朝から自立し、義仲と連携して独自の行動をとっていたことは明らかである。

皇位継承問題

安徳天皇が平氏と都落ちしたため、かわりの天皇が立てられることになった。後白河は、皇位継承は天皇の皇子を優先するという原則に従って、高倉天皇の皇子の中から継承者を選ぼうとした。天皇には四人の皇子がいたが、長男の安徳と第二皇子守貞《もりさだ》親王は平氏と西走したため、第三皇子惟明《これあきら》親王、第四皇子尊成《たかひら》親王が候補となった。

惟明は、宮内大輔《くないだいふ》平義範《よしのり》の娘を母とし、当時五歳。尊成は、院近臣修理大夫《しゅりのだいぶ》藤原（坊門《ぼうもん》）信隆《のぶたか》の娘の殖子《しょくし》を母とし、守貞と同母、当時四歳であった。後白河が判断に悩む最中に、とんでもない事態が発生した。義仲が以仁王の王子北陸宮の践祚《せんそ》を要求したのである（『玉葉』八月十四日条）。義仲は、後白河が幽閉された際、平清盛を恐れてそれを黙認した高倉天皇と対照的に、義兵を挙げて自らを犠牲にした父以仁王の「至孝」を擁立の理由としている。宮の即位を上洛の大きな目的とした義仲にとって、これは当然の行動であった。しかし、皇位の決定権こそ院政の基盤であり、院の最大の権限に他ならない。義仲は院の権限を侵害したことになり、後白河は義仲に対して激怒した。とはいえ、義仲を恐れた後白河は、要求を簡単に斥《しりぞ》けるわけにもいかず、結局は「御卜《みうら》」の結果という形をとって、皇位を尊成に与えた（『玉葉』八月十八日条）。後鳥羽《ごとば》天皇である。『平家物語』（巻第八「山門御幸《さんもんごこう》」）は、尊成が後白河に懐《なつ》いたため皇位に決定したとするが、実際には有力な院近臣坊門家の政治力が影響したのであろう。

八月に入っても収まる気配さえない義仲軍の乱暴狼藉《ろうぜき》と相まって、院と義仲との関係は修復困難となった。以仁王と密接な関係をもつ八条院も後白河と同調し、事実上義仲を見限った。八条院の荘園に対する乱暴もその一因とみられる。もはや義仲は京において孤立無援となったのである。

義仲は、九月二十日、追われるように西海《さいかい》の平氏追討に出立する。配下の乱暴に手を焼いた院が、体よく追い出したのである。義仲にしてみれば、平氏追討の成果のみが唯一の活路であった。しかし、今回は慣れない海上での戦闘で、しかも後白河と対立した義仲に味方する武士も少なかった。義仲は閏十月一日、備中国水島《びっちゅうのくにみずしま》（現岡山県倉敷《くらしき》市）において平氏に大敗を喫し、有力武将の矢田義清《やたよしきよ》（足利義康の子）を失ってしまったのである。平氏に西国を押さえられ、京で義仲の乱行に苦しむ朝廷にとって、最後の頼みの綱が頼朝であり、彼の上洛を待望する声が次第に大きくなるのも当然であった。義仲不在を利用して、後白河は頼朝と緊密な交渉を開始することになる。

後白河との交渉

頼みの綱とはいえ、九条兼実が「頼朝の賢愚は知り難し」（『玉葉』九月五日条）と記したように、貴族たちの間には頼朝に対する不安もあった。一方、頼朝も、義仲に入京の先を越され、謀叛人状態が継続し、さらに安田義定らが義仲に合流したことで、強い危機感を抱いていたことだろう。

義仲不在もあって、頼朝と後白河との交渉は進展する。先に院の使者として下向した中原康貞は、「巨多《きょた》の引き出物」を与えられ、九月末に京に帰ってきた（『玉葉』十月一日条）。延慶本『平家物語』は、引き出物は「駄三十疋《びき》（荷馬三十頭）」という莫大《ばくだい》なものであったとする。院からの使者に接した頼朝の歓喜を物語るが、それは同時に危機感の裏返しでもあった。『玉葉』十月二日条には頼朝からの奏請《そうせい》が記されている。頼朝は、第一に平氏都落ちは神仏の力によるものとして、平氏が押領《おうりょう》した神社仏寺領返付を申し出た。第二に平氏が押領した院宮諸家領を返付するとした。返付する荘園が、平氏が不当に侵略したもののみなのか、平氏政権が支配した全ての荘園を意味するのかは不明確だが、十月宣旨で全ての荘園・公領の年貢・官物が上納されることになる。そして、第三に降伏した平氏方武士の処刑免除を約束した。これを聞いた兼実は、「一々の申状《もうしじょう》、義仲等《ら》とひとしからざるか（一つ一つの申し入れの内容は、義仲とは比べものにならないくらい優れている）」と、頼朝に対する高評価を記している。

ついで同十月九日条によると、兼実は静賢《じょうけん》法印を通して頼朝の使者からの申し入れを聞かされた。静賢は、信西の子で、後白河の信頼篤《あつ》い側近の僧であった。彼は兼実に、院周辺で得られた情報を伝えたのである。

それによると、頼朝がすぐに上洛できないのは、藤原秀衡・佐竹隆義の脅威と、京中が大軍上洛による兵糧の負担に堪えがたいためであった。また頼朝は、志田義広が上洛したことと、義仲が平氏討伐を怠り、京中を乱したにもかかわらず恩賞を与えられたことに不満を述べた。後者は、義仲と対照的に自身が謀叛人扱いされていることへの不満でもあった。

それに応えるように、後白河は同日の小除目《こじもく》（臨時に行われる小規模の除目）で、頼朝を本位である従五位下に復帰させている。彼は平治の乱後、謀叛人として官位を奪われ、平氏の都落ち後も義仲によって謀叛人状態に据え置かれたが、二十年余りを経てようやくその汚名を払拭できたのである。

さて、兼実との会話の中で、静賢は頼朝に関する有名な言葉を語った。

頼朝の体たらく(有様)、威勢厳粛・其性強烈・成敗分明・理非断決

もちろん伝聞によるものではあるが、頼朝の人物と個性を強く印象づける言葉である。東国の戦乱を勝ち抜き、御家人に君臨する、威厳と自信に満ちた彼の姿を端的にあらわした言葉といえる。また、勇猛とはいえ、「理非断決」とは程遠い野蛮人義仲、典雅ではあるが優柔不断で「威勢厳粛」とはかけ離れた平宗盛と顕著に異なる頼朝の姿を、期待とともに伝えたものであろう。

当初は疑念を抱いた兼実も、すっかり頼朝を信頼し、その上洛を待望することになる。こうした交渉の結果、十月宣旨が下されるのである。

4　十月宣旨と東国支配権

十月宣旨の宣下

十月宣旨が下されたことに関する記事は、『玉葉』や諸日記にはみえず、『百練抄』の寿永二年(一一八三)十月十四日条に「東海・東山諸国年貢、神社・仏寺並《ならびに》王臣家領荘園、も

とのごとく領家に随《したが》うべきのよし、宣旨を下さる。頼朝の申し行うによるなり」とあるのが、古記録類にみえる宣下に関する唯一の記事である。

挙兵以来、頼朝の支配下に置かれた東国の荘園は、荘園領主の支配から分断され、年貢は貢納されることがなかった。それが、頼朝の申請により、東海・東山両道の年貢は元通り貢納されるようになったというのである。

また、『玉葉』閏十月二十二日条によると、「不服の輩《ともがら》あらば、頼朝に触れ、沙汰《さた》いたすべし」とあって、宣旨に従わないものがあれば、頼朝が処罰するとされる。これらを総合すると、内乱による受領不在の中で、東海・東山両道における荘園・公領の年貢・官物は、頼朝が徴収して京に貢納し、違反するものは頼朝が取り締まるということになったのである。これによって、頼朝は軍事・警察権のみならず、国衙《こくが》在庁に対する命令権、東国行政権を獲得し、事実上の東国支配権を得たとされる（佐藤進一氏）。

本位の回復に続き、公的権限を得たことで、頼朝は義仲とともに官軍に位置づけられ、ようやく義仲と同等の地位に立つことができた。義仲は、平氏を都落ちに追い込むという大きな武勲を立て、頼朝を賊軍に据え置き、自らは唯一の官軍となった。このため、八条院に連なる行家・義広、さらに安田義定などの河内源氏一門、摂津源氏などの京周辺の軍事貴族が義仲に従った。おそらく東国武士にも大きな動揺があったことだろう。それだけに、官軍の地位を得たことは重要な意味をもつ。

一方、朝廷にしてみれば、横暴を極める義仲の討伐、そして平氏追討の武力として、頼朝の上洛は必要不可欠であった。また、西国は平氏、北陸・畿内は義仲にそれぞれ占領されていたため、秋季を迎えたものの、荘園・公領からの貢納が難しく、東国の年貢・官物を何としても確保しなければならなかった。そこで、年貢貢納の名目で頼朝を上洛させるという一石二鳥の策を実現しようとしたのである。

年貢の納入は、荘園領主の「搾取」を容認することであり、頼朝の後退とする見方もある。しかし、すでに伊勢神宮に大庭御厨を寄進し(『吾妻鏡』養和二年二月八日条)、延暦寺に荘園返還の交渉を行っており(『玉葉』治承五年六月四日条)、年貢貢納を拒否したわけではない。鎌倉幕府の下でも荘園・公領制が継続し、京への貢納は続くのである。荘園・公領の貢納再開は既定の方針であった。年貢徴収に際して、荘園領主の権威が不可欠だったのである。

頼朝の不満

ある地域を実効支配した権力が、朝廷から公的な権限を認められたのは、藤原秀衡・安田義定らの受領補任を除けば、高橋典幸氏が指摘するように未曽有《みぞう》の出来事であった。東国に対する大きな権限を朝廷から付与され、頼朝の権力を公的に認めたこの宣旨が、幕府成立の大きな画期であることはいうまでもない。しかし、当時の頼朝が実際に有した権力を考えると、この宣旨を鎌倉幕府の成立とまで言い切ってしまうことはためらわれる。

まず、幕府が全国政権であることを考えれば、東国に関する権限のみを公認した宣旨で、幕府が成立したとすることはできない。そればかりか、この段階では、頼朝の勢力が及んだ範囲はごく限られたものであった。東海・東山道の支配権を付与されたとはいえ、頼朝が実際に支配していたのは、南関東を中心とした数ヵ国に過ぎないのである。東山道でいえば、西端の美濃・近江、また平泉藤原氏が支配する奥羽両国には、頼朝の影響力は全く及んでいない。一方の東海道でも、甲斐源氏が押さえる甲斐・駿河・遠江以西のように、頼朝の影響力がほとんど及ばない地域も多く、「東国支配権」というのは名目に過ぎない。

また、宣旨で与えられた権限がいつまで続くのかということも、検討を要する。頼朝は、寿永三年（一一八四）二月、一の谷合戦の直後には、東国における受領の任命と、受領による「吏務《りむ》」、すなわち徴税などの実施を朝廷に申し入れている。そして、源平争乱が終わった文治元年（一一八五）以降、頼朝知行国以外には、貴族たちが受領として補任されるようになるのである。こうしてみれば、頼朝による国衙・在庁に対する指揮権は受領補任までの一時的な権限ではなかっただろうか。

さらに頼朝自身も、この宣旨に大きな不満を抱いていた。『玉葉』十月二十四日条によると、頼朝は宣旨の内容に激怒し、美濃以東を「虜掠《りょりゃく》」するとまで言い放ったという。虜掠とは、不法占領の意味で、その地域からの税の貢納を行わないことを意味する。頼朝を憤慨させた最大の問題は、当初頼朝の権限の範囲内とされた北陸道が、急遽除外されたことである。

この原因は、いうまでもなく北陸道を本拠とする義仲の憤懣であった。義仲は、水島合戦の敗北後に帰京し、後白河と頼朝との交渉に介入した。そして、北陸道も宣旨の範囲としたことを「生涯の遺恨」とまで述べており（『玉葉』閏十月十七日条）、義仲の憤怒を恐れた後白河が削除したのである。

頼朝が、自身の権力が及ばない北陸道に拘《こだわ》った理由は明白であろう。北陸道を頼朝の管轄下とすれば、同地を実効支配する義仲は頼朝の代官に過ぎない。北陸道問題は源氏嫡流をめぐる対立を反映しており、先に上洛し優位にあった義仲に対し、一気に立場の逆転を図る意味があった。背景には、義仲に優越されたことへの焦慮、簡単に上洛できない頼朝の苦衷《くちゅう》が存したのである。

しかし、北陸道の除外で頼朝の主張は却下された。義仲上洛時の勲功問題に続き、頼朝の工作は再び失敗したのである。したがって、頼朝が源氏嫡流の地位を固め、他の勢力に脅かされない唯一の官軍となって立場を安定させるためには、早急に上洛し、義仲を打倒する必要があった。

V　頼朝軍の上洛——京・畿内の制圧

1　上洛の軋轢

義経の出立

源義経が初めて公家の日記に登場するのが、『玉葉』寿永二年（一一八三）閏十月十七日条である。この日、水島合戦で平氏に敗れて京に逃げ帰った木曽義仲は、後白河と対面した。彼は、けっして敗走したのではなく、「頼朝弟九郎（実名を知らず）」が、大将軍として数万の軍勢を率い上洛を企てたので、それを防ぐために上洛したのだと苦しい言い訳をしている。義経が鎌倉を出立したのは事実であるが、率いたのはおよそ大軍といえるものではなかった。

同月二十二日条によると、義経は伊勢に到着するが、彼らは義仲追討を目的とするのではなく、十月宣旨を各地に伝達しようとしていたと噂されている。そして十一月七日条では、頼朝代官は近江に到着したが、五、六百騎程度の小人数で、合戦を目的とせず、院に献上する貢物を持参する使者とされた。目的はともかく、この一行が十月宣旨を受けて、鎌倉を出立したことは疑いない。義経には、京下《きょうくだり》の官人である中原親能《ちかよし》（大江広元《おおえのひろもと》の義理の兄弟とされる）らが随行していた。

一時は頼朝自身の出立も噂されたが、実現しなかった。その原因は兵糧の限界にあるとみられたが（『玉葉』十一月二日条）、そればかりではない。このころ、多くの頼朝の郎従が秀衡のもとに合流したことから、秀衡が頼朝軍の動揺を察知して義仲と連携したという噂も流れた（『玉葉』閏十月十七日条）。真偽は定かではないが、志田義広の乱後も北関東の動揺が続き、秀衡の脅威が大きかったことが窺われる。

また、上洛の通路である遠江を支配する安田義定も義仲に近い立場にあり、義仲追討軍の通行を妨害される危険もあった。そして、『愚管抄』によると、上総介広常が上洛に反対して殺害されるという大事件が発生したという。広常殺害の真相はともかく、頼朝の配下にも、依然上洛に反対する動きがあったのは事実であろう。小人数の義経一行を派遣したことは苦渋の選択であった。

義経一行が入京もできず、伊勢・近江付近にとどまる間に、京では後白河と義仲との関係が険悪化する。後白河が頼朝を重視し、十月宣旨を与えた以上、当然の成り行きであった。

義仲に従っていた武士のうち、行家や京周辺の軍事貴族たちは義仲と袂《たもと》を分かち、院を支持するに至った。十一月八日、後白河支持派の中心行家が平氏追討に出立したが、後白河は院御所法住寺殿に軍事貴族や悪僧などの武力を集め、義仲に対する挑発を続けた。そして、ついに義仲は後白河に襲いかかることになる。

法住寺合戦

寿永二年(一一八三)十一月十九日、義仲軍が法住寺殿を襲撃した。激戦を勝ち抜いてきた義仲軍団に、実戦経験の乏しい悪僧や京周辺の武士が敵《かな》うはずもなく、後白河方は大敗を喫した。武士ばかりではなく、祈禱《きとう》に駆けつけた天台座主明雲、園城寺長吏円恵法親王《ちょうりえんえほっしんのう》という、仏教界の頂点に立つ高僧が殺害されるという未曽有の事態となった。まして円恵は後白河の第四皇子であった(法親王は出家後に親王宣下された皇子)。王朝権威を軽んじる義仲の姿勢が明白である。

しかし、義仲は王朝権威を全面的に否定したわけではなかった。清盛のように後白河を政治から排除することはなく、監視下に置いて自身の意のままに動かすことにしたのである。さすがに北陸宮の擁立による王権の改変は断念したとみえ、むしろ後白河の権威を利用し、自身の行動を院の命令ということにして正当化を図っている。清盛のように新たな王権を樹立するのではなく、武威で王権を従属させたことになる。

義仲は、多くの院近臣を解官し、逆に自ら院の親衛隊長で、平氏が就任していた院御厩《いんのみまやの》司《つかさ》の座に就き、院を軍事面で保護下に置いた。さらに、前関白松殿基房《さきのかんぱくまつどのもとふさ》と手を組み、院に近しい摂政近衛基通を解任して、基房の子でわずか十二歳の師家《もろいえ》を摂政に就けた。出家して摂政に就任できない基房の代理である。

義仲は、後白河を利用して次々と頼朝追討命令を発した。『吉記』によると、院庁下文《いんのちょうくだしぶみ》により、十二月十日には頼朝追討が、十二月十五日には、鎮守府将軍《ちんじゅふしょうぐん》藤原秀衡に対し奥羽の軍勢による頼朝攻撃が命じられた。明けて寿永三年（一一八四）正月十一日、義仲は頼朝追討のために征東大将軍《せいとうたいしょうぐん》に就任した。しかし、拘束された後白河の命令が義仲の強制であることは明白で、逆に多くの武士たちの反発を招くことになる。

先述のように、わずかな軍勢に過ぎなかった義経率いる頼朝軍は、法住寺合戦が起こるまでは、事態の進展に手を拱《こまね》くばかりであった。しかし、十一月二十一日に合戦の報告が届くと、平信兼（伊勢平氏傍流。頼朝に討たれた平兼隆の父）や伊勢の住人をはじめ、多くの武士が合流し、義経の軍勢は膨れ上がることになる（『玉葉』十二月一日条）。法住寺合戦とその後の強引な行動が、義仲の墓穴を掘ったのである。

ちなみに、『百練抄』正月十一日条、『吾妻鏡』正月十日条は、義仲が「征夷大将軍」に就任したとするが、『玉葉』十五日条は征東大将軍とし、『三槐荒涼抜書要《さんかいこうりょうぬきがきのかなめ》』によって「征東大将軍」が正しいと確認された（櫻井陽子氏「頼朝の征夷大将軍任官をめぐって」）。

上総介広常の殺害

法住寺合戦の報告は、十一月中に鎌倉に届いたと考えられる。その直後の寿永二年（一一八三）十二月、鎌倉を震撼《しんかん》させる大事件が勃発した。頼朝挙兵を勝利に導いた立役者上総介広常が、鎌倉の御所内で侍所所司《しょし》（次官）梶原景時に殺害されたのである。法住寺合戦で幽閉された法皇の救出要請を受けた直後とみられる。

広常殺害事件について、『吾妻鏡』の記述が欠落しているため、『愚管抄』が唯一の手がかりとなる。本書冒頭でも述べたように、建久元年（一一九〇）十一月、頼朝は挙兵以後初の上洛を遂げ、後白河と対面した。その際に、頼朝は後白河に対して、広常殺害の経緯を以下のように語った。

広常は挙兵に際し多大の功績があったが、ともすれば頼朝に対し、「ナンデウ朝家《ちょうか》ノコトヲノミ身グルシク思ゾ。タヾ坂東ニテカクテアランニ誰カハ引キ働カサン（どうして朝廷のことばかりを見苦しいほど大切に思うのか。我々が関東で好きにしているのを、誰が無理に引き立てて働かそうとするのか）」と述べるような、朝廷を否定する謀叛心の持ち主だったので、梶原景時に命じて殺害したというのである。

このことから、広常は東国独立をめざし、頼朝軍の上洛に反対したために粛清され、その直後に頼朝は範頼に大軍を与えて上洛させたと理解されている。佐藤進一氏は鎌倉幕府内部における頼朝らの上洛派と、広常らの坂東独立派の対立の結果とされた（同氏『日本の中世国家』）。真相は不明確であるが、時期から見て頼朝軍の上洛をめぐる問題が事件の背景にあったことは疑いない。広常が、大軍の上洛に難色を示し、頼朝の構想を阻害したことは事実であろう。この事件では、広常ばかりでなく、嫡男能常《よしつね》も殺害され、上総介氏本宗が滅亡している。

ところが、『吾妻鏡』寿永三年（一一八四）正月十七日条は、謀叛の疑いをかけられた広常は冤罪《えんざい》で、頼朝の誤解による粛清であったとする。この記事は、広常殺害の真相を糊塗するとともに、本人は殺害されたが、広常の傍流の一族・配下は救済されたことを物語る。冤罪とすることで、広常の一族・郎等の処罰を回避し、彼らを千葉氏などの支配下に組み入れたことを意味する。

『吾妻鏡』によると、頼朝挙兵に際し広常は二万の大軍を組織し、頼朝の配下で最大の大軍を独自に動かしうる存在であった。広常は半ば独立した同盟軍に近い立場で、広常の同意を得なければ作戦遂行が困難だったとみられる。そこで頼朝は広常を粛清し、その軍勢を自身の意のままに動かせるように再編したのである。これは翌元暦二年（一一八五）六月、同様に同盟軍であった甲斐源氏嫡流の一条忠頼《いちじょうただより》が殺害され、その父信義も事実上失脚することと通じる。

挙兵以来の寄せ集めの集団は、次第に頼朝を頂点とする軍団に再編されていった。その中心的役割を果たしたのが、梶原景時であった。頼朝の命とはいえ、のちに冤罪による殺害という非難を浴びる「汚れ役」を彼は引き受けたことになる。すでに頼朝に忠誠を尽くし、侍所の中心として主従関係を統制する要《かなめ》の位置についていたのである。

それにしても、広常は挙兵時における最大の功臣である。彼を殺害し、冤罪が明らかになれば、頼朝軍団が崩壊する危険もあった。ところが、あえて暗殺は強行された。その背景が問題となる。謀叛人から脱却し、立場が安定したことも、頼朝を強気にさせた一因であろう。また、粛清後、大きな動揺がなかったが、このことは一族の内紛、在地勢力との乖離《かいり》など、広常の立場の脆弱さを物語る。こうした弱点を頼朝は把握していたとみられる。頼朝の諜《ちょう》報《ほう》組織ともいうべき雑色《ぞうしき》（福田豊彦氏『中世成立期の軍制と内乱』）が侍所に掌握されていたが、景時はすでにそうした情報収集に動いていたのかもしれない。

義仲の滅亡

さて、広常の殺害後、範頼率いる頼朝軍は京に向かった。『玉葉』の寿永三年（一一八四）正月五日条に、頼朝軍が美濃国墨俣《すのまた》（現岐阜県大垣市）に至ったとあるのは範頼軍であろう。彼らは義経率いる先遣隊と合流することになる。

頼朝軍の上洛が迫ったことから、義仲は平氏と和平し、後白河を連れて頼朝軍と対決するといった噂が流れた。しかし、義仲が郎従を近江に派遣したところ、頼朝軍は「数万」に及んでいたため、対決を諦めて京の防禦《ぼうぎょ》を固めた（『玉葉』正月十六日条）。頼朝軍の急速な拡大の一因が、鎌倉からの増援にあることはいうまでもない。

ただし、広常の粛清という荒療治も必要であったし、平泉藤原氏・佐竹氏の脅威、兵糧問題などが、根本的に変化したわけではないから、援軍の数にも限界があった。一の谷合戦に出撃した源氏軍が、二、三千程度とされた（『玉葉』寿永三年二月四・六日条）ことからも、範頼の軍勢の限界は明らかである。頼朝軍増大の背景には、先述した平信兼、伊勢の平氏家人のほか、元来は義仲軍に加わっていた安田義定、清和源氏傍流の葦敷重隆《あじきしげたか》など軍事貴族たちの頼朝軍への合流があった。このことは同時に義仲軍の減少をも意味した。

寿永三年（一一八四）正月二十日、宇治《うじ》から京をめざした義経は、義仲に合流していた志田義広の軍勢を宇治川合戦で蹴散《けち》らし、たちまちに入京した。そして、義経らは院御所六《ろく》条殿《じょうどの》に殺到し、後白河を救助したのである。先陣は、前年暮れに広常を倒したばかりの梶原景時であった（『玉葉』）。

義仲は法皇を拉致し北陸に下向しようとして失敗し、逃亡の途中、近江国粟津《あわづ》（現滋賀県大津市）で討死する。享年三十一、入京からわずか半年余り、法住寺合戦で後白河を幽閉してから二ヵ月後であった。彼の滅亡は、頼朝の東国支配と河内源氏嫡流の地位とを揺るぎないものとした。

『吾妻鏡』によると、義仲追討の勝報は、正月二十七日に鎌倉の頼朝に届いた。安田義定・源範頼・同義経・一条忠頼が、それぞれに飛脚を送ったという。頼朝軍が、大将軍も不明確なままの甲斐源氏との混成軍であったことを示すものである。

彼らの使者たちの要領を得ない報告とは対照的に、梶原景時の飛脚は、討ち取った者、捕虜とした者の名簿を記して整然とした報告を行ったという。統制不十分の軍団の中で、侍所所司として遠征軍を統制する景時の姿が明瞭《めいりょう》に浮かび上がる。先の広常粛清に続き、景時を基軸として、頼朝の軍団は次第に統制されてゆくことになる。

義仲を倒した頼朝軍を待ち構えていたのは、讃岐国屋島《やしま》（現香川県高松市）を発《た》ち福原を奪回した平氏軍であった。平氏の先遣隊はすでに正月八日、そして安徳天皇を擁する本隊は、二十六日に福原に到着している。京では二月に入京するとの噂があった。朝廷では、武力で撃退するか、神器の安全を最優先し和平交渉を行うか、意見は真っ二つに分かれた。

2　一の谷合戦と畿内の制圧

和平か追討か

福原に上陸した平氏を追討するか、天皇や神器の安全を優先して和平交渉を行うか、朝廷では貴族たちを二分する議論が行われていた。一時は、先にもふれた信西の子である僧静賢を使者とする計画もあった。これに対し、院近臣藤原（坊門）親信《ちかのぶ》・平親宗《ちかむね》・藤原朝方《ともかた》たちが中心となって、追討を主張したという（『玉葉』正月二十七日・二月二日条）。このうち、坊門親信は後鳥羽の母七条院殖子の叔父で、後鳥羽の大叔父にあたり、後鳥羽の皇位を脅かす安徳の入京を拒むのも当然であった。

これに対し、「頼朝代官」とされた土肥実平・中原親能は、和平案に同意したという（『玉葉』二月二日条）。義仲討伐の勝報が鎌倉に到達したのが二十七日であったから、それを聞いた頼朝が平氏との戦いに関する指示を送ったとしても、まだ届いてはいなかったと思われる。したがって、和平案への同意は実平・親能の意思であった。和平派である九条兼実の希望的観測かもしれないが、長距離の行軍、義仲との戦闘による疲労と損害、入京に協力した平信兼や伊勢の平氏家人の離脱などを考えると、十分にありうることである。

頼朝の本来の代官は弟範頼・義経であったが、頼朝軍を代表して朝廷と交渉したのが、実平・親能であったことは興味深い。京下の官人である親能が交渉役に相応しいのは当然で、実平にも在京経験があったのかもしれない。両者に対する頼朝の信頼が窺われるが、逆に本来の代官である範頼・義経にとっては成人して初めての京でもあり、交渉役は難しかったのであろう。

しかし、院近臣などの強硬論に押されて追討使は出立する。院近臣たちの背景には、平氏追討を主張する後白河の強い意志があった（『玉葉』二月二日条）。後白河には、かつての鹿ケ谷事件や、院政を停止された治承三年政変、そして宗盛に権威を否定されたことへの遺恨を有していた。さらに、前年の平氏都落ちから脱出したことへの報復とともに、何よりも神器を有した安徳の入京で、後鳥羽の皇位が否定され、後鳥羽を擁立して実現している後白河の院政が崩壊することを恐れたのである。後白河は、なんとしても平氏入京を阻止せねばならず、平氏との和平などありえなかった。

武力の実態

『吾妻鏡』寿永三年（一一八四）二月五日条によると、範頼・義経以下の頼朝軍は摂津国に至り、二手に分かれた。大手の大将軍は範頼で、彼が率いた軍勢は小山朝政以下五万六千騎、一方搦手《からめて》大将軍は義経で、彼が率いたのは安田義定以下二万騎、頼朝の代官二人の下でなんと七万六千余りの大軍が組織されたという。『吾妻鏡』を信じれば範頼・義経という一門の大将軍の下で頼朝軍は整然と編制されていたことになる。

しかし『玉葉』二月四日条によると、平氏軍は数万で、さらに鎮西《ちんぜい》の援軍が到着すると噂されたのに対し、二手に分かれた源氏軍は、一方が一、二千騎、さらに六日条には全体でも二、三千騎と記されている。九条兼実は、平氏が圧倒的に優勢とみて、「天下の事大略分明」とまで記し、平氏の勝利を確実視したほどである（『玉葉』二月四日条）。『吾妻鏡』が記す七万六千という数値が虚構であることはいうまでもない。

上洛に際し、墨俣渡《すのまたのわたり》で範頼が御家人と先陣を争って頼朝の勘当を受けた（『吾妻鏡』二月一日条）ように、大将軍による統制も不十分であった。さらに安田義定が範頼・義経から独立した軍団であったことは、『吾妻鏡』二月七日条の記述からも明らかであり、義仲との合戦と同様に頼朝軍は混成軍だったのである。

しかし、兼実の予想に反して、二月七日の合戦は源氏の圧勝となった。平氏は、一門の多くを失い屋島に敗走することになる。その一因は、のちに宗盛をして「奇謀《きぼう》」といわしめた（『吾妻鏡』二月二十日条）後白河の策略にあった。和平使の派遣を予告し、平氏を油断させたのである。

実際の戦闘で大きな意味をもったのは、「山手」から最初に突入した、摂津源氏多田行綱《ただゆきつな》の奇襲であった（『玉葉』二月八日条）。『平家物語』では義経の勲功として名高い「鵯越《ひよどりごえ》の逆落《さかお》とし」は、行綱の奇襲が原型とみられる。行綱などの畿内武士は、かつて平氏から抑圧を受けたり、都落ちする平氏を攻撃したことに対する報復を恐れたりしていた。彼らは自身の存亡をかけて平氏との戦いに臨んだのである。地元に通じた彼らが頼朝軍へ参入し、高い戦意を有して平氏と戦ったことが源氏側の勝因であった。

「鵯越の逆落とし」が義経の戦功であるか否かには疑問符がつくが、平氏の西の関門一の谷を攻略した義経の役割も大きなものがあった。また『平家物語』によると、範頼率いる大手軍でも、戦功を求めて命を捨てて一番乗りを果たした河原高直《かわらたかなお》・盛直《もりなお》兄弟、二度の先駆けと賞賛された梶原景時父子の活躍などがみられる。軍団内に新恩給与を求める意識が浸透していたこと、主従関係の統制という役割を担う梶原一族の身を挺《てい》した行動が浮き彫りにされる。

一の谷合戦の勝利と課題

頼朝軍、安田義定軍、畿内武士が、それぞれに力を尽くし、頼朝軍は鮮やかな勝利を収めたのである。もっとも、合戦の勃発も後白河の意向によるものであり、軍団の編制も現地に委ねられていた。鎌倉にとどまった頼朝は、事の成り行きを十分に把握できないまま、結果に接した面もあった。

しかし、一の谷合戦勝利の意味はきわめて大きなものがあった。平氏は、一門の軍事的中枢である重衡《しげひら》（清盛の五男）が捕虜となったほか、多くの一門を失い、屋島に逃亡した。このため、再度の上洛、すなわち安徳天皇の入京は難しくなり、後白河院政は安泰となった。頼朝は、挙兵以来自身を正当化する王権である後白河の立場が守られたことに安堵したことであろう。

一の谷合戦の結果、王権の所在地である京と畿内は、頼朝軍の支配下に入った。頼朝は、後白河の王権を守護する唯一の官軍という地位を確立したのである。以後、頼朝の権力は東国にとどまらず、次第に全国に及ぶことになる。王権を鎌倉幕府が支えるという、鎌倉時代における公武並存の原型は、ここに成立した。その意味で、一の谷合戦は鎌倉幕府成立過程における大きな画期の一つとなった。

とはいえ、頼朝には大きな課題が残っていた。平氏は再上洛に失敗したものの、阿波《あわ》の粟田《あわた》（田内《でんない》）成良《しげよし》など、源氏方に対抗する武士団に支えられて、依然地域権力として屋島に大きな勢力を有し、制海権をも保持していた。海上戦闘のために西国の武士を組織せねばならず、さらに飢饉の中で兵糧も確保する必要があった。

また、今回の勝利には後白河の大きな影響力があった。多田行綱をはじめとする畿内武士団は、明らかに後白河の動員があって参戦したのである。頼朝は、義仲・平氏を打ち破り唯一の官軍となったが、後白河が遠隔地にある頼朝とは別個に新たな「官軍」を育成する可能性は高かった。もちろん、今は鳴りを潜めている平泉藤原氏も、後白河と結ぶ別個の官軍となる可能性を有していた。

さらに、頼朝の軍団自体、安田・武田といった甲斐源氏が強い自立性を有しており、平氏追討という長期遠征を行うには、組織の統制、再編が必要であった。こうしたことを自覚した頼朝は、朝廷に今後の方針を申し入れることになる。

3　頼朝の奏請と戦後処理

頼朝の四ヵ条奏請

畿内を支配し、後白河の王権を守護する立場となった頼朝は、当面する政治課題について、後白河に申し入れた（『吾妻鏡』寿永三年二月二十五日条）。『玉葉』二月二十七日条に、頼朝が朝務について計らい申したとあるのが『吾妻鏡』にみえる四ヵ条の奏請を指すとみられる。

九条兼実は「人以《も》って可となさず」とし、さらに「頼朝、もし賢哲の性あらば、天下之滅亡いよいよ増すか」と懸念を記している。

後述の通り、申し入れの内容自体は院や貴族が受容できないものではない。貴族たちが「可となさ」なかったのは、おそらく頼朝が政務に介入したことであろう。さらに頼朝が「賢哲」（優秀）であれば、天下の「滅亡」が増大すると兼実が警戒したのは、「天下」、すなわち後白河の政治が、有能な頼朝に圧倒されることを恐れたのである。逆にいえば、兼実は頼朝の才覚を感じたことになる。

四ヵ条は、第一条「朝務等の事」、第二条「平氏追討の事」、第三条「諸社の事」、第四条「仏寺の間の事」からなる。当時の頼朝の構想を知る上で貴重な史料であり、詳しく検討してみたい。

まず第一条は「朝務」、すなわち朝廷の政務と題して、朝廷がまず先例を守り「徳政」を行うべきことを申し入れている。徳政とは、優れた政治であるとともに過去への回帰を意味し、ここでは「諸国受領《ずりょう》ら、もっとも計らい御沙汰あるべく候」と述べて、従来通り、受領を任命するように要請したのである。その対象となった地域は、義仲追討のために荒廃し、農民が逃亡してしまった東山・北陸両道で、今春から農民が帰住するので、来秋に国司を任じて吏務を行わせるのがよいと述べている。

源平争乱の混乱の中で、東国の受領は長らく不在となっていた。ここでいう「吏務」とは、勧農と官物の徴集を意味し、今春には戦乱で逃亡した農民が帰農するので、受領を補任して国務を再開するように申し入れたのである。受領任命を許可する頼朝は「賢哲」だが、朝廷の権限である受領任命を指図した頼朝に、貴族たちが反発するのも当然といえる。ただ、東国を実力で支配する頼朝の自信を窺い知ることができよう。

先述のように、頼朝は前年の十月宣旨で徴税を行う前提として、国衙《こくが》在庁沙汰権を獲得したが、受領に徴税を委ねた以上、この権限を受領に返還したことになる。事実、文治元年（一一八五）以降、東国でも頼朝知行国以外の諸国では、一般貴族が受領に任命されることになる。この結果、東国において、頼朝は基本的権限として軍事・警察権を掌握するのである。

平氏追討と寺社対策

第二条では、頼朝の平氏追討に関する構想が述べられている。これによると、まず「畿内近国、源氏平氏と号し弓箭《きゅうせん》を携えるの輩《ともがら》幷《ならびに》住人等」、すなわち多田行綱のような、源平両氏に属する京周辺の軍事貴族が、義経の下知によって追討に当たるように命じてほしいと申し入れたのである。頼朝は、義経に畿内武士を統率させて平氏追討を担当させようとしたことになるが、これは一の谷合戦における義経・行綱の活躍が前提となっている。

鵯越の逆落としの逸話の原型となったのは、行綱の山手からの突入であるが、義経に戦功がなかったとは考えがたい。『玉葉』二月八日条に、義経が一の谷を「落とした」とあり、彼が平氏の西の関門を破ったことは事実である。さらに一の谷合戦という名称が定着したことも、義経の一の谷における活躍が合戦の帰趨《きすう》を左右したことを物語る。

ついで頼朝は、「海路、たやすからずといえども、殊に急ぎ追討すべきの由、義経に仰《おお》すところなり」と述べた。海路とあるように、義経の攻撃対象は、当時の平氏の拠点で安徳天皇の内裏がある屋島であった。頼朝は、義経に対して速やかな屋島攻撃を命じていたのである。

のちに、範頼が山陽道遠征に出撃し平氏追討が難航した際に、頼朝は範頼に対して、拙速を戒めて平氏を包囲・降伏させるよう命じた（『吾妻鏡』元暦二年正月六日条）。しかし、義経は電撃戦で屋島を陥落させ、平氏を壇ノ浦合戦で滅亡させてしまった。このため、義経の行動を頼朝構想の破壊とする見方もある。しかし、義経の迅速な屋島攻撃は本来の頼朝の方針に沿ったものだったのである。

最後に、頼朝は注目すべき文言を加えた。「勲功の賞においては、その後頼朝、計らい申し上ぐべく候」。すなわち、追討に関する恩賞は頼朝から申請すると釘《くぎ》を刺したのである。ここでいう勲功の賞とは、合戦の恩賞として院が官職を与えることを意味する。頼朝は、恩賞を通して後白河が義経や京近辺の軍事貴族と直接に結合することを禁じたのである。本来、院に仕え、北面などをつとめた軍事貴族たちの恩賞も頼朝の推挙によるとしたのは、彼らを頼朝の統制下に組織し、王権守護の武力を頼朝がすべて組織しようとしたのである。頼朝は、後白河の王権を支える唯一の官軍をめざした。

これと関係するのが、義経の自由任官問題である。八月、義経は頼朝に無断で後白河が与えた検非違使《けびいし》・右衛門少尉《うえもんのしょうじょう》に任官し頼朝の怒りを招いたとされる。その実否については、後述したい。

第三条、第四条では、それぞれ諸社、仏寺の問題を並べているが、内容はかなり異なっている。第三条では、「我朝は神国也《なり》」として、神祇《じんぎ》の重視が謳われる。注目されるのは往古以来の神領（神社の荘園）保護と、鹿島社のように戦功のあった神社に対する新恩給与が申し入れられたことである。頼朝が神祇を実際の戦力と見ていたことがわかる。同時に、諸社の修理、神事を懈怠《けたい》なく行うことを要請している。

これに対し、第四条で述べられているのは仏寺に対する崇敬ではなかった。諸寺・諸山御領が貢納を勤仕《ごんし》せず恒例の仏事が行われず、しかも僧侶《そうりょ》が武装して修行を放棄していることを問題視しているのである。不信心な僧は、朝廷の公的儀式に招いてはならないとした。さらに注目されるのは、「頼朝の沙汰として、僧家の武具にいたりては、法に任せて奪い取り、朝敵を追討する官兵に給《たま》ふべし」と述べたことである。すなわち、自らの命令で悪僧の武装解除をするとしたのである。

思い返せば、寺院勢力の武力は、もはや宗教的示威行為である強訴《ごうそ》にとどまらず、世俗の権力をめぐる抗争に介入していた。以仁王挙兵の際には園城寺・興福寺の悪僧が平氏政権打倒をめざした。さらに法住寺合戦にも悪僧たちが後白河の武力として加わっている。

彼らは、王権を支える武力ともなっていたから、唯一の官軍として王権守護の武力独占をめざす頼朝が寺院の武装解除を求めたのは当然であった。これはのちの御成敗式目《ごせいばいしきもく》の第二条が、寺院の崇敬と修理を謳ったことと大きく異なる。寺院勢力が大きな戦闘力を有し政治介入を行った、この時期特有の問題が背景にあったといえよう。

義経出撃の延期

頼朝は、義経を指揮官として、平氏の拠点屋島に対する迅速な攻撃を計画した。義経は三月一日に出撃する予定であったが、急遽延期となった（『玉葉』二月二十九日条）。朝廷では平宗盛との和平交渉が原因と噂されたが、実際には宗盛は和平を拒否していた（『吾妻鏡』二月二十日条）。一の谷合戦における後白河の「奇謀」によって大敗した宗盛は、もはや和平の道が閉ざされたことを痛感していたのである。

追討延期の原因は、兵糧問題にあった。二月十九日には、武士による不法な荘園の掠奪が禁止され、さらに二十二日には荘園・公領からの兵糧米徴集を禁止する命令も下されていた（『玉葉』二月二十三日条）。かの養和の飢饉以後、平氏・義仲による強引な兵糧徴集が行われて諸国の荘園・公領はすっかり荒廃していた。平氏追討を強行すれば、疲弊した畿内から強引な兵糧の徴収を行うことになるのである。

そんなことをすれば、院や荘園領主はもちろん、先述のように頼朝が平氏追討の戦力として期待していた畿内周辺の武士たちが激しく反発することは明白であった。頼朝が追討強行を思いとどまるのも当然といえる。一の谷合戦の勝利によって、一応畿内の戦乱は収まったこともあり、頼朝は追討を暫時《ざんじ》中断し、畿内の支配体制を整備することにした。上洛よりも東国経営を優先したことに通じる、慎重な姿勢を示すものである。

『吾妻鏡』二月十八日条によると、頼朝は洛陽《らくよう》（京都）警護と、播磨・美作《みまさか》・備前・備中・備後五ヵ国の守護を命ずる使者を京に派遣した。洛陽警護は義経が、五ヵ国の守護は梶原景時・土肥実平が担当することになる。義経は、以後翌年正月に屋島に向けて出立するまでのほぼ一年にわたり在京し、東国武士による荘園侵略の制止などの治安維持、そして後白河院と頼朝との仲介役として活躍することになる。

一方の播磨以下の五ヵ国は、平氏軍と対峙《たいじ》する最前線にあたり、その守護は平氏に対する監視、軍事行動の制止など、重大な意味をもつ任務であった。五ヵ国のうち、播磨・美作を梶原景時が、備前・備中・備後を土肥実平が、それぞれ担当することとなった。ともに石橋山で頼朝を救った両者に対する頼朝の深い信頼、武士としての高い評価が窺われる。義仲追討、一の谷合戦を終えて、遠征軍の中で、義経・景時・実平が頼朝から重視されたことがわかるだろう。

頼朝の恩賞

義仲追討、一の谷合戦の勝利という頼朝の大きな功績に対し、後白河は恩賞付与を打診した。頼朝は上《かみ》の御計らいに従うだけであり、過分の恩賞は一切辞退すると、いかにも優等生的な返答を行っている（『玉葉』二月二十日条）。三月二十八日の除目で、頼朝は義仲追討の恩賞として正四位下《しょうしいのげ》に叙された（『公卿補任』元暦元年頼朝項尻付《しづけ》）。もとの従五位下から、従五位上、正五位上・下、従四位上・下を超越したことになり、公卿さえも目前となったのである。

この昇進は、天慶《てんぎょう》三年（九四〇）三月九日に、平将門《まさかど》を討ち取った藤原秀郷《ひでさと》が、六位から従四位下に昇進した先例に倣ったものであった（『百練抄』二月二十七日条、『吾妻鏡』四月十日条）。秀郷も頼朝も、東国にいたままで勲功の賞を与えられた点でも共通している。

『吾妻鏡』四月十日条によると、平将門の乱における藤原忠文《ただふみ》の例に倣って征夷大将軍に任ずるか否かが議されたが、節刀《せっとう》（天皇大権の付与を意味し、大将軍を象徴する刀剣）が与えられていないことなどを理由に見送られたという。同建久三年（一一九二）七月二十六日条によると、頼朝は征夷大将軍補任を希望し、後白河没後にようやく実現したとあり、あたかも後白河の反対で補任が阻まれていたかのごとき叙述になっている。

しかし、先にもふれた櫻井陽子氏の研究（「頼朝の征夷大将軍任官をめぐって」）によれば、頼朝は特に征夷大将軍に拘泥しておらず、元暦元年（一一八四）以来の願望であったわけではない。また、忠文は「征東大将軍」であり、征夷大将軍とする『吾妻鏡』の記述は不正確であった。除目にふれた『玉葉』には、征夷大将軍の問題は記されていない。こうしたことから、『吾妻鏡』にみえる征夷大将軍人事には疑問が付されている。頼朝の征夷大将軍問題については、後述に委ねる。

頼朝に対するもう一つの恩賞が、平家没官領《もっかんりょう》である。寿永二年（一一八三）の平氏都落ち後、平氏の所領は朝廷に没収され、その一部は義仲・行家に与えられていた。義仲に与えられた分は当然再度没収され、頼朝に与えられたとみられる。『吾妻鏡』四月六日条に、そのうちから平頼盛の所領が返還されたことが記載されているから、頼朝はその前に給与されたことになる。頼朝は、挙兵以後に敵方から奪った所領とともに、多数に上る没官領にも荘官として地頭を任じ、地頭制を確立したのである。

一門の粛清

先述のように、一の谷合戦までの頼朝軍は、代官範頼・義経を大将軍としてはいるものの、実際には同盟軍である甲斐源氏との混成部隊であった。上総介広常亡き今、独立性の強い甲斐源氏こそ、頼朝の軍事行動を制約し、場合によっては最大の脅威ともなる存在だったのである。一の谷合戦後、甲斐源氏に対する抑圧が相次ぐことになる。

まず『吾妻鏡』三月十七日条によると、甲斐源氏嫡流である武田信義の三男板垣兼信《いたがきかねのぶ》は、源氏一門でありながら、備前以下の守護となった土肥実平の配下となったことに強い不満を述べ、御家人に過ぎない実平の上司とするように要求した。頼朝はこれを一蹴し、役職の上下は一門か、御家人かによるものではなく、実平の篤い忠誠心と、眼代（代官）としての器量により彼を起用したと述べ、一門よりも腹心を重視する姿勢を示した。これは相次ぐ戦闘を経て、真に信頼すべき家人が登場してきたことを意味する。

さらに頼朝は、『吾妻鏡』六月十六日によると、鎌倉の西侍《にしのさむらい》（侍所のうち、御所の西方にあった）において一条忠頼を暗殺した。先述のように、彼は武田信義の嫡男で、義仲追討には独立した勢力として参戦していたが、「威勢を振るうの余り、世をみだすの志を挿む《さしはさむ》」聞こえがあったので、酒宴を装って殺害したという。最初の刺客工藤祐経が失敗したため、天野遠景が手を下した。いずれも伊豆の有力武士であった。

『吾妻鏡』の記述に従えば、要するに傲慢だから消された、ということになるが、むろんそれが真相であろうはずはない。さきの広常と同様、残念ながら原因は定かではないが、父信義の謹慎と相まって独立性が強い豪族が排除されたことに相違はない。

頼朝が甲斐源氏に強硬な行動をとることができた背景には、腹心の台頭とともに甲斐源氏の分裂があった。武田と安田一族との関係も微妙であったし、信義の弟加々美遠光《とおみつ》、信義の子息らの中では四男信光などが、頼朝に近い立場にあった。兄たちの滅亡や没落もあって、武田氏嫡流は信光が継承する。頼朝は、巧みに甲斐源氏を分断し、孤立した武田氏嫡流を没落させたのである。

安田義定には、その後も遠江守の地位を与え、文治元年（一一八五）にはその嫡男義資《よしすけ》をも越後守に任じて優遇したが、やがて彼らの運命は一転する。建久四年（一一九三）、些細《ささい》なことが原因で義資が、ついで翌年には義定が、相次いで粛清されたのである。こうして、甲斐源氏の有力者はほとんど姿を消すことになる。頼朝は、分断と主流の抹殺によって、甲斐源氏を従属させたのである（木村茂光氏「頼朝政権と甲斐源氏」）。

一族の粛清ということで忘れてならないのは、義仲の嫡男義高の運命である。彼は先述のように寿永二年（一一八三）に鎌倉に人質として送られ、幼い大姫の許婚《いいなずけ》になったという。しかし、頼朝は義仲を滅亡させたことから、報復を恐れて義高を亡き者にしようとした。大姫や女房の計らいで脱出した義高だったが、五日後に殺害されてしまった（『吾妻鏡』四月二十一・二十六日条）。このために大姫は精神的衝撃を受け、生涯苦しむことになる。

当時義高は十二歳、頼朝が助命された年齢と一つ違いである。おそらく、頼朝は自身の平氏に対する遺恨、報復感情を思い起こしたのであろう。軍事面の天才であった義仲の血筋を恐れたのかもしれない。しかし、義高の殺害が、大事な娘を生涯苦悩の底に陥れ、さらには彼女の処遇が重大な政治問題になろうとは、頼朝も思いも寄らなかったことであろう。

4　伊賀・伊勢平氏の蜂起

伊賀・伊勢の平氏家人

元暦元年（一一八四）七月三日、頼朝は平氏追討のために義経を出撃させることを後白河に申し入れた（『吾妻鏡』）。いよいよ延期されていた平氏追討の準備が整ったのである。しかし、その直後に思いもかけない事態が発生した。『玉葉』七月八日条によると、平氏重代相伝の家人で、伊賀国鞆田荘《ともだのしょう》に居住する平田家継《ひらたいえつぐ》らが挙兵し、同国の守護大内惟義《おおうちこれよし》の郎従を悉《ことごと》く殺害したのである。惟義は、信濃源氏の平賀義信の長男で、『吾妻鏡』によると、三月二十日に守護となっている。彼の家人が多数殺害されたとあるから、惟義の支配に平氏家人が反発したことは疑いない。

家継の蜂起と同時に、平信兼が鈴鹿山《すずかやま》を塞いだほか、富士川合戦の侍大将で、伊勢を拠点とする伊藤忠清も参戦しており、蜂起は伊賀・伊勢にまたがる大規模なものであった。彼らは近江に進撃し、さらに上洛をめざす勢いをみせたのである。挙兵の報に接した後白河院以下は恐怖に駆られ、「院中物騒」を生じた（『玉葉』七月八日条）。

挙兵した伊賀・伊勢の平氏家人とはどのような人々であったのだろうか。平将門を討伐した貞盛の子維衡が進出して以来、その子孫は伊勢を拠点としてきた。伊勢平氏の名前もこれに由来する。また、十一世紀末に清盛の祖父正盛が鞆田荘を白河院に寄進して以来、伊賀も平氏の重要基盤となった。以来、両国の平氏家人は、平氏と重代相伝の主従関係を結ぶ。

首謀者家継は、鞆田荘の沙汰人（荘園現地を管理する荘官）平家貞《いえさだ》の子で、弟貞能《さだよし》も忠清と並ぶ侍大将として平氏軍制の中枢にあった。伊勢の伊藤忠清も重代相伝の家人であり、侍大将・坂東の侍奉行をつとめたことは先述した。まさに所領とともに重代相伝された平氏の腹心で、主従ともに代替わりしても、緊密な主従関係が継続したのである。古くから主従関係にあり、重要な役職をつとめたという点で、江戸幕府の譜代大名と共通する性格をもつ。

河内源氏では、河内が重代相伝の家人の居住地であった。しかし、為義の没落、義朝の東国進出で河内との関係は薄れた。そして、流人のために所領がない頼朝に、こうした重代相伝の腹心が存在しなかったことは、彼の主従関係を考える上で注意する必要がある。

小松殿一門の運命

伊賀・伊勢の家人は、平治の乱で平重盛とともに戦い、以後重盛の子供である小松殿一門の維盛・資盛《すけもり》らに仕えることになる。このことが彼らの運命を決定づける。小松殿一門は、父重盛が後白河に近侍した上に、維盛が大将軍として富士川・倶利伽羅峠両合戦で大敗したことで、一門内における立場を悪化させていた。このため、宗盛らの主流とは距離を置き、後白河側近だった資盛は、大叔父の頼盛とともに都落ちに加わらず、後白河の保護を求めている。伊賀・伊勢の家人たちも所領にとどまり、一門とともに西海に赴くことはなかった。

頼盛は、母池禅尼が頼朝助命を清盛に嘆願したことから、頼朝に保護され、厚遇されたとされる。頼盛は、義仲を恐れて寿永二年（一一八三）から翌元暦元年にかけて鎌倉に下り頼朝の歓待を受けていた。一方、重盛も池禅尼の使者として頼朝を流罪にするように清盛に申し入れており（『平家物語』巻第十「藤戸《ふじと》」、『吾妻鏡』建久五年五月十四日条）、頼盛と同様に小松殿一門も助命の可能性があるとみられた。

このため、『平家物語』巻第十では熊野で入水《じゅすい》したとされる維盛にも、後白河を通じて頼朝を頼り、関東下向の途中で死去したとの説があり（『源平盛衰記』）、弟忠房《ただふさ》にも関東に下向し頼朝の救済を求めたという噂があった（『吉記』四月二十八日条）。そればかりか、伊賀・伊勢の平氏家人たちも、先述のように義経率いる頼朝軍入京に協力したし、主君の立場を慮《おもんぱか》ったためか、一の谷合戦でも中立を守ったのである。

しかし、頼盛が救われた原因は、何も母が頼朝の助命を嘆願したためだけではなかった。平氏都落ちに際し、後白河が彼の庇護を命じたのは、八条院との政治的関係があったからである（『愚管抄』）。頼朝も、後白河が救済し、八条院との仲介の可能性をもつがゆえに、頼盛を受け入れたのであった。逆に後白河が資盛を見捨てたこともあって、頼朝は小松殿一門を救済することはなかった。

延慶本『平家物語』は、伊賀・伊勢平氏は、頼朝に優遇された頼盛の帰京を襲撃するために蜂起したとする。にわかに信じがたいが、頼盛優遇と対照的な小松殿一門冷遇が挙兵の引き金になった可能性は否定できない。頼盛の家人で、頼朝を尾張で保護した、いわば恩人でもある平宗清が鎌倉に下向することを拒み、西海の平氏と合流した（六月三日条）が、これも彼が伊賀平氏出身であることが関係したのかもしれない。

また、当時、山陽方面で平氏が反攻に出て、土肥実平軍を破り、梶原景時を翻弄《ほんろう》していた。

このため源氏の劣勢が伝えられていた（『玉葉』六月十六・十七・二十三日条）から、東西挟撃を計画した可能性もある。

謀叛人跡地頭の成立

かつての平氏最精鋭部隊の挙兵だけに、伊賀・伊勢平氏の反乱鎮圧は容易ではなかった。『玉葉』七月二十・二十一日条によると、反乱軍は近江国大原荘《おおはらのしょう》付近で源氏側の官軍と衝突、激戦の末に敗北し平田家継が戦死した。しかし、伊藤忠清以下の有力者は逃亡し、官軍も大将軍佐々木秀義をはじめ数百人もの戦死者を出した。『源平盛衰記』によると、秀義を殺害したのは壬生野能盛《みぶのよしもり》とされ、彼は五月に本領壬生野荘を奪われている（『吾妻鏡』五月二十四日条）から、所領の没官が挙兵の背景にあった。

さらに、同時に蜂起したとされる平信兼やその息子たちも、かつて入京に際して協力した義経に追討されてしまった。息子たちは、『吾妻鏡』に首謀者と記されているものの、京で義経邸を訪れたために謀殺されており、事件への関与は疑わしい（『山槐記』八月十日条、『吾妻鏡』八月二十六日条）。京近郊での大規模な蜂起に危険を感じた頼朝が、平氏に関係した者を一斉に討伐したのであろう。

実際に挙兵した者はもちろん、平信兼一族のように挙兵関与を疑われて討伐された平氏関係者も少なくなかった。これ以後、頼朝や東国武士たちは彼らを謀叛に追い込んだり、謀叛の嫌疑をかけたりして所領を奪っていった。頼朝は、こうして謀叛人と認定された者の所領を、平氏没官領と同様に朝廷から給付され、そこに地頭を設置したのである（川合康氏『鎌倉幕府成立史の研究』）。平氏没官領と並び、元暦元年（一一八四）から謀叛人跡にも地頭が設置されることになるが、謀叛人跡の場合には、強引に奪取するという武士特有の自力救済的な要素がより濃厚といえる。

伊賀・伊勢平氏の反乱は、功臣佐々木秀義を倒し、大内惟義に大打撃を与えた。頼朝は平氏残党に大きな脅威を感じたことであろう。信兼一族は滅亡するが、伊藤忠清らは行方《ゆくえ》をくらまし、京の後白河や貴族たちに深刻な恐怖をもたらす。その追捕は義経に委ねられた。

Ⅵ　平氏追討——義経と範頼

1　平氏追討軍の出撃

義経の「自由任官」問題

『吾妻鏡』元暦元年（一一八四）六月二十日条によると、去る五日に開催された小除目《こじもく》の結果が鎌倉に伝えられた。頼朝の申請通り、平頼盛やその息子たちが元の官職に復帰したほか、頼朝の妹婿藤原（一条）能保が讃岐守に、源氏一門では範頼が三河守《みかわのかみ》、広綱《ひろつな》が駿河守、義信が武蔵守にそれぞれ任じられた。義経は任官を望んだものの許されなかったため、範頼は義経に先んじて任官したことを喜悦したという（『吾妻鏡』六月二十一日条）。

一の谷合戦の武功をめぐる範頼と義経の確執をにおわせる記述であるが、他の受領《ずりょう》は一の谷合戦と無関係であった。能保は一条を称する摂関家傍流に属する中流貴族である。頼朝の同母妹の婿となったことで、以後頼朝に重用されることになる。讃岐守への補任は、義経による讃岐攻撃の前提であろう。

源氏一門の三人のうち、駿河守広綱は摂津源氏で、以仁王挙兵で敗死した頼政の末子である。頼政が公卿に昇進したように、本来は摂津源氏が武門源氏の代表であったし、流人時代には知行国主頼政に恩義があったから、頼朝は一応の敬意を表したとみられる。駿河は武田信義・一条忠頼父子から奪った地である。

武蔵守義信は義光流の信濃源氏の武将で、平賀を称した。先述のように伊賀国守護大内惟義の父にあたり、平治の乱では義朝のもとに参戦し、信濃で生き延びた武将であった。父を助けた一門の長老を重んじた人事といえる。重要な武蔵国を委ねた点に、義信に対する篤い信頼が窺われる。

今回の人事は、源氏一門の序列を官位で示しており、兄範頼の弟義経に対する優越が明示された。頼朝は、一門、御家人の序列を明示するものとして官位を重視することになる。ここで、義経の官位推挙がなかったことが、自由任官問題の伏線となるのである。

『吾妻鏡』の八月十七日条によると、去る八月六日、義経は後白河院より左衛門少尉に任じられ、検非違使《けびいし》を宣下されたという。義経は、自ら所望せず、勲功に対する当然の朝恩とする後白河の命を辞退できなかったとする。これに対し、自身の許可を得ずに任官したとして頼朝は激怒し、頼朝の意向に背いたことは今度だけではないとして、平氏追討を暫《しばら》く「猶予」したという。

頼朝は、先述した四ヵ条の奏請の中で、勲功の賞は頼朝の推挙によるとしていたが、今回の任官はそれに反したことになる。そして『吾妻鏡』は、これを頼朝と義経の対立の発端としている。こうしたことから、この人事は義経を籠絡《ろうらく》し頼朝の対抗馬に仕立て上げようとした後白河の謀略であり、義経は頼朝の意図を理解できず後白河に誑《たぶら》かされた政治的に無能な人物であったとする理解が、かつては一般的であった。

しかし、こうした見方は成り立たない。だいいち、義経はその後も後白河との取次ぎ等、重要な職務を担当している。院への接近が問題であれば、頼朝がこうした任務を与えるはずがない。さらに義経は、その後も九月十八日に従五位下に昇り、十月十一日（十五日とも）には院・内昇殿を許され、殿上人となるなど、昇進を続ける（『吾妻鏡』元暦元年十月二十四日条、文治五年閏四月三十日条）が、頼朝が制止した形跡はない。

それればかりか、翌年元日における、検非違使の正月祝宴で、義経の配下である看督長《かどのおさ》に振る舞ったご馳走《ちそう》を因幡目代（代官）が用意している。つまり因幡守が用意したことになるが、因幡守とは頼朝腹心の大江広元に他ならない。検非違使任官を頼朝が否定していなかったことは明らかである。また、後白河の最大の課題は平氏追討であり、西海で平氏が勢力を保持している段階で、官軍の内紛を煽ることはありえない（以上、菱沼一憲氏『源義経の合戦と戦略』）。

このように、義経の出撃猶予に関する『吾妻鏡』の記述は事実とは認めがたい。義経は、伊藤忠清をはじめ、依然として潜伏していた伊賀・伊勢平氏蜂起の残党を追捕するため京にとどまったのである。このことは、屋島出撃に際して、後白河が忠清の脅威を理由に義経を制止したことからも明らかといえる。

伊賀・伊勢平氏蜂起の重要性を認識した頼朝は、院の求めに応じて義経を在京させ、検非違使に推挙したのである。この段階で、頼朝と義経とに任官をめぐる対立はなかった。後述するように、文治元年（一一八五）八月に義経の検非違使兼帯が大きな問題を惹起するが、『吾妻鏡』はそれと混同した可能性がある。

範頼の出撃

義経が京にとどまったのに対し、八月八日、三河守範頼が、北条義時・足利義兼・千葉常胤以下の東国武士千騎を率いて鎌倉から西海に向かった（『吾妻鏡』）。これは、義経の出撃延期決定とは無関係に準備されたものである。先述のように、平氏追討は義経と京周辺の軍事貴族が担当し、範頼の出撃は予定されていなかった。範頼と東国武士が出撃したのはなぜであろうか。

おそらく、頼朝は従来の兵糧問題に加え、伊藤忠清の潜伏といった京の治安問題が発生したため、義経の早期出撃は難しいと判断したとみられる。また、山陽道の惣追捕使《そうついぶし》土肥実平・梶原景時が苦戦したことも影響して、屋島とともに山陽道の平氏方を追討する必要を感じたのであろう。

さらに、伊賀・伊勢平氏の蜂起の影響も大きなものがあった。平氏一門以外にも謀叛の可能性をもつ者が多いことを頼朝は痛感したはずである。平氏家人が多数存在する山陽道の掃討を急務と見たのであろう。同時に、謀叛人跡に対する地頭補任が行われるようになり、平氏追討と東国武士の領土的野心が結合することになる。東国武士たちは所領を離れた遠征での勝利も恩賞となることを認識し、遠征に応じたのである。

京に上った範頼は、八月二十九日に追討使官符《かんぷ》を受け、九月一日に京を出た（『吾妻鏡』、『百練抄』は九月二日）。一方、義経も八月二十六日に平氏追討使官符を受けている（『吾妻鏡』文治五年閏四月三十日条）。彼もほぼ同じくして、屋島攻撃を予定されていたことになる。義経・京武者が屋島を、範頼・東国武士が山陽・長門彦島《ながとひこしま》（現山口県下関《しものせき》市）をめざす二方面作戦が立てられたのである。しかし、忠清などの潜伏で、義経の出立はさらに延期されてしまった。

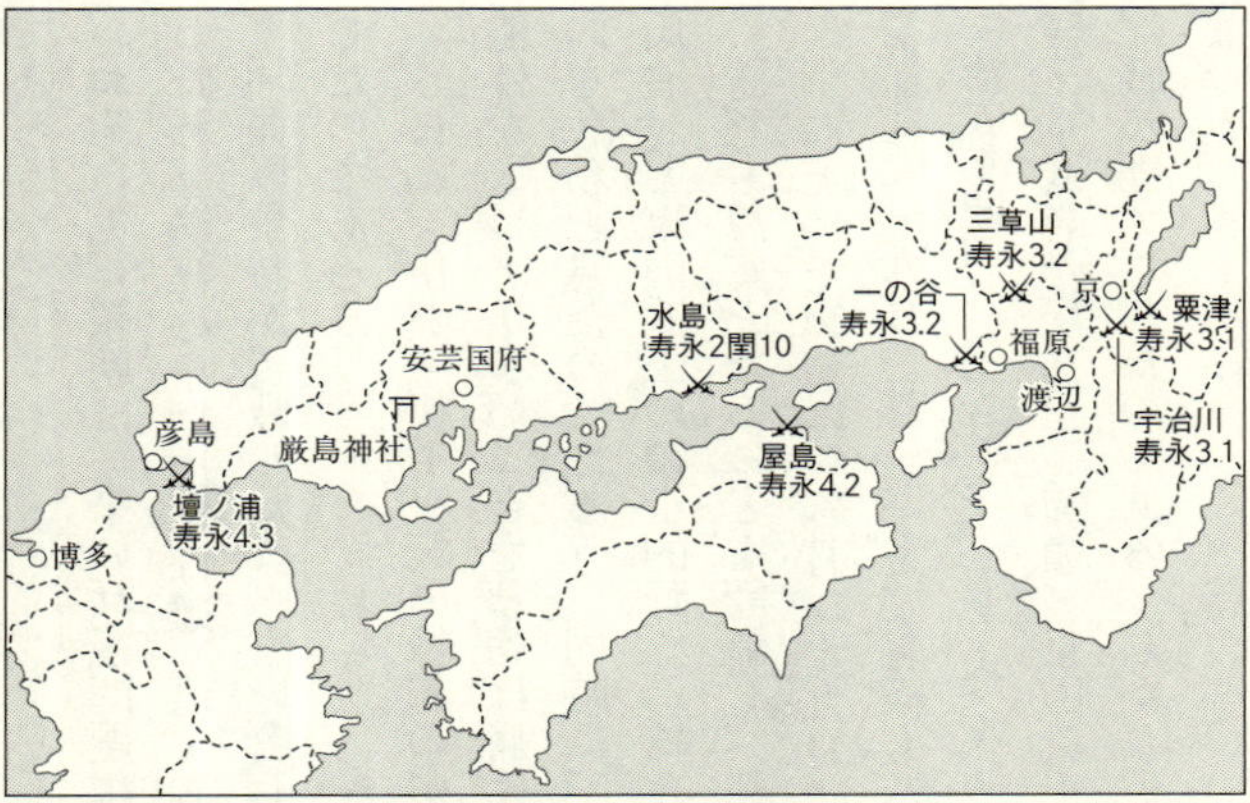

治承・寿永の内乱のおもな合戦地　元木泰雄『治承・寿永の内乱と平氏』（吉川弘文館）をもとに作成

先にもふれたが、『吾妻鏡』元暦二年正月六日条にみえる書状で、頼朝は範頼軍が単独で平氏を包囲・降伏作戦を行うように指示しており、義経の電撃戦はこれを破ったとする見方がある。しかし、この考え方は正しくない。本来は、二方面作戦であったものが、義経の出立が延期された結果、範頼が単独攻撃をすることとなったのであり、範頼による包囲作戦はあくまでも便宜の作戦に過ぎない。

範頼は東国武士を率いて山陽道に向けて京を出立したが、彼を養育した藤原範季も、九条兼実に対して範頼の上洛を「聞かず、知らず」と答えており（『玉葉』九月三日条）、小人数に分かれて京を通過したのであろう。

この範季は藤原南家貞嗣流の学者政治家で、父能兼《よしかね》の従弟に信西が、叔母に源頼政の母がおり、彼自身の室は平教盛《のりもり》の娘、息子範茂《のりしげ》室は平知盛の娘で、源氏・平氏相互に姻戚関係を有していた。また、後白河院近臣でありながら、右大臣兼実家司《けいし》という、多方面とのつながりを有した人物であった。彼が範頼を養育した時期や目的は不明であるし、頼朝との関係は確認できないが、範頼と院や兼実を結ぶ役割を果たしたとみられる。

さて、『平家物語』諸本は、範頼は緒戦の藤戸（現岡山県倉敷市）で勝利したものの、その後は追討を怠って、港ごとに遊女と遊興したなどとするが、これは明らかな虚構である。『吾妻鏡』十月十二日条によると、京を出立して一月余りで、平氏の重要拠点であった安芸《あき》国《くに》を攻略し、論功行賞を行い、同国の住人山方介為綱《やまがたのすけためつな》に恩賞を与えている。山陽道の前線を守護していた土肥実平、梶原景時らの案内も進撃を支えたのであろう。

『平家物語』は、たちまち平氏を滅亡させた英雄義経との対比を際立たせるために、平氏追討に手間取った範頼に過度の否定的評価を下したのである。『平家物語』の手法は平氏一門の描き方でも同様で、有能で沈着な重盛と、無能で軽率な宗盛とを、極端に描き分けている。『吾妻鏡』によると、範頼軍は十一月には、平知盛が拠点とする彦島の所在地、長門国に到達しており、ここまでの進撃は迅速であった。山陽道の平氏方が滅亡したことで、対岸の伊予河野《こうの》氏などの反平氏勢力への圧力が軽減されたとみられる。この結果、翌年二月には河野通信《みちのぶ》の討伐に粟田教良《のりよし》（成良の子）が伊予に出撃し、平氏の兵力が減少した隙を衝いて義経が短時間で屋島を攻略することになる。範頼の山陽道制圧は大きな意味を有した。

しかし、東国武士中心の範頼軍は、陸上でこそ戦果を挙げることができたが、彦島攻略には平氏に対抗する水軍が必要であり、その組織化に難航したこともあって、長門に長期間滞在することになる。長門は元来平氏知行国で平氏の影響力も強く、兵糧徴収に難航したため、さらに地元住民の反発を買うことにもなった。

義経の婚姻と幕府機構の整備

範頼の遠征中、京と鎌倉で注目すべき出来事があった。まず、『吾妻鏡』九月十四日条によると、河越重頼の娘が義経と婚姻するために一族とともに上洛している。頼朝の意図による婚姻であったという。重頼は、武蔵国の在庁官人をつとめた有力武士で、同時に先述の通り比企尼の婿であった。したがって、義経室は比企尼外孫である。

また「吉見《よしみ》系図」によると、範頼の室も比企尼の外孫であった。時期は不明だが、頼朝の腹心安達盛長の室となった尼の嫡女丹後内侍《たんごのないし》の娘と結婚していたのである。これによって、範頼と安達・比企氏といった武士団との密接な関係が生まれたことは疑いない。比企尼関係者を通した姻戚関係を通し、頼朝の一門と東国武士との結合が図られたといえよう。同様に、頼朝は義経を東国武士と結合させようとしたのである。平氏追討に際し、頼朝が東国武士と一門との一体化に腐心した様子が看取できる。ちなみに、河越氏は、義経の挙兵後、その縁座として滅亡に追い込まれた。のちに義経の平泉への逃避行に同行し、同地で運命をともにしたのは実家を失った重頼の娘であったとみられる。

なお、頼家の室も含め、頼朝は一門の室として比企一族を重視したが、北条氏をけっして軽視したわけではない。先述した頼朝の弟全成《ぜんじょう》と政子の妹阿波局のほか、足利義兼（『吾妻鏡』治承五年二月一日条）や、頼朝猶子平賀朝雅と時政の娘（母親は後妻の牧の方）の婚姻など、源氏関係者と北条氏との婚姻もみられる。また頼朝は、比企一族の朝宗《ともむね》の娘（姫の前《ひめのまえ》）と時政嫡男義時との婚姻を実現させたし（『吾妻鏡』建久三年九月二十五日条）、そもそも時政の外孫頼家と比企能員の娘（若狭局《わかさのつぼね》）とが結ばれたことも含め、頼朝は比企氏と北条氏との一体化を図ったのである。頼朝は、最も信頼できる北条・比企両氏が一体化して、平氏における伊賀・伊勢の武士団のような家人を形成し、鎌倉将軍家を支えることを期待していたのではないだろうか。

一方鎌倉では、十月六日に新造の公文所吉書始《くもんじょきっしょはじめ》が行われ、二十日には問注所《もんちゅうじょ》が開設された（『吾妻鏡』）。御家人統制という武的性格を有する侍所に続き、文書の作成・発給を担当する公文所、裁判を担当する問注所という文治的な役割の政務機関が設置されたことになる。目崎徳衛氏（『貴族社会と古典文化』）の指摘の通り、寿永二年（一一八三）十月に頼朝が謀叛人状態を脱したことで、京の官人たちが多数下向してきたのである。

公文所の長官である別当には中原（大江）広元が就任した。頼朝挙兵直後から文書の発給は行われたが、担当したのは「洛陽放遊の客」と呼ばれた判官代藤原邦通などで、あまり身分も高くなく、実務能力も十分備えているとは思えない者が多かった。しかし、『吾妻鏡』寿永三年（一一八四）四月十四日条に、中宮に仕え五位に叙された三善康信が鎌倉に下向したとあるのをはじめ、外記《げき》（太政官の職員で、文書の作成や先例の調査を担当する役職）をつとめて、広範な知識と高い政治的判断力をもつ広元ら、多くの官人が相次いで鎌倉に下っていた。その結果、こうした政務機関の設置が実現したのである。

京下《きょうくだり》の官人として最初に大きな役割を果たしたのは、相模で成長し頼朝年来の「知音《ちいん》」とされ、権中納言源雅頼《まさより》に仕えた中原親能であった。彼の縁故により、義理の兄弟とされる有能な官人大江広元が下向する。また、雅頼と親しい九条兼実に、頼朝が接近するきっかけも、親能にあったのではないだろうか。早くから仕えた親能の関係で、広元が公文所の中心的役割を担い、康信は出家していたこともあって、問注所執事《しつじ》（長官）となったとみられる（佐藤雄基氏「大江広元と三善康信（善信）」）。

2　苦戦と電撃戦

範頼軍の苦戦と頼朝書状

長門まで進撃した範頼軍は、兵船の欠如で彦島攻略ができず、同国に長期駐屯することとなった。しかし、先述したように長年平氏が知行してきた長門の住人らの抵抗は激しく、兵糧・物資の補給もままならず、そのうえ、瀬戸内海の制海権は依然として平氏にあった。

『吾妻鏡』によると、藤戸合戦は『平家物語』と異なり、元暦元年（一一八四）十二月七日のことであった。藤戸は現在の倉敷市児島《こじま》で、島嶼《とうしょ》にあった平行盛《ゆきもり》軍（行盛は清盛の孫）の城郭を佐々木盛綱が奇襲で打ち破っている。しかし、船がなく海を馬で渡ったとあり、源氏側の兵船の欠乏が窺われる。また、山陽道に近い児島を平氏が占領したことは、瀬戸内海の通行を平氏が押さえていたことを物語る。そして、いったん範頼軍が制圧した山陽道を、制海権を握る平氏が奪回する危険が高まっていたことになる。

十一月十四日に範頼が頼朝に送った書状が鎌倉に届いたのは、翌元暦二年（一一八五）正月六日のことで、二ヵ月近くを要している（『吾妻鏡』正月六日条）。途中の通行に困難があり、書状の送付も簡単ではなくなっていたことを物語る。それによると、兵糧の欠乏により進撃は困難となり、従軍する東国武士の士気は低下し、過半は帰国を望むに至った。兵糧はもちろん、乗馬も欠乏し、地元の反発もあって物資の調達も困難な状況にあったというのである。

こうした状況が、範頼を無能と貶める『平家物語』の記述を生むことになる。本来、範頼軍は、水軍を率いて屋島を攻撃する義経軍と並行して進撃するはずであった。範頼軍の停滞には義経出撃の遅延が関係している。同日、頼朝は範頼に返書を送っている。以下、その内容を検討してみよう（『吾妻鏡』同日条）。

頼朝は返書の中で、まず範頼に地元の者と衝突せずに九州に進出するように命じている。地元勢力との協調により、兵糧米や物資を徴集することを重視したのである。また、馬の補給も平氏に奪取される恐れがあるとした点は、平氏が制海権を掌握して山陽道の通行を遮断したことを意味する。

次に頼朝が指示したのは、安徳天皇・二位尼《にいのあま》時子以下の身柄確保である。書状の中で、頼朝は時子が安徳を道連れに自殺する可能性を示唆し、安全な保護を命じている。興味深いのは、皇族の殺害が原因となって木曽義仲・平氏に対する冥加《みょうが》（神仏の加護）が尽きたとする頼朝の認識である。具体的には、義仲が法住寺合戦で天台座主明雲（村上《むらかみ》源氏で皇族ではないが）や園城寺長吏円恵法親王を殺害し、平氏が以仁王を殺害したことを指す。

頼朝が、神器より天皇らの身柄確保を重視していることがわかる。しかし、当時の朝廷では代替が可能な天皇本人より、神器の奪回を重視していた。そうしたことを察した頼朝は、『吾妻鏡』元暦二年（一一八五）三月十四日条にみえるように、のちには「賢所《かしこどころならびに》 幷 宝物」、すなわち神器を無事に取り戻すように、範頼に対して指示している（谷昇氏『後鳥羽院政の展開と儀礼』）。

頼朝は、東国武士を「むね」（宗、中心）としながら、九州勢と連携し、屋島を包囲して急がず「閑《しず》かに沙汰」するように命じている。この場合の九州勢は、水軍を有する豊後国《ぶんごのくに》の緒方《おがた》氏などの軍勢を指し、彼らの力を借りて渡海し、交渉などを通して降伏に追い込むように命じている。天皇以下の安全を重視した方針であり、このことから義経の電撃戦を頼朝の構想の破壊とする見方もある。

しかし、『吾妻鏡』二月十三日条の伊沢信光（武田信義の五男）への返事、翌日条にみえる周防《すおう》在陣中の範頼宛《あて》書状では、九州への渡海が困難であれば屋島攻撃を命じており、京への撤退は不可としている。頼朝は、範頼に東国・九州勢で四国包囲・降伏させるように命じる一方で、屋島攻撃も想定しており、構想に動揺がみられる。先述のように、本来屋島攻撃は義経が担当する予定だったが、出撃の目処《めど》が立たず、屋島攻撃の方針が定まらなかったのである。

九州の範頼軍

鎌倉と九州とは遠くかけ離れ、通行も思うに任せず、頼朝に届いた情報はかなり遅れていた。それだけに、情報は錯綜《さくそう》し、頼朝の判断が現実の事態の進行に遅れることもあった。頼朝は正月六日に範頼に宛てて書状を送ったが、その返事が届くよりも早く、事態は大きく動くことになる。

『吾妻鏡』正月十二日条によると、長門国赤間関《あかまがせき》（現山口県下関市）に至ったものの船も兵糧米もなく、渡海に難航した範頼軍の士気は極端に低下し、侍所別当として御家人統制に当たるはずの和田義盛までが鎌倉帰参を望む有様となった。しかし、豊後国の臼杵惟隆《うすきこれたか》・緒方惟栄《これよし》兄弟の支援を得て渡海の目処が立ったのである。

『吾妻鏡』二月一日条によると、この日、豊後に渡海した範頼軍は芦屋浦《あしやうら》で合戦し、大宰少弐《だざいのしょうに》原田種直《はらだたねなお》の一族を討伐している。原田氏は九州における最大の平氏方武将で、かつて天慶の乱で藤原純友《すみとも》討伐に活躍した大蔵春実《おおくらのはるざね》の子孫であった。臼杵・緒方氏はもともと重盛家人であったが、当時は原田氏や隣接する豊前《ぶぜん》の宇佐《うさ》氏など、平氏家人との対立を深めていた。範頼軍は九州における平氏家人・非家人の対立を利用して、平氏方を打倒したのである。

原田氏をはじめ、平氏家人の多い九州では、多くの謀叛人跡の没官《もっかん》が行われることになる。

頼朝が、九州の者との軋轢を避けるように指示したのは、伊賀・伊勢の先例のように、強引な謀叛人跡認定が大きな紛争を生むことを恐れたためであった。

『吾妻鏡』の二月二十九日条によると、重病を押して加藤景廉が渡海したことが鎌倉に伝わっている。また、三月二日条によると、渋谷重国が芦屋浦合戦で一番乗りしたことを報告する飛脚が到着している。このころ、九州からの飛脚はほぼ一ヵ月を要していた。この時間差は大きく、頼朝の認識をはるかに超えて事態は急激に進展してゆくことになる。頼朝が範頼軍の九州渡海を確認していたころ、実はすでに屋島は陥落し、平氏は彦島に追い詰められていたのである。

義経の電撃戦

権中納言吉田経房の日記『吉記』の元暦二年（一一八五）正月八日条によると、義経は後白河の側近大蔵卿《おおくらきょう》高階泰経《たかしなのやすつね》を通して、四国出撃を院に申し出ている。貴族たちの意見では、伊藤忠清らの潜伏の脅威があり、義経自身は在京し、郎等を派遣すべきであるとされた。忠清潜伏問題が、義経が在京した最大の原因であることがわかる。

一方の義経は、範頼が二、三月には兵糧が尽きて引き返すようなことになると、山陽道諸国の武士は平氏方となり、重大な事態に及ぶ危険があると主張した。平氏は依然として健在で、制海権を掌握しており、先述の頼朝書状からも、一部の武士が平氏方となっていたことがわかる。

経房は、大将軍が下向しなければ諸国に負担をかけるだけで追討の実績があがらないとしているが、これは土肥実平・梶原景時が平氏方に敗北したことや、本来の大将軍義経にかわる範頼の追討難航などを指すものである。経房は、義経の屋島下向で決着をつけるべきであるとしており、山陽・九州をめざして平氏の本拠屋島を攻撃しない範頼に対する不満が込められている。平氏が再上洛することの恐怖、飢饉の中で長期にわたる兵糧米の負担が続く厳しい状況下、朝廷で早期解決を望む声が高まるのも当然であった。

こうした空気を背景に、義経は十日、屋島出撃のために京を出立、二月十六日まで摂津国渡辺津《わたなべのつ》に滞在し、渡辺党以下の畿内武士を組織する。義経が畿内武士を率いて屋島を攻撃することは、先述した前年二月における頼朝構想の実現に他ならない。

また一ヵ月も渡辺に在陣した義経の行動を頼朝が把握しないはずはなく、頼朝は制止もしていないし、それればかりか、かわって義経の京周辺における任務を継承する鎌倉殿御使中原久経《ひさつね》と近藤国平を派遣している。頼朝に無断で出撃し、頼朝との対立を招いたなどとする見解に従うことはできない。

後白河は側近の高階泰経を派遣し、義経の出撃を制止した。しかし、義経はこれを振り切って、二月十六日に屋島に出撃することになる（『玉葉』『吾妻鏡』同日条）。義経は、後白河の指示よりも頼朝の意向を重んじ、平氏追討の早期完遂を望んだのである。そして、大阪湾の水上交通に長じた渡辺党の協力を得て、兵力・船・兵糧を徴集し、十分な準備を整えて渡海した。わずかな人数で暴風雨を衝いて短期間で阿波に渡り、屋島を攻略したとする『吾妻鏡』や、『平家物語』は虚構と考えられる。

阿波において道案内をした近藤親家《ちかいえ》は、平氏家人粟田氏と対立する在庁官人で、鹿ヶ谷事件で殺害された西光を生んだ近藤氏の出身である。親家との遭遇が偶然であったとは考えがたく、彼は院の指示を受けて義経に協力したのであろう。また、京に亡命していた讃岐の在庁官人も讃岐守一条能保のもとに組織されていたから、彼らから地理情報なども得ていたと思われる。こうした人々の協力で、平氏が想定していなかった屋島背後からの迅速な攻撃が可能となったのである。

平氏は水軍による攻撃を予想していただけに、背後からの攻撃で激しく動揺した。天皇・女官の安全を確保するために海上へ脱出し、屋島の拠点を義経に明け渡すことになった。安徳天皇の権威の象徴屋島内裏を失ったのである。

さらに、伊予から帰参した粟田教良も義経に降伏する。『平家物語』は小人数の伊勢三郎の巧言に騙《だま》されたとするが、とうてい信じがたい。『吾妻鏡』二月二十一日条に教良を追撃した河野通信が三十艘《そう》を率いて義経と合流したとあり、河野に敗北し、義経との挟撃で教良は降伏に追い込まれたのである。このことは、重大な意味をもった。教良は、平氏方の腹心で、屋島の平氏を支える最大の軍事勢力阿波民部大夫《みんぶだゆう》成良の嫡男であった。その成良は、教良の降伏で動揺し、平氏の基盤は崩壊に瀕《ひん》したのである。もはや平氏の敗北は必至となった。

義経からの使者が鎌倉に到達したのは三月八日であった。ただ、この使者は義経の最終的勝利を確認していなかった（『吾妻鏡』）。そのためか、頼朝が義経に対してどのような対応をしたのかは『吾妻鏡』に記事がない。

3　平氏滅亡

壇ノ浦の悲劇

平氏は安徳天皇とともに瀬戸内海の塩飽《しわく》諸島、厳島を経て、最後の拠点である長門彦島に逃れた。このため、追撃する義経と、九州に駐屯する範頼の行動とが錯綜する。事態を把握できない頼朝は、元暦二年（一一八五）三月十四日には範頼による平氏攻撃を予定して、先述のように賢所（神鏡）、宝物の安全な奪回を命じている。

しかし、そのわずか十日後の三月二十四日、長門国赤間関で壇ノ浦合戦が勃発し、義経率いる源氏軍が圧勝する。すでに和平を断念した平氏は、立て籠もって交渉する姿勢をみせることはなく、あえて合戦を挑み敗北したのである。頼朝が範頼に命じた包囲降伏作戦は、最初から不可能であった。

二位尼平時子は、安徳天皇とともに入水し、神器のうち、宝剣は水中に没した。敵が希求した天皇の身柄と、神器を渡すまいとした、武家の妻たる時子の最後の抵抗であった（近藤好和氏『源義経』）。一門の多くもこれに殉じた。ともかく、治承四年（一一八〇）八月の頼朝挙兵から四年半で平氏は滅亡したのである。

頼朝が、平氏滅亡を伝える義経の報告を受けたのは四月十一日で、ちょうど父義朝の菩提《ぼだい》を弔う南御堂《みなみのみどう》（勝長寿院《しょうちょうじゅいん》）の立柱《りっちゅう》の儀式の最中であった（『吾妻鏡』）。頼朝は鶴岡八幡宮に向かって坐《ざ》し、言葉を発することができなかったという。父の仇敵滅亡の報告を受けたことに深く感銘したのは疑いない。しかし、範頼ではなく義経から報告があったこと、身の安全の確保を希求した安徳天皇や時子が入水し、神器の一つ宝剣が紛失したことに、困惑を禁じえなかったことであろう。

平氏滅亡の報告を受けた翌十二日、頼朝は西海に対する命令を下した。範頼は九州にとどまって没官領以下の処置を行い、義経は捕虜たちを連れて上洛するように命じられた。東国武士たちが関心を有した謀叛人跡の没官は範頼に、王権への対応は義経に、それぞれ委ねられたのである。錯綜した状況下で、頼朝は的確に命令を出している（『吾妻鏡』）。

義経については後述に委ね、その後の範頼と彼の配下の東国武士たちの動向について取り上げよう。頼朝の指示を受けた範頼の反応は不明で、平氏との最終決戦に参戦できなかったことを遺恨とした可能性も否定できない。しかし、その後は半年近く九州にとどまり、没官などを行うことになる。

東国武士が遠征した目的の一つは、謀叛人跡の没官と、その地の地頭任命であった。彼らが屋島攻撃を担当することになっていた段階では、九州勢の組織化が必要であったから、頼朝は地元の武士に「にくまれず」に、「閑かに」沙汰すべきことを命じていた。しかし、すでに平氏は滅亡したため、もはや九州の武士たちとの軋轢を避ける必要はなくなった。存分に謀叛人跡を没官できる状況が整ったのである。

『吉記』五月十一日条には、大宰府管内各地で狼藉に関する訴訟が起こり、範頼を召還するとともに、頼朝にも制止を要請すべきであると記されている。さらに『吾妻鏡』七月十二日条によると、九州では武士による「自由狼藉」が問題化していた。また依然として範頼は九州にとどまり、原田氏や、肥後《ひご》における平氏方の有力者菊池《きくち》氏以下に対する没官措置を行っていたが、訴えが相次いだため後白河より召喚が要請されるに至った。

これより前、頼朝は没官措置を理由に一度は院命を拒否している。伊賀・伊勢平氏の蜂起に懲《こ》りて、平氏方の可能性のある者を徹底的に洗い出すとともに、東国武士の所領拡大要求を実現しようとしたのである。しかし、寺社領等への「妨げ」が問題となり、後白河より再度召喚が命じられたため、頼朝は没官領に沙汰人を置いて上洛するように命じることになる。しかし、範頼が上洛するのは十月であった。範頼のもとで行われた、東国武士による強引な謀叛人跡没官の有様が窺われる。

朝廷の対応

壇ノ浦合戦の勝報は四月四日に京に届いた。その時に、朝廷で問題になったのは神器を帰還させる方法で、安徳の死去と宝剣紛失は大きな問題とはなっていない。おそらく宝剣は後日発見される可能性が高いとみられたのであろう。また、後白河にとって、自身の孫である幼帝の死去が痛ましくないはずはない。しかし、すでに後鳥羽を擁立した以上、その三種を脅かす存在であった安徳の死去について、責任が厳しく問われなかった面もある。

安徳の滅亡によって、後白河院・後鳥羽天皇の王権は磐石《ばんじゃく》となった。後白河は、久寿二年（一一五五）に皇子守仁即位までの中継ぎとして即位して以来、初めて対抗者のない唯一の正統王権の座を確立したのである。

建礼門院や宗盛・時忠らの捕虜を連れた義経が入京したのは四月二十六日であった。同じ日、頼朝の恩賞が問題となっている。頭弁《とうのべん》（蔵人頭と弁官を兼務した要職）藤原（葉室《はむろ》）光雅《みつまさ》は、後白河の意向を受けて九条兼実のもとを訪れた。官職は一、二を提示して頼朝に選ばせることとする。位階については殊功に「越階《おっかい》」を行うのが通例であるが、正四位下《しょうしいのげ》の頼朝に従三位《じゅさんみ》を越えて正三位を与えると、平治の乱後の清盛の先例と同じで不快である。功績もない頼政が叙された従三位を頼朝が望むはずもない。そこで従二位ではどうか、というのが後白河からの諮問《しもん》内容である。

これに対し兼実は、頼朝の勲功は先代を超え、和漢に比類なしと賛嘆し従二位を支持した。しかし、兼実はその直後に、従二位昇叙は過分として、後白河に対する批判を『玉葉』に記している。自身の王権を守った頼朝に対する後白河の評価と、身分秩序に厳格な上流貴族の発想の対比が明らかである。余談ながら、それだけに、かつて兼実が仁安元年（一一六六）に平清盛の内大臣昇進に異論を唱えなかった特異性に注意が必要であろう。

ともかく、頼朝は二十七日に従二位に叙されて、上洛しないまま公卿に列したのである。これは未曽有のことであった。

伊予守と院御厩司

義経は、四月二十六日に上洛すると、その翌日に院の親衛隊長である院御厩司《いんのみまやのつかさ》に補任された（『吾妻鏡』文治五年閏四月三十日条）。延慶本『平家物語』は、頼朝が推挙したとする。後白河と頼朝とが交渉する時間的余裕もあるし、八月に任命される伊予守も、四月に頼朝が申し入れたとする（『吾妻鏡』八月二十九日条）ので、頼朝が義経に伊予守・院御厩司補任を認めたものとみられる。

伊予守は、先にもふれたごとく、院政期の官職制度を解説した『官職秘抄』に、播磨守とともに「四位上臈、これを任ず」とある。受領には、三位以上が補任されることがないので、伊予守は播磨守と並ぶ受領の最高峰であった。院政期には、大物の院近臣が補任され、伊予守から公卿に昇進する者も多数いた。また、康平六年（一〇六三）に、前九年合戦を平定した頼義が補任されており、河内源氏の先祖の栄誉とも結び付いた官職であった。平治の乱後の平重盛、入京直後の義仲など、大きな戦功を挙げた武将も就任している。

一方、院御厩司（御厩別当）は、院の牧・軍馬を管理する厩の長官である。御幸に際しては、院のすぐ後ろに控えて随行し、いわば親衛隊長の役割を果たす地位である。鳥羽院政期に平忠盛・清盛父子が就任して以来、後白河院政の当初に藤原信頼が就任したことを除くと、平治の乱以後、清盛・重盛・宗盛・知盛以下の平氏一門が継承し、平氏都落ち後は義仲がその地位を奪っている。以上のように、この地位は一貫して在京武力の第一人者が就任してきた栄光の座でもある。

院に近侍してその警護に当たるとともに、在京武力の中心として京の治安を維持する地位といえる。その役割は、まさに屋島出立までの義経の立場と重なるのであり、義経には相応しい役職であった。ただ、後述するように鎌倉召還が問題となったことから見て、院御厩司補任が頼朝の積極的な意思によるか否かは疑わしい。ともかく、義経の伊予守と院御厩司補任こそは、義経の戦功を頼朝が高く評価した結果に他ならない。ところが、その義経と頼朝は鋭く対立するのである。

Ⅶ　義経挙兵と公武交渉——国地頭と廟堂改革

1　義経挙兵の背景

梶原景時の「讒言」

頼朝を冷酷で、猜疑心の強い悪人とする見方が根強い。その最大の原因は、大功を挙げた弟義経を理不尽に圧迫し、滅亡に追い込んだとされることにある。自日任官問題が虚構であるなら、両者が対立し、義経が挙兵するに至った原因はどのようなものであったか。壇ノ浦合戦後の両者の関係を再検討することにしたい。

頼朝の義経に対する抑圧として、『吾妻鏡』の元暦二年（一一八五）四月十五日条にみえる「内挙・功績なく任官」した御家人に対する叱責が重視されることがある。内挙なき任官に対する叱責ということで、自由任官した義経に対する圧力とされるが、先述の通り義経の自由任官問題は事実とは考えがたいので、義経とは無関係である。また子細に検討すると、ここで頼朝が叱責したのは自由任官ではなく、平氏追討などで上洛した御家人が任官しながら、追討の終了で職務を遂行せずに本国に帰還する無責任な行動であった。

ついで、同四月二十一日条によると、侍所所司梶原景時が、義経の「不義」を訴えている。景時は、頼朝のために東国武士が合力した合戦の成果を、義経は自身の功績と考え、さらに義経は「自専」「自由張行《ちょうぎょう》」、すなわち頼朝の意図を無視し独断専行したと批判する。『吾妻鏡』によると、この批判をきっかけとするかのように、以後、頼朝は義経に対して次々と圧力を加えてゆく。

景時は御家人統制を担当し、彼らの行動を監視する侍所所司であった。頼朝の腹心で、上総介広常殺害という大役を果たしたことは、先述の通りである。したがって、他の御家人同様、義経の行動を監視し、「不義」を申し入れることはありえた。通常、この批判は景時の「讒言《ざんげん》」（中傷）とされ、景時の義経に対する個人的怨恨から行われたとする見方もある。しかし、単純に「讒言」とは片付けられない。

景時は元来範頼と行動をともにし（『吾妻鏡』元暦二年二月十四日条）、屋島合戦後に義経と合流している（同二月二十二日条）。したがって、屋島出撃に際し、渡辺津で義経と口論になったとする『平家物語』「逆櫓《さかろ》」の説話は事実とは考えがたいが、屋島合戦まで範頼の下で、頼朝の指示に接していたことは重要な意味をもつ。

先述の通り、頼朝は安徳天皇・平時子の救出、九州への慎重な渡海などを範頼に伝えていた。それだけに、屋島合戦以後、頼朝に連絡をとることもなく、たちまちに壇ノ浦合戦で平氏を滅ぼして安徳天皇を救うこともできなかった義経を批判するのは当然といえる。しかも、東国武士の長く苦しい戦いを無視するかのように、壇ノ浦合戦は西国武士を主力として行われた。恩賞の機会を奪われた東国武士の憤懣が存したことは疑いない。景時が義経を批判したことは事実と見てよい。

『吾妻鏡』は、景時からの批判以後、頼朝は矢継ぎ早に義経に対する処罰を指示したとする。まず四月二十九日、頼朝は義経に随行した伊豆の御家人田代信綱《たしろのぶつな》に対し、関東の御家人が義経に「服仕《ふくじ》」され恨みをなしているとして、東国御家人が義経の指示に従うことを禁じている。

また五月五日には、宝剣捜索を命ずるとともに、義経が壇ノ浦合戦後に、頼朝が定めた分担を無視し、九州に進出したこと、勝手に東国武士を処罰したことに憤りを示している。こうした動きに驚いた義経は、頼朝に「異心」（謀叛する意思）がないことを誓った起請文《きしょうもん》を提出した。しかし、頼朝は緊密な連絡をとった範頼と対照的に義経は「自専」（独断で事を処理）したと非難し、憤怒をあらわにした（五月七日条）。

五月七日、義経は捕虜となった平宗盛らを伴って京を出立し鎌倉に下向する。ところが、捕虜たちは鎌倉に連行されたものの、義経は相模国酒匂宿《さかわのしゅく》（現神奈川県小田原市）で足止めされ、鎌倉入りを禁止されてしまった（十五日条）。その後、義経は広元を介して「腰越状」を提出し、大功を否定されるのでは「骨肉同胞の儀、すでに空《むな》しきに似る（親族のよしみが空しいに等しい）」として、頼朝の肉親の情に訴えて嘆願する（二十四日条）が、頼朝の怒りは収まらず、対面すら許されることはなかった。ついに義経は、六月九日に宗盛・重衡を伴い空しく上洛する。

『吾妻鏡』六月十三日条によると、帰洛しようとした義経が「関東に恨みをなす者は義経に属すべし」と放言したため、怒った頼朝は義経に付与した平氏没官領《もっかんりょう》を没収するに至った。ここに頼朝・義経の関係は決裂したとする。

宿敵平氏討伐という比類なき大功を挙げ、賞賛されることを期待した義経は、頼朝の理不尽な怒りによって、思いも寄らない屈辱的処遇を受け、京に追い返されてしまったことになる。こうした『吾妻鏡』の記述を見れば、頼朝の義経に対する冷酷さが強烈に印象づけられるのも当然といえる。

決裂の時期

『吾妻鏡』によると、自由任官問題をきっかけに、景時の讒言が原因で頼朝は激怒し、鎌倉に下向した義経に対面もせず、一気に追い詰めたことになる。「自専」と、頼朝構想を無視して平氏を滅亡させ、安徳の入水、宝剣の紛失を招いた義経の行動とを結び付ける解釈もある。しかし、例によって『吾妻鏡』の記述をそのままに信じることは難しい。

先述のように義経の行動は、一の谷合戦後に頼朝が命じた、本来の追討方針に従ったものであった。その義経を寵臣の批判で失脚させれば、勝利をめざして結束している軍団の統制も困難となろう。『保暦間記《ほうりやくかんき》』（南北朝期に成立した歴史書）によると、若い二代将軍頼家は、景時からの讒言を鵜呑みにしたが、頼朝は心得て情報を選択して下知したという。この場合も、景時の言葉が頼朝の不信感を増幅したとしても、直ちに義経との決裂を招いたとは考えがたい。

また、六月段階で決裂していたなら、頼朝が直ちに義経を拘束しないのも、挙兵が四ヵ月もあとの十月となるのも不可解である。後述する義経の挙兵理由から判断しても、この時点では決定的な破綻に至っていなかったと考えられる。

延慶本『平家物語』によると、頼朝は冷淡な態度ではあったが義経と対面したとあり、『吾妻鏡』にみえる対面拒否は疑わしい。「腰越状」も偽作とする見方が大勢を占めている。腰越状の中で、先述のように義経は頼朝に対して肉親の情を訴え、一蹴されている。そこで強調されているのは、親族に冷酷な頼朝であり、無辜《むこ》の義経に対する処罰が源氏三代将軍の断絶を招いたことを示唆する。源氏将軍にかわる、北条執権政治の成立を正当化する『吾妻鏡』の一貫した編纂姿勢といえる。

一方、『玉葉』文治元年（一一八五）十月十七日条によると、義経が挙兵を決意した理由は、八月に伊予守に補任されたのち、全ての公領（国衙領《こくが》）に地頭を設置されて国務不能となったこと、いったん与えられた平氏没官領二十ヵ所を六月に没収されたこと、そして刺客を派遣されたことである。むろん、刺客の派遣は決裂後のことだし、没官領も義経に一時的に預けられたものであり、伊予の国務が順調であればその没収は問題とならなかったと考えられるので、最大の問題は伊予守補任後の国務妨害となる。したがって両者の決裂は八月以降ということになる。そこで、伊予守の問題を中心に、両者の決裂の経緯を再検討してみよう。

伊予守補任と両者の対立

『吾妻鏡』八月二十九日条によると、去る八月十六日に小除目《こじもく》があり、伊豆守山名義範《やまなよしのり》（新田義重の子）、相模守大内惟義、上総介足利義兼、信濃守小笠原遠光、越後守安田義資という源氏一門とともに、義経は伊予守に補任されている。一の谷合戦後、範頼が三河守に補任された除目と同様、必ずしも源平争乱に対する恩賞というわけではなく、一門の有力者に受《ず》領《りょう》の地位を与えたものである。

これまで述べてきたように、『吾妻鏡』では頼朝と義経との関係は除目の前に破綻していたことになっている。それにもかかわらず義経が受領に補任されたことについて、同書は四月に申し入れたのちに義経の「不義」が露見したが、頼朝は取り消すことができなかったとする。むろん、推挙が取り消せないはずはなく、とうてい信じがたい。少なくとも、伊予守補任までは最終的な破綻に至っていなかったことになる。

一方、『玉葉』の八月十六日条によると、義経を含む受領の任命は頼朝の申し入れによるものであったが、義経は通常受領に昇進すれば辞任する検非違使《けびいし》に留任していた。兼実は「未曽有」と仰天している。

先例にない異様な人事を行うことができたのは、後白河以外に考えられない。義経と後白河の意向によって、義経は受領となりながら、検非違使に留任したのである。検非違使は在京活動が原則であり、義経は京にとどまらざるをえないことになる。一方、受領は遥任《ようにん》（現地に赴任しないこと）が一般的であり、任国に赴く必要はない。公家は京にとどまるが、源氏一門の場合は、三河守範頼のように、鎌倉在住が原則であった。伊予守に就任すれば、義経も鎌倉に召還されることになったのである。

したがって、検非違使留任は、鎌倉への召還を防ぐ方策であった。義経は後白河と結んで鎌倉召還を拒否したことになる。そこで頼朝は伊予に地頭を補任し、義経の国務を妨害した。召還の拒否こそが、両者に決裂を招いたのである。では、当初は院御厩司《いんのみまやのつかさ》に任じて在京を命じた頼朝が、義経の鎌倉召還を命じたのはなぜだろうか。

後白河院の寵臣義経が院を頼って在京を望み、その保護を受けるのも当然といえる。後白河との軋轢も覚悟の上で、その義経をあえて鎌倉に召還しようとした頼朝の意図はどのようなものであったのか。

赫々《かっかく》たる武勲を挙げて帰京した義経が、傲慢になるのも当然である。延慶本『平家物語』によると、義経は、やがて関東は自分のものになると揚言したとされ、頼朝の後継者を自負していたという。また朝廷にも、頼朝以上に義経を評価し、もはや義経の時代となったとする見方もあったという。

むろんこの記述の真偽は定かではない。しかし義経自身の思惑はともかく、京の救世主ともいうべき義経に対する朝廷の評価が高まるのも当然であった。また幕府内でも、まだ四歳の頼家と比較して、義経を頼朝の後継者に相応しいとする見方が生まれていたことであろう。頼朝や、頼家の外祖父北条時政らの周辺に、義経に対する警戒が高まったものと考えられる。

さらに頼朝は、西国武士を率いて平氏を討伐した義経が、後白河のもとで独自の軍事組織を構築し、頼朝に対抗する存在となる危険性も看取したのではないか。しかも、壇ノ浦から帰京した義経は、あろうことか平時忠の娘を室に迎えた。『平家物語』は、義経は機密文書を奪われる失策を犯したとするが、同時に平氏残党との結合の可能性も生じたことになる。頼朝にとって、義経が京に存在することは、様々な危険を有した。

だからといって、頼朝は平氏追討の立役者である義経を、単純に危険視して無下に殺害するつもりなどはなかった。ただ、義経が京で独自の権力を築き、頼朝以上の名声を得ること、そして頼家を斥《しりぞ》けて幕府の後継者となることは阻止しなければならない。その落としどころが、鎌倉召還であった。頼朝は鎌倉において義経を、範頼と同様、一門として処遇するとともに、自身の統制下に入れようとしたのである。

しかし、義経には応じられるものではなかった。後白河の寵臣となって王権の保護をめざす彼にとって、京こそがその活躍の舞台であった。また頼朝と、平泉の藤原秀衡との緊張関係が継続する中、鎌倉での生活は針の筵《むしろ》とならざるをえない。そして、大きな勢力を有したばかりに、鎌倉において理不尽に殺された、上総介広常や、甲斐源氏の一条忠頼の先例が、義経の脳裏を過《よぎ》ったことであろう。のちに、穏便であった範頼でさえも粛清を免れなかったことを考えれば、たとえ鎌倉に帰ったとしても、義経に過酷な運命が待っていた可能性は高い。かくして、後白河の庇護を受けることで、義経は頼朝の意向を拒んだのである。

2　最終的な決裂

勝長寿院供養と義経

両者の対立を招いた義経の鎌倉召還問題は、伊予に対する国務妨害を惹起し義経を圧迫したが、ここではまだ決定的な破綻には至らなかった。しかし、十月には二人の父義朝の菩提を弔う勝長寿院の供養が予定されていた。義経が出席を求められるのは当然で、鎌倉下向問題は再燃することになる。

頼朝は流人生活の中、毎日の日課として亡父義朝と、彼に殉じた鎌田正家の菩提を弔うために、それぞれ千回、百回の阿弥陀《あみだ》念仏を欠かすことがなかったという（『吾妻鏡』治承四年八月十八日条）。その彼が、鎌倉に拠点を構えた今、二人の菩提を弔う寺院を建立するのも当然であった。それが、南御堂とも称された勝長寿院で、発願《ほつがん》は元暦元年（一一八四）十一月、所在地は鶴岡八幡宮の東方の雪ノ下《ゆきのした》であった。

先述のように、まさにその立柱の当日、平氏滅亡の報告が届いた。九月三日には、京から送られた義朝と正家の遺骨が勝長寿院に葬られた。この時、平治の乱に参戦した信濃源氏の平賀義信、乱で戦死した義隆の子頼隆が列席している（『吾妻鏡』）。梟首《きょうしゅ》された義朝の遺骨に対する供養は、平治の乱で謀叛人として殺された義朝の復権をも意味したのである（川合康氏『源平の内乱と公武政権』）。

そして、頼朝は園城寺の高僧公顕《こうけん》を導師（式典を主導する僧）に招き、十月二十四日に盛大な落慶供養を計画していた。そこには御家人の多くが招集され、鎌倉始まって以来の大規模な儀式となるはずであった。そして父義朝の供養である以上、義経の列席が求められるのは当然で、再度頼朝は義経を鎌倉に召還したと考えられる。

『吾妻鏡』には記述はないが、むろん義経は召還を拒否した。そればかりか、十月十三日、先述した伊予の国務妨害、没官領没収、刺客派遣の三点を理由として、義経は挙兵の意志を後白河に伝えた（『玉葉』十月十七日条）。召還の使者が到着した日はわからないが、大切な父の供養に対する参列を拒否した時点で、義経は頼朝との対決を覚悟したことであろう。

一方、頼朝も、家長に逆らい、亡父の供養への出席を拒んだ義経の討伐に、もはや躊躇《ちゅうちょ》はなかった。家長・亡父に対する不義は、義経討伐に十分な理由であり、多くの御家人の納得が得られるものであった。とはいえ頼朝とて、いきなり大軍を率いて上洛するわけにはゆかない。そこで彼は、まず刺客を送って義経を挑発した。刺客土佐房昌俊《とさのぼうしょうしゅん》は十月九日に八十三騎を率いて出立したとされるが、それは義経が出席を拒んだ直後であろう。十七日、刺客の襲撃を受け、辛くも斥けた義経は、翌日後白河に迫って頼朝追討宣旨を受けるのである

(『玉葉』)。

かくして、両者は決定的な破局を迎えた。義経は、兄頼朝の命に従って全力を尽くし、平氏滅亡という大功を挙げた。しかし、その結果、彼は兄から自身の意に沿わぬばかりか、生命さえも脅かされる立場に追い込まれたのである。理不尽以外の何ものでもない。義経の心中は察するに余りある。彼の最後の頼みの綱が、後白河の庇護であった。

しかし、院と結び頼朝の統制を逸脱することは、独自の官軍となることを意味した。唯一の官軍をめざしてきた頼朝にとって、こうした義経の動きは絶対に容認することはできなかった。そこには幕府の分裂、後継者をめぐる内紛、さらには幕府崩壊の危機さえも胚胎《はいたい》していたのである。幕府という新たな権力を守るためには、後白河と結ぶ義経の抑圧は不可避であった。

対立の背景を突き詰めれば、後継者問題の不安定さなど、鎌倉幕府の組織が、まだ幼弱だったことに行き着く。また、頼朝自身が上洛できず、幕府の基本的な権能の一つである王権守護を、義経に委ねざるをえなかったことも両者の亀裂を招いた一因であった。草創期における、後継者をめぐる内紛は、観応《かんのう》の擾乱《じょうらん》(一三四九〜五二年)を惹起した足利幕府、秀次《ひでつぐ》一族の粛清を招いた豊臣《とよとみ》政権をはじめ、多くの戦国大名らにも共通する。

頼朝は落としどころを考え、あくまでも冷静に対応しようとしたといえる。しかし、兄弟の軋轢は大きな政治問題を惹起し、悲劇的な結末を迎えるのである。兄弟の関係を破砕したのは、鎌倉幕府草創期の政治状況であった。まさに運命の歯車の齟齬《そご》が惹起した事件だったといえるのではないか。

頼朝の出撃

勝長寿院供養を目前に控えた文治元年（一一八五）十月二十二日、頼朝は自分に対する追討宣旨が下されたとの情報を得たが、全く動揺することなく、供養の沙汰に専心したという（『吾妻鏡』）。後白河を、自身を正当化する権威としてきた頼朝にとって、追討宣旨に全く動ずることがなかったとは言い切れない。しかし、亡父・家長に対する義経の不義は明らかで、武士社会の論理でいえば、頼朝の正当性は揺るがない。

また、後白河による頼朝追討の命令は、寿永二年（一一八三）暮れにも木曽義仲のもとで発せられた先例がある。もちろん法皇の自発的意思ではなく、義仲の強制によることは明らかで、頼朝や御家人に動揺を与えることはなかった。今回も同様であり、頼朝は御家人の動揺や軍団の分裂を招く恐れはないと考えていた。

果たせるかな、鎌倉での動揺はなく、供養に列席した御家人はそのまま上洛軍に転化することになる。勝長寿院供養の終了後、翌日の出立に備えて侍所別当・所司である和田義盛・

梶原景時が、御家人の着到を記入し、御家人二千人余りが上洛軍に編制された。小山朝政・朝光ら五十八名は即日出立したという。同時に、尾張・美濃の武士を動員し、墨俣の防禦を固めることを命じた（『吾妻鏡』十月二十四・二十五日条）。頼朝自身は二十九日に出撃し、かつて義経と邂逅した駿河国黄瀬川宿で京の情勢を確認した。

頼朝の出撃は、治承四年（一一八〇）十月の富士川合戦以来、五年ぶりのことであった。やはり義経に大きな脅威を感じたこと、家長による一門成敗という論理で宣旨を否定した以上、家長自身が出撃せざるをえなかったのである。

十一月八日、義経が武士の動員に失敗し都落ちしたことを聞いた頼朝は、黄瀬川から鎌倉に帰還した。義経の没落に安堵したためでもあるが、同時に義経との連携も予想される平泉の脅威なども関係したのであろう。

一方、義経・行家は後白河に迫り、先述のように十月十八日に頼朝追討宣旨を獲得した。義経にしてみれば、わずか八ヵ月前の同年二月、屋島の平氏追討、そして壇ノ浦合戦に際し、多数の西国武士の協力を得て、たちまちに勝利したことが想起されたことであろう。しかし、事態は一変、今回は彼らの呼びかけに応じる武士はほとんどいなかった。

九条兼実は、義経に強制された院の頼朝追討命令に正当性はなく、後白河以下を拉致するとの噂で人望を失い、協力者がなかったとする（『玉葉』十一月三日条）。まさに法住寺合戦後における義仲の二の舞であった。そもそも、西国の武士たちは、遺恨や敵対関係を有したがゆえに、平氏攻撃に加わったのだから、自身のために戦う必要のない頼朝討伐に参戦する者がほとんどいないのも当然であった。

京で頼朝軍を支えられないと判断した義経は、九州をめざして都落ちする。出立前日の十一月二日、義経は院に迫り、山陽・西海の荘園・公領の年貢・官物を徴収し、京に進上する権限の付与を求め、認められた（『玉葉』）。一方、『吾妻鏡』十一月七日条によると、義経は「九国地頭」、行家は「四国地頭」にそれぞれ任じられたとあり、山陽道は認められていない。この権限がのちの国地頭の淵源《えんげん》となるが、その内容は租税徴収とその進上であり、十月宣旨で認められた頼朝の権限を踏襲したものであった。

義経一行は十一月三日、京に混乱を与えることなく整然と退去した。兼実は義経の行動を「義士」と称《たた》えている（『玉葉』）。摂津の太田頼基《おおだよりもと》を打ち破り、範頼家人らの追撃をかわして、大物浦《だいもつのうら》（現兵庫県尼崎市《あまがさき》）から船出するものの、暴風雨に遭遇して行方をくらますことになる。かくて、義経の行方をめぐって、西国、平泉をも巻き込んだ重大な政治問題が勃発するのである。

日本第一の大天狗

頼朝は駿河国黄瀬川宿から鎌倉に帰ったが、十一月八日には朝廷に使者を送り憤怒を伝えた。その朝廷では、義経・行家の没落を受けて、十一日に義経・行家追討院宣が下されている。九条兼実は「世間の転変、政務の軽忽《けいこつ》、これをもって察すべし（世の中の変化、〔後白河の〕政務の軽率さは、このことから察せられる）」と厳しく後白河を批判している。

十三日には、東国武士が多数入京するが、彼らは殺気立った雰囲気で、兼実は「天下大いに乱るべし」「法皇の御辺のこと、きわめて不吉」と記し、かつての清盛・義仲のように、武士が法皇に危害を加える可能性を指摘している（『玉葉』十一月十四日条）。

こうした中、院近臣高階泰経は、使者を鎌倉に下し、義経・行家の所業は「天魔の所為《しょい》」で、宣下は宮中において自殺すると迫られた結果に過ぎず、けっして後白河の意向によるものではないと言い訳する。しかし、頼朝は返書で、後白河の意志なくして、朝敵平氏を倒し政務を後白河に返した忠義を謀叛に転じることはありえないとし、後白河を「日本第一之大《おお》天狗《てんぐ》」と罵倒したことはあまりに有名である。

後白河は、宣下を義経の圧力によるものとし、義仲の場合と同様の弁明を試みるが、頼朝はこれを認めなかった。義仲は法住寺合戦で後白河と衝突し、武力で従属させたが、義経の場合は明らかに異なる。先述のように、文治元年八月十六日の小除目で義経を検非違使に留任させ、頼朝の意に反して京にとどめたのは後白河の意志に他ならない。当初から敵対していた頼朝と義仲とは異なり、頼朝・義経はともに後白河の王権に従属していたのだから、後白河が仲介すれば和解の可能性もあったのである。

頼朝は、後白河が義経・行家を煽り、自身と衝突させ、さらには謀叛人に貶めたと判断した。事実、後白河は行家の子である僧慶俊《きょうしゅん》に甲冑《かっちゅう》を渡すなど、彼らを扇動した形跡もある（拙著『源義経』）。頼朝にしてみれば、後白河は挙兵以来、依拠してきた王権であり、彼のために全力で平氏を打倒したのである。大功こそあれ、なんら落ち度のない自分を義経に追討させたことは、許しがたいことであった。

頼朝は、後白河の王権を擁護する唯一の官軍をめざして、朝敵の義仲・平氏を討伐したにもかかわらず、後白河は頼朝を裏切り、別の官軍を組織しようとしたのである。そこで頼朝は後白河と結びうる武力の徹底的な排除、そして後白河の恣《し》意、専制を制約する必要に迫られた。かくして、頼朝は初めて朝廷に対して介入することになる。十一月二十四日、頼朝の代官として千騎を率いて上洛したのは、岳父北条時政であった（『玉葉』）。

3 北条時政の上洛

代官時政

これまで、頼朝の代官として上洛したのは、弟範頼、そして義経であった。今回も範頼が代官となるという噂があったが、陸奥の脅威もあって上洛しなかったという（『玉葉』十一月十三日条）。頼朝の弟以外で初めて代官となったのが、時政であった。彼は朝廷との交渉に臨み、さらに京にとどまって京・畿内の治安維持に当たり、初代京都守護となったとされる。また、もともと頼朝は京を妹婿の一条能保に任せようとしており、時政の上洛を臨時の措置とする見方もある（佐伯智広氏「一条能保と鎌倉初期公武関係」）。そうであれば、その面からも時政起用の理由が問題となろう。

周知の通り、時政は娘政子を頼朝の室とし、流人時代から頼朝を保護してきた。とはいえ、本来は伊豆国の在庁官人という一介の地方武士に過ぎない。のちに遠江守に昇進する彼も、上洛当時はまだ貴族たちから見下される六位の田舎武士であった。兼実が、『玉葉』に「北条丸」と記したことはよく知られている（十一月二十八日条）。「丸」は、一人前になる前の少年や卑賤な者を意味する。のちに鎌倉幕府打倒を訴えた護良親王が、時政を「伊豆国在庁」と令旨に記したのと同様、在庁官人に対する侮蔑《ぶべつ》をあらわにしたのである。同時に、その時政に朝廷の最重要事を左右される憤懣の裏返しでもあった。

時政は平氏追討の間も鎌倉にとどまっており、土肥実平や梶原景時のように、合戦で重要な役割を果たすことはなかった。まして、京で官職についたこともない彼は、中原親能のように朝廷側と接触・交渉したこともないはずである。頼朝挙兵後も側近として大きな役割を果たした形跡はない。それればかりか、寿永元年（一一八二）十一月、政子の命を受けて頼朝の愛妾亀の前の宅を破壊した牧宗親《まきむねちか》が頼朝に恥辱を受けた際、時政は伊豆に引き上げ、頼朝と軋轢を生じている（『吾妻鏡』寿永元年十一月十・十四日条）。

その彼が、義経挙兵という緊急事態に際して公武交渉を担当する代官となったのは、やはり頼朝との間に深い信頼関係があったためであり、さらに京の政界に人脈を有したためでもあった。近年の成果（野口実氏「北条時政の上洛」）によって、時政と京との政治的関係にふれることにしたい。

起用の背景

ここで注目されるのは、伊豆国の在庁官人であった時政が、かつて同国を知行していた吉田経房と政治的関係を有していたとされることである。時政が「奇怪」なことを犯し、国司

（目代か）に召しこめられた。すなわち、不祥事を起こして監禁されたが、その際の経房の措置に感じ入ったことから、時政は経房を尊敬し、「賢人、ユユシキ（立派な）人」として頼朝に推挙したという（『吉口伝』、森幸夫氏「伊豆守吉田経房と在庁官人北条時政」）。

経房は、仁平元年（一一五一）から保元三年（一一五八）までの二期にわたって受領をつとめており、知行国主となったわけではないが伊豆とは深い関係を有した。時政との関係はこの時期に形成されたのであろう。その後、経房は安房守に移り、先述のように頼朝の挙兵当時、知行国主の地位にあったから、安房の武士や、同国に関係をもつ三浦氏とも関係を有したものとみられる。さらに、平治の乱以前、頼朝とともに上西門院に仕えたこともあった。

経房は、弁官・蔵人頭として活躍する有能な実務官人を輩出した藤原為房《ためふさ》流の出身で、彼も実務官人として活躍し、政界各方面と関係を有した。平氏政権下で、高倉院の院別当、安徳天皇の蔵人頭をつとめたが、もちろんこれは有能さゆえに起用されたものであった。やがて、頼朝の深い信任を得て、経房は朝廷と幕府の間で政務を取り次ぐ関東申次《かんとうもうしつぎ》を勤仕することになる。時政の推挙に誤りはなかった。

一方、時政が後妻として駿河国大岡牧《おおおかのまき》出身の牧の方を迎えたことは周知に属する。彼女は池禅尼の姪とされるから、時政は池禅尼やその子頼盛との政治的連携も有したことになる。さらに、頼盛は八条院との密接な人脈も有しており、時政には八条院との政治的関係も期待された可能性がある。

そして今回の代官起用には、時政自身の強い意志も関係していた。そもそも義経は、頼朝の後継者をめぐって、時政の外孫頼家と競合していた。時政が、義経追い落としの急先鋒《きゅうせんぽう》となるのは当然といえる。また、勝長寿院供養の前日、義経の岳父河越重頼とその子重房《しげふさ》は拘束され、やがて処刑されたとみられる。義経の縁者とはいえ、頼朝の命による政略結婚であったから、あまりに極端な措置である。この重頼と武蔵国で競合していた畠山重忠は、時政の女婿《じょせい》に他ならない。義経の周辺には時政と競合する勢力が存在していたのである。時政が、義経を徹底的に追及するために代官として上洛した背景に、こうした人間関係が存したのではないだろうか（拙著『源義経』）。

時政は在庁官人ではあるが、祖父の代までは在京の軍事貴族であったとされる（野口氏前掲論文）。京における活動は、在庁官人から院近臣として躍進し、子息を受領に昇進させたかつての西光（藤原師光）のごとく、家格を再浮上させる好機でもあった。様々な思惑を胸に時政は上洛することになる。

4　国地頭の設置

時政の申し入れ

北条時政からの申し入れを九条兼実が『玉葉』に記したのは、文治元年（一一八五）十一月二十八日である。この日、頼朝の代官「北条丸」が吉田経房と対面し、きっと「重事《じゅうじ》」、すなわち廟堂《びょうどう》（朝廷）改革を伝えるだろうと兼実は推測している。同時に、時政をはじめとする頼朝の郎従が五畿・山陰・山陽・南海・西海諸国を賜り、荘園・公領を論ぜずに段別《たんべつ》五升の兵糧を徴収し、さらに田地を知行することを申し入れたと記した。いわゆる「守護・地頭」の設置である。二つの問題のうち、廟堂改革は後述に委ね、まず守護・地頭問題にふれることにしたい。

この「守護・地頭」設置は、かつては『吾妻鏡』十一月十二日条によって、大江広元の献言を受けた頼朝が、朝廷に要求したものと理解されてきた。すなわち、大江広元は頼朝に対し、東海道以外の地域の反乱等に対処するために、いちいち東国武士を派遣するのは人々の煩いであるとして、諸国の国衙・荘園ごとに「守護・地頭」を設置することを勧めたというのである。

これに基づき、時政は朝廷に対し「守護・地頭」設置を要求し、初めて幕府の基本的な役職である守護と地頭が、諸国に設置されたと理解されてきた。そして、この勅許によって鎌倉幕府の権力が全国に及び、幕府成立の画期となったと評価されたのである。

しかし、荘園・公領単位の地頭は、すでに述べたように前年から設置されているし、守護の前身である惣追捕使も平氏追討の過程で補任されている。逆に、大犯《たいぼん》三ヵ条を基本的職掌とする守護が登場するのは、建久三年（一一九二）以降となる。したがって、ここで初めて守護・地頭が設置されたとする見方は否定された。

こうした見方にかわり、郎従が諸国を賜ったとあるように、この時に頼朝が設置したのは、一国に一人の「国地頭《くにじとう》」と称される軍政官であったと考えられている。この国地頭には、きわめて強大な権限が与えられていた。まず、荘園・公領を問わずに段別五升の兵糧米を徴収することができた。その前提として国内の田地知行権を有したという。兼実が「およそ言語《ごんご》の及ぶところにあらず（およそ言葉で言いあらわすことができない）」と仰天するのも当然であった。さらには地頭の輩《ともがら》成敗権《せいばいけん》、すなわち国内の全武士の動員権を有していた。

これらは、挙兵失敗後の義経・行家が九州下向時に得た九国・四国地頭の権限が原型とされるが、それは十月宣旨の権限を踏襲したものであった。頼朝は、すでに十月宣旨で国内の支配権を獲得していた東海・東山・北陸三道以外の西国諸国に国地頭を設置したのである。

しかし、頼朝はすでに東国において知行国以外では吏務を朝廷に返還し、朝廷は受領を任命していた。東国以上の強大な権限を獲得したことになる。これは、もちろん後白河に対する報復という側面もあったかもしれないが、東国支配でも無理な権限の拡大を控えた頼朝が、激情に任せて強大な権限を奪取したとは考えがたい。

頼朝にとっていまだ勢力の及ばない西国に勢力を扶植する目的もあったかもしれないが、やはり平氏残党や義経蜂起の脅威が切実であったとみるべきであろう。国内の全武士に対する統率権の掌握には、そうした側面が顕著である。さらに、義経や反鎌倉勢力と結んで後白河が独自の武力を有することを抑止しようとしたのである（美川圭氏『後白河天皇』）。

元暦元年（一一八四）七月における伊賀・伊勢平氏の蜂起は、挙兵時の功臣佐々木秀義をはじめ多くの犠牲者を出したばかりか、問題はその後も長く尾を引き、頼朝に平氏残党の脅威を強く印象づけた。当然、山陽・四国・九州をはじめとする各地の平氏残党にも同様の懸念があった。しかも、義経がそれらと結び、後白河が関係する可能性も存したのである。国地頭の大きな権限は、こうした危険に対処するものであった。また、頼朝が多くの兵糧米徴収権を獲得した背景には、かつて範頼が平氏追討に際し、兵糧不足で苦戦したことが影響したと考えられる。

国地頭の消滅

時政が、五畿内以下七ヵ国の国地頭となったほか、播磨・美作の梶原景時、備前・備中・備後の土肥実平など、それまでの惣追捕使から移行した武将、さらに九州では大宰府を統括した天野遠景、島津《しまづ》庄司《しょうじ》・薩摩《さつま》・大隅《おおすみ》の惣追捕使惟宗《これむね》（島津）忠久《ただひさ》など、国地頭とみられる広域軍政官が存在している。

時政こそは、京・畿内という最も枢要な地域で七ヵ国もの国地頭を兼任する軍政官であった。この国々は義経が潜伏する可能性が最も高く、義経を庇護する荘園領主権門との軋轢を惹起する危険性も孕《はら》む地域であった。京の政界との人間関係、武力の行使、義経に対する妥協なき行動といった諸側面から、頼朝は時政を適任として起用したのである。公家である一条能保は、政界との関係はともかく、武力の行使という点で問題があった。

さて、大きな権限を得た国地頭たちが、義経追討を口実として、強引な行動に出たことは想像にかたくない。たとえば、惣追捕使から国地頭に移行したとみられる梶原景時は、播磨で大きな問題を引き起こした。同国は清盛が太政大臣辞任後に大功田《たいこうでん》（朝廷が大功ある者に賜った田）を獲得するなど、元来平氏の拠点として、平氏家人が多数存在した地域であった。それだけに景時は厳しい支配を行ったものと考えられる。その播磨は、後白河院の知行国であったから、公武間の緊張を反映して武士の行動も先鋭化し、強引な施策で荘園の押領など紛争が相次いだ（『吾妻鏡』文治二年六月九日条）。

文治二年（一一八六）三月一日、時政は勧農を遂げるために国地頭を辞退する。国地頭の存在が、農業生産を圧迫していたことがわかる。時政は兵糧米徴収の継続を院に上申した（『吾妻鏡』）が、その直前、頼朝は兵糧米徴収の断念を院に申し入れていたのである（『吾妻鏡』二月二十八日条）。頼朝は、現地指揮官である時政の反対を押し切って兵糧米徴収を断念したことになる。兵糧米徴収こそが国地頭をめぐる最大の問題であり、大きな社会不安を惹起していたことを意味する。

時政の辞任に続いて、諸国でも国地頭は廃止され、軍事的権限に限定された惣追捕使に変更されていったものとみられる。つまり国地頭は、設置から半年ほどで消滅したことになる。これを西国における頼朝の大きな後退とする見方もあるが、頼朝は過大な権限をもつ国地頭の恒久的な存置は想定していなかった。この時期には義経による大規模反乱の可能性がほぼ消滅していた。この結果、本来大規模反乱に備える軍政官として過大な権限を有した国地頭は不用となったのである。

5　廟堂改革

微温的な「改革」

九条兼実が「重事」としたのが廟堂すなわち朝廷の改革で、頼朝追討宣旨を下した後白河に対する頼朝の厳しい報復が予想された。兼実は、かつての治承三年政変で後白河を幽閉し、関白基房や、多数の院近臣を解官配流した平清盛、法住寺合戦後に院を幽閉するとともに、摂政基通を解任し、やはり多数の院近臣を解官した木曽義仲の先例を想起していた。それらの事件が、内乱を惹起しただけに、頼朝の強硬な介入を恐れたのである。

その反面、兼実は頼朝追討宣旨に反対したことで、頼朝から高く評価されていたことを耳にしていた。このため、無能な摂政である甥の近衛基通の失脚と、自身の摂政就任を密かに期待していた。彼は、息を潜めて廟堂改革の内容を見守っていたのである。

その内容は、兼実の予想に反し微温的なものであった。まず、右大臣九条兼実、内大臣徳大寺実定、権中納言吉田経房以下十名が議奏《ぎそう》公卿に任じられ、神祇から仏道に至る朝務を計らい行うこととされた。彼らが政務を決定し、後白河の専制を抑止することになったのである。しかし、後白河の幽閉といった厳しい措置は行われなかった。

議奏公卿のうち、実定は頼朝の妹婿一条能保が仕えた人物で、頼朝もともに上西門院に仕えた経験がある。経房も先述のように時政と親しい公卿であった。しかし、必ずしも頼朝と特別な関係にあった公卿ばかりではなく、頼朝追討宣旨の上卿《しょうけい》（執行責任者）をつとめた左大臣藤原経宗を除く、主要な公卿が顔をそろえる結果となった。

また後白河の腹心近衛基通も摂政に留任し、頼朝追討宣旨に反対した九条兼実は内覧《ないらん》にとどめられた。内覧は天皇に奏上する文書にあらかじめ目を通すという摂関と同様の権限をもつが、摂関より格下であることはいうまでもない。処罰されたのも、たまたま頼朝追討宣旨に関与した蔵人頭藤原光雅、左大史小槻隆職《さだいしおづきのたかもと》のほか、院の側近である参議平親宗、大蔵卿高階泰経、義経挙兵を支援した豊後の知行国主刑部卿《ぎょうぶきょう》藤原(難波《なんば》)頼経《よりつね》や、平知康《ともやす》をはじめとする下北面《げほくめん》と呼ばれる院側近の下級官人ら十二名にとどまった。「日本第一之大天狗」と罵倒したにもかかわらず、後白河に対する攻撃は手ぬるかった。大規模な処罰を行って反乱を惹起した清盛、滅亡した義仲の轍《てつ》を回避したとする見方もある。

議奏公卿の実態

以上のように、頼朝の朝廷介入は不徹底であった。後白河は政治の中心から斥けられることはなかったし、議奏公卿はほとんど名目のみであった。このことは、前年暮れに発生した宇佐和気使《うさわけのつかい》襲撃事件への対応から窺知《きち》することができる(『玉葉』文治二年正月二十八日条)。

和気使とは、新天皇の即位を宇佐八幡《うさはちまん》に報告する使者で、和気清麻呂《きよまろ》が宇佐神宮の神託によって道鏡《どうきょう》の皇位簒奪《さんだつ》を阻止した故事にちなみ、清麻呂の子孫和気氏から選ばれることになっていた。寿永二年（一一八三）に即位した後鳥羽天皇即位を報告する使者が派遣されたが、その一行が二度にわたって播磨国で武士に襲撃され、二度目には神宝（奉納する宝物）を放置して逃げ帰るという不祥事が発生したのである。この問題について九条兼実は、後白河の意見を仰いだ。

後白河は、議奏公卿の中から諮問対象を選定するように命ずるとともに、議奏公卿からはずされた左大臣藤原経宗に対する諮問を要求している。経宗は、四半世紀にわたり左大臣をつとめた有識《ゆうそく》の公卿で、その見識は重大事の審議に不可欠とされたのである。これに対し、兼実も経宗を拒絶することはなく、諮問の可否は後白河に委ねている。議奏公卿が任じられても後白河の政治主導権に変わりはなく、経宗に対する諮問が行われたように、議奏公卿はほとんど形式的なものに過ぎなかったのである。

美川圭氏（『院政の研究』）によると、議奏公卿の前提は従来の貴族政権における、公卿議《ぎ》定《じょう》制度にあった。摂関時代には内裏に現職公卿が集まる「陣定《じんのさだめ》」、院政期には院が選定した公卿が集まる「院御所議定」が行われ、審議された意見が奏上された。公卿議定は、後白河院政下では形骸《けいがい》化《か》しており、議奏公卿はその復活であったとされる。しかし、議定はあくまでも意見の上申が行われたに過ぎない。最終決裁を下したのは、陣定の場合、天皇・摂関であり、院御所議定の場合は院であった。その意味では、後白河の主導権、議奏公卿の形式化は当然のことだったのである。

九条兼実との提携

ここで内覧、議奏公卿となった九条兼実は、頼朝との盟友として知られる。久安五年（一一四九）の生誕で頼朝より二歳若く、文治元年（一一八五）当時、三十七歳であった。保元の乱で勝者となった藤原忠通の六男で、長兄基実・次兄基房はともに摂関をつとめている。たびたび引用した彼の日記『玉葉』は当時の重要史料である。五摂家《ごせっけ》の一つ、九条家の祖で、その子孫から二条《にじょう》・一条家が分立することになる。翌文治二年より摂政をつとめるが、建久七年（一一九六）の政変で失脚する運命にあった。

彼の父忠通は、保元の乱で勝利し摂関家の中心となったものの、摂関家の主流であった忠実・頼長が失脚した影響は大きく、頼長が領した荘園を失ったほか、奪回したとはいえ、荘園を管理してきた源為義以下の武士団を失って勢力の後退を余儀なくされていた。何より、保元の乱勝利の立役者は信西以下、院近臣であり、摂関家の政治的地位はみる影もなく低下する。忠通の嫡男基実が当初、院近臣で武門の統合者たる藤原信頼の妹と、その滅亡後に清盛の娘盛子《もりこ》と結婚したのは、武力の欠如を端的に物語る。

永万二年（一一六六）、摂政基実が急死し、弟の左大臣基房が摂政を継承した際には、清盛が摂関家領を押領し、後白河と提携して摂関家嫡流をめざした基房は、治承三年政変で清盛に敗れ解官・配流された。そのあとを襲ったのが、基実の長男で、清盛の婿であった基通である。彼は、寿永二年（一一八三）の平氏都落ちに際し、平氏を裏切り後白河に急接近し、法住寺合戦後に基房と結ぶ義仲に摂政を解任されるが、義仲滅亡で摂政に復帰していた。しかし義経挙兵への関与等で立場は動揺しており、兼実は基通の解任と自身の摂政就任を期待していたのである。

その兼実と頼朝との連携の背景は不明確である。養和元年（一一八一）に兼実の家司《けいし》となった中原広季《ひろすえ》が、頼朝の腹心親能の父で、広元を養子としていたことから、兼実との提携を仲介した可能性は高い。また、親能が兼実と親しい前権中納言源雅頼の家人であったことも無関係ではないだろう。いずれにせよ、その関係はさほど緊密ではなく、両者の連携は摂関奪取に頼朝を利用しようとした兼実、後白河の牽制と朝廷介入に兼実を利用しようとした頼朝の思惑が一致した結果に他ならない。

先述のように、廟堂改革に際して、頼朝は院・摂関などの王権中枢を改変せず、院近臣も義経問題に関与した者のみ処罰する慎重な姿勢を示した。強引な改変で反発を受けた清盛・義仲の失敗にかんがみ、後白河に対する過度の攻撃が義経と結ぶ地方武士の蜂起を引き起こすことを恐れた面がある（上横手雅敬氏『鎌倉時代政治史研究』）。しかし、同時に王家との緊密な姻戚関係を有し王権中枢に食い込んだ平清盛、基房と姻戚関係をもつ義仲のような介入の基盤が、頼朝になかったことも忘れてはならない。

何より、頼朝は後白河の権威を利用して内乱に勝利し、権力を構築してきたのである。その後白河が、理不尽に頼朝追討を命じた今回の事態を再発させてはならない。近臣に誑《たぶら》かされ迷走しかねない後白河の専制を制約する制度が議奏公卿であり、院に対するお目付役が兼実以下であった。けっして頼朝は後白河を否定することはないし、兼実を院の代替にするつもりもなかったのである。

文治二年(一一八六)三月十二日、兼実は頼朝の支援で摂政に就任する。しかし、その後の折衝の結果、摂関家領の大半は基通に奪われることになった。頼朝の力不足ともいえるが、腹心の基通を擁護した後白河の意向を尊重した結果でもあった。

Ⅷ　義経の滅亡と奥州合戦——唯一の官軍

1　義経の行方

京都守護時政

挙兵に失敗した源義経・行家は、文治元年（一一八五）十一月、摂津大物浦《だいもつのうら》（現兵庫県尼崎市）を出港し鎮西に向かうが、暴風に遭遇し一行は離散し行方をくらませる。潜伏当初、頼朝は、彼らが西国で大規模な反乱を惹起する危険を感じて、国地頭を設置したのであった。

しかし、義経は大和国《やまとのくに》の吉野山《よしのやま》で愛妾静《しずか》と別れたあと、多武峰《とうのみね》、十津川《とつかわ》、伊勢などを彷徨《こう》し、武士ではなく寺社の庇護を受けて辛うじて逃避行を続けていることが判明した。行家は、かつての拠点和泉《いずみ》に潜伏する。身柄は拘束されないものの、両者が地方武士を組織した大規模な反乱を惹起する可能性は、大きく低下した。

廟堂改革が一段落したあとの北条時政にとって、最大の任務は義経追討であった。先述のように、時政は頼朝が兵糧米徴収を断念したのちも、徴収を継続しようとするなど、頼朝以上に厳しい姿勢を示した。これも義経追討に対する強い意志のあらわれであろう。

彼は兵糧米以外の諸問題においても、総じて強硬な姿勢をとっていた（大山喬平氏「文治の国地頭をめぐる源頼朝と北条時政の相剋」）。それにもかかわらず、彼は朝廷から高い評価を受け、鎌倉下向を引き止められたという。その大きな理由は、彼の武断的な姿勢が京の治安維持において有効だったためである。

義経没落後、京の治安は著しく悪化し、強盗が跳梁《ちょうりょう》した。これに対し、時政は犯人を検非違使《けびいし》に渡さず、直ちに処刑するという強硬な措置をとった（『吾妻鏡』文治二年二月一・十三日条）。そのお陰で京の治安は回復し、貴族たちから高い評価を受けた。このことは、彼が京を離れると同時に京の治安が悪化したことからも明らかである。義経による反乱に対処することを第一としていた時政の措置が、総じて武断的であったことは否めない。

時政は文治二年（一一八六）三月末、頼朝の命により鎌倉に帰還する。京都守護には入れ替わるように鎌倉から上洛した一条能保が就任することになる。能保は頼朝の妹婿という一門に準ずる立場にあり、摂関家傍流の出身の公家であった。すでに丹波守を経験しており、諸大夫の家格を有していた。

この交代の背景には、兵糧米徴収で朝廷との軋轢を惹起するなど、ともすれば武断的な行動に出る時政を頼朝が懸念した面もある。同時に義経・行家による蜂起の危険性が低下し、軍事活動よりも朝廷との交渉が重要な意味をもつようになったことも、交代の一因であろう（野口実氏「北条時政の上洛」）。また、頼朝は当初から京を能保に任せる予定であり、時政上洛は臨時の措置ともみられる（佐伯智広氏「一条能保と鎌倉初期公武関係」）から、所定の交代ということになる。

時政は、送別に馬を贈った九条兼実から「珍物」と評され、その家司《けいし》源季長《すえなが》から「その次第、わらうべし」「田舎の者、尤《もっと》もしかるべし」と称された（『玉葉』三月二十四日条）。兼実の真意は不明確ではあるが、在庁官人に過ぎない地方武士を嘲《あざけ》る面があったのは否定できない。平穏な情勢に移行し、公家との交渉が重要になれば、身分や立ち居振る舞いも大きな意味をもつことになる。治安維持に評価を得ていた時政を早急に交代させた背景には、こうした問題も関係したのだろう。

時政の軍事面の評価が高かったことは、彼の「眼代」で、弟であった時定が在京し、北条氏と関係深い御家人を率いて京の治安維持を担当した（野口氏前掲論文）ことからも明らかである。

義弟一条能保

時政にかわって、京都守護に就任した一条能保は、先述のように藤原道長の庶子頼宗《よりむね》の子孫で、頼朝の同母妹（坊門の姫）の婿として知られている。父は従四位上《じゅしいのじょう》丹波守藤原通重《みちしげ》、母は右大臣藤原公能《きんよし》の娘で徳大寺実定の姉妹にあたる。すでに能保の曽祖父基頼《もとより》が公卿の座を逸しており、以後この系統は、公卿に至らない諸大夫家に家格が低下していた。能保はじ（母の兄弟）である徳大寺実定に祗候し、その保護下にあった。

また、能保が仕えた徳大寺実定は、頼朝が上西門院に蔵人として祗候した時期から政治的関係を有した。平治の乱で孤児となった頼朝の妹を保護し、能保との婚姻を実現したのも徳大寺家であったとみられる。文治元年（一一八五）の廟堂改革に際し、実定のみならず弟実《さね》家《いえ》らもともに議奏公卿に推挙したほか、腹心梶原景時一族を実定に祗候させるなど、頼朝は徳大寺家を重視した。その実定と緊密な関係を有し、名門の血統に属して貴族社会での官位上昇の見込まれる能保に、頼朝が京における活動を期待するのも当然であった。

能保の人脈は、徳大寺家だけではない。彼の叔父基家が平頼盛の女婿《じょせい》となっていたことから、能保も頼盛と連携することになる。寿永二年（一一八三）に木曽義仲が入京すると、義仲の攻撃を回避しようとした能保は、頼盛とともに鎌倉に下向しており、両者の緊密な政治的関係が窺われる。当然、頼盛を介した八条院との連絡も想定できよう。

また、能保の曽祖父基頼は「堪武勇」（『尊卑分脈』）とされ、一族には武的な性格があったとみられる。能保も、実定の仲介で京武者である後藤基清《ごとうもときよ》と主従関係を結ぶなど、独自の武力も有していた。このように、能保は様々な政治勢力と連携したほか、武的な性格も帯びていたことから、頼朝は彼を高く評価していたのである。

先述のように、壇ノ浦合戦ののち、頼朝は義経を伊予守に任じて鎌倉に召還しようとした。能保は、義経召還後の京都守護に予定されていたものと考えられる。義経挙兵という不測の事態に対応するために時政が代官・京都守護となったが、事態の沈静化に伴って、既定の方針に従い能保が後任となったのである。

追い詰められる義経

義経は、畿内周辺で寺社の保護を受けていることが判明し、西国で大規模な反乱を惹起する可能性は低下した。しかし、厳しい追及にもかかわらず、義経は潜伏を続けたため、時政は義経を拘束することができないまま、鎌倉に帰還することになる。

時政が去ったあとの文治二年（一一八六）五月十二日、和泉国の在庁官人日向権守清実《ひゅうがのごんのかみきよざね》（姓は不詳）に匿われていた行家が、北条時定、常陸坊昌明《ひたちぼうしょうみょう》らによって殺害され、翌日には息子光家《みついえ》も殺害された（『吾妻鏡』五月二十五日条）。行家は、寿永二年（一一八三）に義仲とともに入京したあとは、和泉・南河内を拠点としていたので、和泉国の在庁官人とつながりを有したのであろう。この報告に接した九条兼実は、「天下の運報、いまだ尽きず。悦すべし、悦すべし（朝廷の運はまだ尽きていない。喜ぶべきである）」と『玉葉』に記した（五月十五日条）。

ついで六月十六日、大和国大宇陀《おおうだ》（現奈良県宇陀市）において、時定が義経の女婿源有綱を討ち取った。有綱は合戦に敗北して自殺、郎従三名が殺害され、五名が捕らえられている（『吾妻鏡』六月二十八日条）。有綱は、伊豆守仲綱の子で、祖父はかの源三位《げんざんみ》頼政であった。摂津源氏の軍事貴族であり、義経が平泉に下向した時にもうけた娘の婿となっていた。義経の腹心でもあり、同盟軍でもある重要な存在であった。ついで七月には、義経第一の腹心とされる伊勢三郎能盛《よしもり》（義盛）も殺害されている（『玉葉』七月二十五日条）。

こうして義経の有力な同盟軍・郎等は相次いで滅亡していった。もはや彼が西国において大規模な反乱を惹起する可能性はほぼ消滅した。この結果、義経追捕と反乱抑止を目的に設置された国地頭も廃止されたのである。しかし、行家・有綱らの滅亡にもかかわらず、義経自身は依然として潜伏を続け、畿内周辺の寺社の保護を受け、各地を転々とする。このことが、頼朝と寺社勢力との軋轢を生むことになる。

義経の潜伏について、関東申次吉田経房は頼朝宛の書状で、延暦寺衆徒《しゅと》（悪僧）による保護の噂を記している（『吾妻鏡』五月十三日条）。さらに、捕縛された義経の小舎人童《こどねりわらわ》（雑用をつとめた少年）の白状から、義経は六月二十日まで延暦寺悪僧の支援を受けて同寺に潜伏していたことがわかった（『吾妻鏡』閏七月十日条）。このため、幕府側では延暦寺に対する攻撃の動きが生まれる。

閏七月十六日、この問題が後白河の院御所議定で取り上げられた（『玉葉』）。延暦寺内から、義経と、彼と関係する悪僧の逃亡を許した座主以下の処分が議された。この時、土肥実平以下の武士は、坂本《さかもと》（現滋賀県大津市）を固め山上捜索を主張しており、京都守護一条能保が辛うじて制止する状態であった。義経問題をきっかけに、平氏滅亡後、最大の軍事勢力である権門寺院と幕府との間に緊張が生じたのである。

『吾妻鏡』九月二十九日条によると、去る二十二日に義経の腹心佐藤忠信・堀景光《ほりかげみつ》が追捕され、忠信は自殺したが、景光の白状から、義経が興福寺の僧聖弘《しょうこう》の房におり、景光は使者として院近臣の木工頭《もくのかみ》藤原範季のもとに向かっていたことが判明した。義経が、興福寺と院近臣に支援されていたことが露見した。すでに二十二日、比企朝宗率いる二、三百騎の軍勢が聖弘の房を追捕し、さらに周辺の房舎四、五ヵ所も攻撃している（『玉葉』九月二十二日条）。

この攻撃は、氏長者《うじのちょうじゃ》（藤原氏の代表者。原則として摂関がその地位に就く）として興福寺を統括する兼実にも無断で行われ、重要な法会《ほうえ》である唯識会《ゆいしきえ》も中止に追い込まれた。衆徒は激昂し、興福寺最大の法会維摩会《ゆいまえ》の中止を主張するに至ったのである。

こうした幕府側の姿勢には、頼朝の意向が存した。義経に対する公家側の保護、非協力的な姿勢に憤慨した頼朝は、数万の大軍を派遣し寺社内を捜索するという強硬な申し入れを行っている（『玉葉』十一月十六・十八日条）。頼朝の義経問題に関する非妥協的姿勢と、朝廷・寺社に対する強い圧力を示す。こうした寺院に対する姿勢の背景には、かつて寿永三年（一一八四）二月に後白河に申し入れた四ヵ条奏請において、頼朝が示した寺院勢力の武装に対する強い反発が存したことは疑いない。ともかく、義経が京周辺で潜伏を続けることは困難となった。

2　頼朝と秀衡

平泉と義経

『吾妻鏡』文治三年（一一八七）二月十日条は、義経が妻子・家人とともに山伏《やまぶし》に姿をやつし、奥州に逃亡したとする。しかし『玉葉』で義経の奥州逃亡が確認されるのは、文治四年正月九日条で、これによると、実際の到着は文治三年の九月から十月ごろであったという。ともかく、彼が平泉に入り、藤原秀衡の保護下に入ったことは事実であった。義経は、ついに頼朝の追及をかわしきった。

平泉は義経にとって二度目であった。一度目は鞍馬寺を脱出した承安四年（一一七四）ごろで、頼朝と合流する治承四年（一一八〇）までの間を平泉で過ごしている。この時に義経を招いたのは、平治の乱の首謀者藤原信頼の兄基成と考えられている。基成は康治二年（一一四三）に陸奥守に就任し、藤原秀衡を女婿に迎え、外孫泰衡をもうけている。平治の乱後は平泉に居住し、平泉藤原氏の政治顧問的な役割を果たしていたとみられる。

平泉藤原氏・藤原基成・源義経関係系図

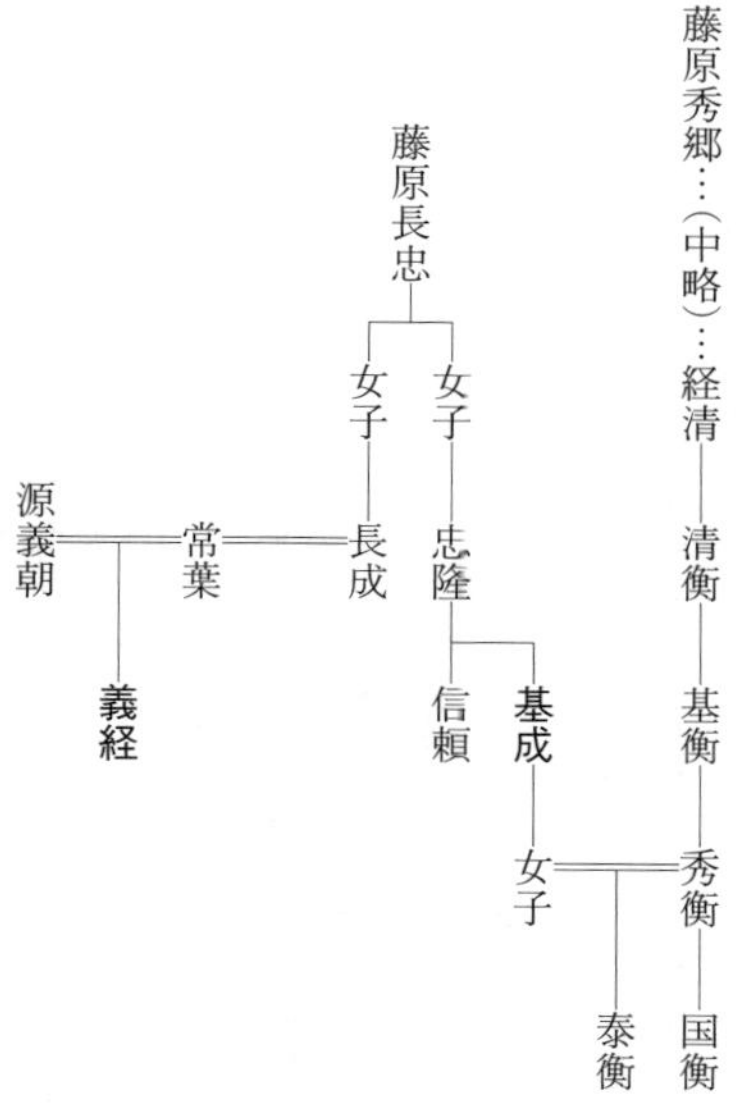

彼が義経を保護したのは、平治の乱における信頼と義朝一族との関係もさることながら、義経の母常葉《ときわ》の再婚相手一条長成《ながなり》が、基成の父忠隆《ただたか》と母方の従兄弟《いとこ》関係にあったことが関係したとみられる（角田文衞氏「陸奥守藤原基成」）。

藤原秀衡は、前回と同様に政治犯である義経を受け入れた。しかし、承安

清原氏略系図

武則─┬─武貞─┬─真衡
　　　│　　　├─清衡
　　　│　　　└─家衡
　　　└─武衡

四年とこの時とでは、政治情勢は大きく異なっていた。奥羽に対する政治的関心が低かった平氏と異なり、支配領域が奥羽と隣接する頼朝は、平泉の秀衡の動向に厳しい視線を送っていたのである。そこに、最大の敵対者である義経が潜伏すれば、頼朝と秀衡との関係が険悪となるのは明白で、秀衡は頼朝との対決を覚悟していた。かくして、頼朝は義経問題を介して、最後の強敵、平泉藤原氏との衝突を迎えることになる。

平泉藤原氏は、十一世紀末期に勃発した清原《きよはら》氏の内紛である後三年合戦で、陸奥守源義家の支援で勝利した藤原（清原）清衡《きよひら》を祖とする。清衡は藤原秀郷流経清《つねきよ》の子で、前九年合戦後、母の再嫁先の清原武貞《たけさだ》の養子となっていたが、後三年合戦で異父弟家衡《いえひら》に勝利した。合戦を私戦とみなされた義家が失脚したのち、貢馬・荘園寄進によって摂関家に接近し、さらに清衡の子基衡《もとひら》・秀衡は院近臣が多く任じられた陸奥守と連携して独自の勢力を築いた。

平泉藤原氏は、陸奥の特産品砂金・駿馬《しゅんめ》・北方交易の輸入品などによって富強化したが、とくに砂金は日宋貿易の輸出品として重要な意味をもった。嘉応《かおう》二年（一一七〇）五月、秀衡は平泉藤原氏で初めて鎮守府将軍となった。父基衡が六位の押領使（二二八頁参照）であったことを考えれば異例であるが、これは当時大輪田泊《おおわだのとまり》（現兵庫県神戸市）で活発化した日宋貿易における砂金の輸出と関係したとみられる。その後、陸奥は後白河院の知行国となり、秀衡と後白河は深く連携することになる。

先述のように、治承四年（一一八〇）の頼朝挙兵後、秀衡が義経を送り出したのも、治承三年政変で幽閉された後白河の救援が目的であった。しかし、清盛の死去で後白河院政が復活すると、秀衡は頼朝支援を停止する。あまつさえ養和元年（一一八一）には平宗盛から陸奥守に任じられるのである。秀衡はあくまでも中立を保つが、頼朝が不気味な存在として、仮想敵国とみなすのも当然であった。頼朝が上洛を躊躇する理由として、必ず平泉の脅威が挙げられることになる。

義仲が滅亡し、範頼率いる頼朝軍が西海で合戦していた元暦元年（一一八四）十月、後白河は陸奥を知行し、藤原宗長《むねなが》を陸奥守に補任した。宗長は、後白河の意を受けて緒方惟義を動かし、平氏を大宰府から追い落とした元豊後守頼輔《よりすけ》の孫であった。頼輔を介して豊後の緒方氏を組織した後白河は、やはり頼輔の一族を介して平泉の秀衡を組織しようとしたのである。再び、後白河と秀衡の緊密な関係が復活したことになる。

『玉葉』文治元年（一一八五）十月十三日条によると、行家・義経が頼朝打倒の挙兵を計画したとされた際、秀衡の参戦も噂されている。秀衡は後白河・義経と結ぶ可能性が高いとみられていたのである。頼朝にとって、強大な武力を有し、後白河と結ぶ秀衡が脅威でないはずはない。頼朝、そして秀衡は互いに衝突を覚悟したことであろう。秀衡が、頼朝の仇敵義経を庇護下に置いたことは、もはや全面衝突が必至となったことを物語るものであった。

秀衡との軋轢

頼朝は、まず平泉と後白河との直接的な結合に楔《くさび》を打ち込む。義経挙兵問題の余燼《よじん》も収まらない十二月十四日、頼朝は秀衡からの貢物を院に献じている。九条兼実はその内容が貧弱であったと不満を記す（『玉葉』）が、問題は秀衡の貢物を頼朝が仲介したことに他ならない。頼朝は、秀衡が従属したことを朝廷に伝えたのである。義経と秀衡の結合はもちろん、秀衡と院との直結をも否定する姿勢を示したことになる。

『吾妻鏡』文治二年（一一八六）四月二十四日条によると、頼朝が、平泉から京への貢馬・貢金をいったん鎌倉に送付させ、京へは鎌倉から進上すると申し入れたのに対し、秀衡もこれに応ずる請文《うけぶみ》を提出した。この時、頼朝は自身を「東海道惣官」と称したのに対し、秀衡を「奥六郡《おくろくぐん》の主」と呼んでいる。

奥六郡とは、陸奥国内の六つの郡で、かつての安倍・清原氏時代の基本的所領であった。頼朝は、秀衡の奥六郡の支配のみを認め、奥羽両国に対する実効支配を否定したのである。ここでいう「東海道」は、おそらく東国全般を意味し、十月宣旨による東山道も含む地域を指したのであろう。陸奥国も頼朝の支配下であり、その一部分である「奥六郡」を支配する平泉藤原氏は、頼朝支配下の家人という扱いであった（大石直正氏『奥州藤原氏の時代』）。『吾妻鏡』五月十日条によると、秀衡は頼朝の命に応じて、京への貢金・貢馬を鎌倉に送っている。こうして平泉と京・後白河との直接的な結合は断絶され、独立性は否定された。翌文治三年二月に義経が平泉に到着したとする『吾妻鏡』の記述は事実とは考えがたいが、義経とは無関係に、頼朝は平泉に対する圧力を強めてゆく。

『玉葉』文治三年（一一八七）九月二十九日条によると、頼朝は朝廷に要請して、拘束している流人中原基兼《もとかね》の帰京、大仏鍍金《ときん》用途金三万両の貢納を秀衡に要求している。これに対し秀衡は、基兼は拘束ではなく憐憫《れんびん》を加えた保護とし、金三万両貢納は過大な負担として拒絶した。返報に接した頼朝は、秀衡が朝廷を軽視している旨を報告している。

中原基兼は後白河院近習《きんじゅ》・北面下﨟《げろう》（下北面）で、鹿ケ谷事件で平清盛によって陸奥に配流された。以後、院と平泉を仲介する役割を果たしている。頼朝は、基兼を京に帰させることで院と平泉との連携を分断し、さらに亡命者の隠匿を禁止することで、この面から平泉の政治的な独立性を否定しようとしたのである。来《きた》るべき義経問題の伏線ともいえる。

大仏鍍金（滅金《めっき》）問題は、三万両という膨大な砂金を要求することで、平泉に経済的圧力を加えるとともに、京への貢納は頼朝の管轄であることを平泉と朝廷にみせつける意図があった。そして朝廷最大の事業である大仏再建に対する貢納拒否を、朝廷に対する平泉の反抗と喧伝《けんでん》し両者の関係悪化を図ったのである。頼朝は軍事力に訴えることなく、秀衡に厳しい圧力を加えていった。

秀衡の死去

文治三年（一一八七）十月二十九日、藤原秀衡は死去する。『吾妻鏡』同日条によると、死去に際して秀衡は、子息らに義経を大将軍とし、「国務」（奥羽の統治）を行うことを命じたという。頼朝の敵対者義経を大将軍とすることは、頼朝との対決を決断したことを意味する。

一方、『玉葉』の文治四年正月九日条によると、秀衡は死去に際して「兄弟和融《けいていわゆう》」のために「他腹の嫡男」に当時の妻を娶《めと》らせたという。他腹の嫡男とは長子の国衡《くにひら》であり、「当腹太郎」と称されたのが、藤原基成の娘を母とする泰衡であった。両者は、義経とともに異心なしとする祭文《さいもん》（起請文）を作成し、義経を大将軍として三者一体となって頼朝攻撃の策略を廻《めぐ》らすことになったという。ここでは、頼朝との対決が具体的に記されている。

国衡は、『愚管抄』に「武者ガラユユシクテ（武者としての器量が優れている）」と高く評価されている。彼の母については、平泉藤原氏の腹心佐藤氏、あるいは蝦夷《えみし》出身とする説などがあり不明確だが、陸奥の女性であることは疑いない。これに対し泰衡の母は藤原基成の娘である。基成は平治の乱の首謀者信頼の兄で、政治犯ではあるが、父は公卿の忠隆、そして妹は摂政近衛基実室、前摂政近衛基通の母であった。したがって、泰衡は近衛基通の従姉妹《いとこ》の子だったのである。

母の身分に大差があることから泰衡が嫡男となったが、当然年長で武勇に優れた国衡やその周辺には不満があったと考えられる。国衡が泰衡の母と婚姻することで、両者は義理の親子関係に入ったことになる。兄弟なら衝突の危険があるが、父子関係とすることで泰衡も国衡に従属する。これを「和融」と称したのである。義経は、義父でもある頼朝と衝突するが、兼実はこのことを厳しく批判しており（『玉葉』文治元年十月十七日条）、本来は父子間の衝突はあってはならない。逆にいえば、そこまでの措置をしないことには両者の提携は困難だったことになる。

こののち、泰衡は弟忠衡《ただひら》・頼衡《よりひら》を殺害するが、義経保護の是非も原因であったとみられる。当主秀衡を失った平泉藤原氏は一門不統一の状態であり、義経を擁して頼朝と対決することは困難であった。天は頼朝に味方したのである。

義経追討の圧力

『玉葉』文治四年（一一八八）二月八日条によると、出羽《でわ》知行国主大納言藤原兼房《かねふさ》が派遣した法師昌尊《しょうそん》が出羽で義経と合戦し、鎌倉に逃亡している。『百練抄』二月十二日条によると、出羽国司から義経が出羽国に潜伏しているとの報告があった。義経の軍事行動が、京でも確認されたことになる。義経は軍勢を率いて合戦しており、秀衡の遺言通り、義経が平泉藤原氏の軍事的中心となっていた可能性がある。

これを受けて、頼朝は朝廷に義経追討に関する圧力を加えることになる。なお、すでに文治三年段階に義経追討の院庁下文《いんのちょうくだしぶみ》が発給されたとする『吾妻鏡』の記述は疑問である。頼朝は朝廷に対する申状において、自身は亡母の供養のために五重塔を建立する上に、重厄《じゅうやく》で殺生を禁じられているために義経追討使を引き受けがたいとして、泰衡に義経追討を行わせるように申し入れ、同時に泰衡と義経との提携の真偽も確認させている（『玉葉』二月十三日条）。

頼朝は、自ら侵攻すれば義経・泰衡の結合・一体化を招くと判断し、泰衡に追討を命じることで、巧みに義経との離間を図ったのである。ここでも、頼朝は強引に力ずくで攻めようとはしなかった。かつての甲斐源氏などの場合と同様、頼朝は敵を分断し、内紛を煽ることで、その勢力を弱体化させていった。

二月二十一日、泰衡と彼の外祖父藤原基成に義経追討を命じる宣旨と、院庁下文が発給された。泰衡は、義経討伐か、頼朝との対決かという厳しい選択を迫られた。泰衡・基成に対する義経追討宣旨は十月十二日に（『吾妻鏡』十月二十五日条）、彼らに義経追捕を命じる院庁下文は十一月に（『吾妻鏡』十二月十一日条）、それぞれ再度発給され、泰衡に強い圧力が加えられた。

頼朝は、朝廷から追討命令を出させるだけでなく、並行して合戦の準備も進めていた。文治四年九月十四日、越後城《じょう》氏の助職《すけもと》改め長茂《ながもち》が頼朝のもとに参入している（『吾妻鏡』）。彼は、先述のように治承五年（一一八一）の横田河原合戦で木曽義仲に敗北し、本拠の会津に逃れるが、秀衡に攻撃され同地を奪われている（九三頁参照）。その後、宗盛から越後守に補任されたが、頼朝の北陸征服後、囚人として梶原景時の保護下にあった。罪人の取り立て、主従関係の再編とされるが、同時に平泉攻撃に際して、平泉藤原氏に敵愾心《てきがいしん》を有し、現地の地理に通じた者を起用した面があった。

頼朝の圧力を前に、平泉では動揺が起こっていた。文治五年（一一八九）二月十五日、泰衡は弟頼衡を殺害している（『尊卑分脈』）。義経殺害後の六月二十六日には義経に味方したとしてもう一人の弟忠衡も殺害しているので、一族内部で義経の擁護をめぐる内紛があったことは疑いない。平泉藤原氏一族内部の動揺は隠すことができなくなった。『玉葉』の文治五年正月十三日条によると、義経が京に送った書状が押収されている。義経が、泰衡との関係悪化により、密かに帰京を望んでいたのではないだろうか。

二月二十二日、頼朝は朝廷に対し、泰衡が義経を庇護しているとして、自ら攻撃を行うことを伝えるとともに、義経に同意した貴族らの解官、さらに義経に味方しようとしている延暦寺悪僧の取り締まりを要求している。義経の再上洛を阻止するとともに、義経問題に関する朝廷の責任を再確認させ、来るべき奥州攻撃を容認させようとするものである。

二月二十六日、官使が平泉から鎌倉に帰参し、義経の在所が露見したので引き渡すという泰衡の請文を差し出した（『吾妻鏡』）。義経と泰衡との関係悪化は確実なものとなったが、頼朝はけっして手を緩めることはなかった。

後白河は貴族の解官を実行するが、奥州追討宣旨については、伊勢遷宮《せんぐう》、東大寺再建を優先すべきで、追討による諸国の混乱を回避するために宣下を延期すべきであるとした（『玉葉』閏四月八日条）。しかし頼朝は追討宣旨を要求し、母の菩提を弔う塔供養後、自ら攻撃すると朝廷に通告した。義経と泰衡の懸隔が露呈したことから、頼朝は自ら攻撃する可能性を示し、さらなる圧力を加えることで両者を衝突させようとしたのであろう。

義経の殺害とその影響

文治五年（一一八九）閏四月三十日、ついに泰衡は数百騎を率いて、藤原基成の居館衣《ころも》河館《がわのたち》（高館《たかだち》）にいた義経を襲撃した。義経の家人二十人余りが防戦したものの敗北し、義経は妻子とともに自刃した（『吾妻鏡』）。享年三十一。室は、河越重頼の娘で、比企尼の孫にあたる。河越氏の滅亡により義経に殉じたのである。

義経討伐の報告が鎌倉に届いたのは五月二十二日で（『吾妻鏡』）、首級《しるし》の入府は、頼朝の母を弔う塔の供養で延期され、六月十三日となった。腰越での首実検には和田義盛・梶原景時が参入している。

京に義経殺害が伝えられたのは、五月二十九日であった。兼実は「天下の悦《よろこび》、何事かこれにしかんや。実に神仏の助けなり。そもそもまた頼朝卿の運なり。言語の及ぶところにあらざるなり」と記している（『玉葉』）。兼実の欣喜には、義経の滅亡で奥州合戦が回避され、戦乱が終了することへの期待がこめられていた。そして義経を滅ぼした「頼朝の運」に対する評価は、安徳の王権をも滅ぼした義経を討伐した頼朝に対する高い評価を意味する。

義経殺害については、凡庸な泰衡が義経殺害後に平泉攻撃を計画する頼朝の意図を見抜くことができなかった結果とする見方、あるいは朝廷の指示に従った当然の行動とする見方などがある。しかし、いかに凡庸でも、泰衡に頼朝の真意が見抜けなかったとは考えられないし、義経擁立を遺言した父秀衡の意向を知っている泰衡が、何の葛藤もなく朝廷の命令に従ったとは考えられない。

兄国衡との対立、弟頼衡・忠衡の殺害など、平泉藤原氏内部の不統一を考えれば、泰衡のもとで頼朝と対決することなど、もとより困難だったのである。また、平泉藤原氏には、戦争回避、中央の政争不介入の伝統があった。泰衡は、これに従い極限の選択を行ったことになる。しかし、それはまさに頼朝にとっては、思う壺《つぼ》であった。

3　奥州合戦

大庭景能の献策

藤原泰衡が義経を殺害したことによって、朝廷は頼朝の軍事活動を制止することになる。文治五年（一一八九）六月八日、義経の滅亡で国内は静謐《せいひつ》（平和）となったとして、頼朝に弓箭《きゅうせん》を袋に収めることを命じる後白河の意向が伝えられている（『吾妻鏡』）。また摂政兼実も、伊勢神宮・東大寺造営を理由に奥州追討を制止する御教書《みぎょうしょ》（三位以上の貴人の意向を伝える文書）を下した。しかし、頼朝は泰衡が義経を匿った咎《とが》は反逆に勝るとして、朝廷の制止を無視し、平泉攻撃の準備を進めることになる（『吾妻鏡』六月二十四日条）。当初から狙いは平泉の征服にあったのである。後白河の王権を支える唯一の官軍をめざす頼朝にとって、平泉藤原氏の存在は絶対に容認できるものではなかった。

『吾妻鏡』によると、六月二十七日、奥州を征伐の準備に余念のない頼朝は、軍士千人に及ぶ交名《きょうみょう》（名簿）を作成し、全国から大規模な動員を行った。しかし、当然のことながら、朝廷は奥州征伐の勅許（官符・宣旨）を下すことはなく、さすがの頼朝も奥州への進攻を躊躇する。すでに恩賞を期待して多くの御家人が参集し、開戦をいまや遅しと待ち構えていた。そこで六月三十日、頼朝は対処法を「兵法」の故実に通じる大庭景能《かげよし》に尋ねたのである。

大庭景能は、かつて義朝のもとで保元の乱に参戦し、崇徳上皇方の猛将源為朝の強弓《ごうきゅう》で足を負傷した老臣である。弟景親は平清盛の後見と称されて、石橋山合戦で頼朝を攻撃したが、景能は挙兵当初より一貫して頼朝に従った相模の武将であった。ここでいう兵法とは、合戦の道、武士の規範を意味する。

頼朝の質問に対し、まず景能は、軍中では将軍の命令を聞き、天子の詔《みことのり》を聞かないものであり、すでに奏聞《そうもん》した以上、朝廷の決定を待つ必要はないとした。また、藤原泰衡は、頼朝にとって累代御家人の遺跡《ゆいせき》（系譜）を継承する存在であるから、綸旨《りんじ》（天皇の命令）なくして治罰《じばつ》（征伐）を加えても問題はないとも述べた。これを聞いて喜んだ頼朝は、景能に恩賞を与え出撃を決断することになる。

景能は、軍中、すなわち合戦が起こったあとは、自力救済の論理が貫徹するのであり、朝廷から独立した行動であるとした。勝ってしまえば、正当化されるというのである。ここで想起されるのは八幡太郎義家による後三年合戦の先例である。義家は陸奥守として清原氏の内紛である後三年合戦に介入し、清原家衡・武衡《たけひら》を討伐し、勝利を収めたものの、私戦として朝廷から恩賞を得られず、彼の政治的地位が低下することになってしまった。この義家と今の頼朝とは、大きく立場が異なっていた。

義家の時代は、軍事貴族が家人の中心であり、恩賞として官位が必要であった。それは、前九年合戦後、郎従の恩賞獲得のために朝廷との折衝を余儀なくされた頼義の例からも明らかであろう。義家も郎従に対する恩賞を朝廷に依存せざるをえなかったのであり、私戦とされ、恩賞がなかったことで、郎従の離反を招いたのである。これに対し、頼朝は敵方所領没収、新恩給与の論理と結合し、独自に主従関係を形成していた。勝利しさえすれば、朝廷とは無関係に敵方所領を恩賞として分配できたのである。

また、家人に対する私刑も公権力と無関係に行われる。鎌倉中期の宝治《ほうじ》二年(一二四八)の幕府法では、主従間の争いに幕府が介入しないことが明言されている(鎌倉幕府追加法二六五)。平泉藤原氏の祖で清衡の父である藤原経清は、河内源氏累代の家人でありながら、前九年合戦で頼義から離反したとして、合戦が終結した厨川柵《くりやがわのさく》の陥落に際し捕らえられ惨殺される(『陸奥話記《むつわき》』)。この処刑は朝廷と無関係であり、家人に対する私刑であった。泰衡討伐は、まさに彼の先祖経清討伐の先例を継承した行為であった。

かくして、頼朝は強引に出撃する。頼朝は、敵方所領没収によって朝廷から自立した軍事行動が可能であった。彼の主従関係は勝利による新恩給与と不可分であった。戦争で形成され、新恩給与で維持された主従関係だったのである。このため、戦争が終結し平時に移行することで大きな変化を迫られることになる。その意味で、最後の大規模戦争である奥州合戦は大きな分岐点であった。

頼朝軍の進撃

以下、合戦の展開を『吾妻鏡』によってたどることにしたい。

景能の献策はあったが、やはり頼朝は宣旨に拘《こだわ》り、朝廷に宣旨を要請する飛脚を送った。しかし朝廷は、すでに義経は発見されており、追討は天下大事であるとして「奥州攻撃猶予」を宣下した。これを聞いた頼朝は憤慨し、「すでに軍士は多数参入し、費用もかさんでいる。どうして出立を遅らせることができようか」として、強引に出立を決定する（七月十六日条）。

七月十七日、頼朝は軍勢を三手に分けた。まず、東海道大将軍千葉常胤・八田《はった》知家《ともいえ》（宇都宮宗綱の子）が常陸・下総を、北陸道大将軍比企能員・宇佐美実政《さねまさ》が上野・越後・出羽を、そして頼朝は大手の大将軍として、現代の東北新幹線に近い経路である中道を進軍することとし、全軍は十九日に出立していった。各軍は沿道で武士を組織しながら、奥羽をめざすことになる。

奥州合戦における各軍の進路　川合康『源平合戦の虚像を剝ぐ』（講談社）をもとに作成．日付は文治５年のもの

ほとんど抵抗を受けずに北進した頼朝軍は、八月七日より平泉藤原氏の強力な防御線である阿津賀志山《あつかしやま》防塁に挑んだ。同地は現在の福島県伊達《だて》郡国見《くにみ》町にあたり、宮城県との県境に近い。平泉側は藤原国衡を大将軍とし、金剛別当秀綱《こんごうべっとうひでつな》・佐藤基治《もとはる》（元治とも。佐藤継信・忠信兄弟の父）以下の主力二万騎を配置するとともに、数キロにも及ぶ幅五丈の二重の濠《ほり》を掘削して阿武隈川《あぶくまがわ》の水を引き、さらに土塁を築いて頼朝軍を阻んだ。ここで奥州合戦最大の激戦が繰り広げられることになる。

八月八日、畠山重忠率いる八十人の工兵が濠を土石で埋めたこともあって、頼朝軍は濠を越えることに成功する。その後、三日間にわたる激戦が展開されるが、ついに頼朝軍は勝利した。十日、大将軍国衡は出羽方面に敗走するが、追いついた和田義盛との一騎打ちで負傷し、畠山重忠軍に襲われて戦死した。多賀《たが》城にいた泰衡は、大敗の報告を受けて、陸奥の奥地に逃亡することになる。

阿津賀志山を突破した頼朝は、平泉をめざして進軍する。合戦直後の八月十二日、陸奥国府のある多賀城に到着する。その後、残留部隊の抵抗を退け、二十一日に平泉に到着、翌二十二日に泰衡の邸宅に入った。すでに泰衡は、平泉の豪華な邸宅に放火し逃亡していた。翌日、頼朝は合戦の勝利を朝廷に報告している。

二十五日には藤原基成父子が、抵抗することなく降伏した。翌二十六日、泰衡は頼朝に命乞いの書状を送り、義経の保護は秀衡の判断と弁明した。そして御家人となるか、死罪を免じ配流されることを要請したという。むろん、頼朝はそれを認めることはなく、九月二日に頼朝軍は、泰衡を追及すべく進発する。その目的地は、かつて康平五年（一〇六二）九月に、先祖頼義が平定した前九年合戦が終結した地、厨川柵の故地であった。

九月三日、頼朝のもとに殺害された泰衡の首が届けられた。北海道とみられる「夷狄島《いてきじま》」へ逃亡する途中で、重代相伝の家人河田次郎《かわだのじろう》に討たれたのである。『吾妻鏡』によると、泰衡の享年は三十五（『尊卑分脈』は二十五歳説も併記）、官職は陸奥・出羽押領使で、奥六郡を管領《かんれい》（支配）したとある。押領使は諸国の警察・治安維持を担当し、現地の地方武士が任じられる官職で、父秀衡のような中央の官職を帯びていなかった。

一方、首を献じた河田次郎は、譜代の恩を忘れ泰衡を討った罪を責められ、斬罪に処された（九月六日条）。これは、後述するように、頼朝が譜代の主従関係を重視したことと合致するものであった。

九月四日、頼朝は陸奥国陣岡《じんがおか》（現岩手県紫波《しわ》郡紫波町）で北陸道軍とも合流した。その数は、総勢二十八万四千騎にも及んだという。六日、頼朝は陣岡において泰衡の首実検を行った。かつて頼義が、前九年合戦終結時に安倍貞任《あべのさだとう》らを梟首した先例に倣い、貞任の梟首を担当した横山経兼《よこやまつねかね》の曽孫時広《そうそんときひろ》がその役割を担ったほか、首の受け取り、さらし首なども当時の担当者の子孫が同一の役割を果たした。河内源氏と東国武士との譜代の主従関係を強調した儀式といえる。ただし、『陸奥話記』には日付・担当者の記載はない。

頼朝は、九月八日の吉田経房宛の書状で、合戦の詳報を京に伝えた。その中で、泰衡を「させる貴人にあらず、かつは相伝の家人なり（大して高貴な者ではなく、代々河内源氏に仕えてきた家人に過ぎない）」とした。頼朝は勅許なき追討を家人討伐の論理を用いることで正当化しようとしたのである。泰衡追討を公認する口宣《くぜん》（勅命を口頭で伝えたもの）・院宣が到来するのは、その翌日九日のことであった（以上『吾妻鏡』）。

泰衡追討の報が京に伝わったのは十月十日のことであった。兼実は「天下の慶」と記し、恩賞の沙汰が行われた（『玉葉』十月十八日条）。奥州合戦は公戦として認可されたのである。十一月三日、頼朝を賞賛し、頼朝と郎従に恩賞を与える旨の院宣が到来した。頼朝は喜悦するが、恩賞は辞退している（『吾妻鏡』）。

こうして頼朝は後白河を支える唯一の官軍の立場を確立した。そして、天子の詔を聞かずに遂行した合戦を、朝廷に公認させたことで、彼は朝廷を事実上保護下に置いたことを確認したのである。

奥州合戦の意義

平泉藤原氏は、頼朝にとって隣接する脅威であるばかりでなく、後白河と緊密に結合した強大な武士団であり、王権を支える唯一の武力となるために、なんとしても打倒しなければならない敵であった。それゆえに、義経の殺害で「天下落居《らっきょ》」とする朝廷の認識を否定し、勅許もないまま強引に合戦を開始したのである。また、平泉藤原氏の軍勢は十七万騎（『吾妻鏡』九月七日条）とも称され、その討伐には全国から莫大な武力を召集する必要があった。

しかし、この戦争はこれまでのそれとは異なる意味を有した。すなわち、奥州合戦は頼朝軍団の最終戦争であり、平時体制に移行する転換点だったのである。川合康氏は、頼朝が奥州合戦を主従関係の再編の機会と捉えていたと指摘した（『鎌倉幕府成立史の研究』）。頼朝が自ら御家人を統率したのをはじめ、薩摩の惟宗忠久に至る全国の御家人を動員し、城長茂や佐竹秀義らの罪人も主従関係に組み込んだほか、不参の武士に厳罰を加えた。こうして頼朝は主従関係を再編・再認識させようとしたとする。従うべき意見である。

そして、前九年合戦における頼義の先例に倣い、頼義が合戦を終結させた厨川に向かい、その途中の陣岡において安倍貞任と同じ日程で泰衡の梟首を行い、先述のように当時の担当者の子孫に同じ役割を果たさせた。頼朝は、頼義以来、河内源氏と東国武士が重代相伝の主従関係にあったことを強調し、御家人統制の思想的基盤を強化するとともに、御家人に対して藤原秀郷らに対抗する頼義故実を誇示したと川合氏は指摘する。

頼義の安倍貞任討伐は、河内源氏による夷狄討伐の先例で、河内源氏の役割、東国武士とのつながりなどを認識させたのは事実である。しかし、果たして頼朝は本当に頼義の故実を重視したのであろうか。前九年合戦の平定には七年もの年月が必要であったし、黄海《きのみ》合戦における惨敗、出羽清原氏の来援による勝利など、輝かしい先例ではない。また、頼義と藤原秀郷とはともに四位の受領《ずりょう》で、官位も対等であり、御家人を凌駕する権威とはいえない。だいいち、『吾妻鏡』をみても、奥州合戦を除いて、頼朝はとくに頼義の先例を重視してはいないのである。

ここで注意されるのは、頼朝の平泉攻撃・泰衡殺害は、勅許のない私戦だったことである。御家人に正当性を認識させるためには、泰衡に対する家人討伐という側面を強調せざるをえなかったのである。泰衡の祖こそ、累代の家人でありながら頼義に敵対し惨殺された藤原経清に他ならない。泰衡と同じ奥六郡の支配者である貞任と、泰衡の祖でもある家人経清が討伐された前九年合戦こそ、泰衡追討の先例に相応しい。前九年合戦の先例がことさらに強調されたのは、奥州合戦の正当化に好適な先例とみなされたためであった。

平泉を滅ぼし後顧の憂いを絶つとともに、唯一の官軍の座を獲得した頼朝は、ついに念願の上洛を果たすことになる。

IX 頼朝上洛と後白河の死去——朝《ちょう》の大将軍

1 後白河との和解

頼朝の入京

奥州合戦の翌建久元年（一一九〇）十一月、ついに頼朝は上洛する。すでに前年暮れには上洛の意向を示していたが（『吾妻鏡』十二月二十五日条）、同月に平泉藤原氏の残党大河兼任《おおかわかねとう》が奥羽で大規模な反乱を惹起し、鎮圧に時間を要したため、上洛が遅延する結果となった。

上洛を前に、頼朝は朝廷に対する譲歩や奉仕を繰り返している。まず奥州より鎌倉に帰着するや、奥州合戦の恩賞を辞退した（『吾妻鏡』文治五年十一月六日・十二月六日条）上に、相模・伊豆以外の知行国を返還してしまった（同十二月二十五日条）。また、奥州合戦前の文治四年（一一八八）六月九日には後白河の院御所である六条西洞院御所《ろくじょうにしのとういんごしょ》の再建を請け負ったのをはじめ（『吾妻鏡』）、大内裏や後鳥羽天皇が専ら皇居とした閑院《かんいん》内裏の造営などの経済奉仕を行っている。

さらに、文治五年（一一八九）段階から東海道の地頭を相次いで廃止していた。ただ、地頭の地位を奪われ、配流されたのは甲斐源氏の板垣兼信、源満政流の高田《たかだ》重家《しげいえ》・葦敷重隆（『吾妻鏡』建久元年八月十三日条等）ら、美濃・尾張に拠点をもつ軍事貴族・京武者などであった。東海道の交通路の確保、そして王権に結合する可能性のある存在の排除をも意味した（勅使河原拓也氏）。

九月になって、頼朝の京における宿所は、六波羅の平頼盛邸跡に決定した（『吾妻鏡』九月二十日条）。頼盛は、壇ノ浦合戦の翌文治二年（一一八六）六月二日に没していた。元来、頼盛の所領は没官《もっかん》の対象外であったが、頼盛没後に接収したとみられる。頼朝は同地に二町に及ぶ大規模な邸宅を建設する。通常の公卿の邸宅が一町であったから、その倍の規模であった。

十月三日、頼朝は鎌倉を出立した。二十五日には尾張国野間《のま》において父義朝の墓所に、二十七日には母の実家所縁《ゆかり》の熱田社にそれぞれ参詣している。さらに二十九日には美濃国青墓宿において、平治の乱の際に彼を匿った宿の長者一族に恩賞を与えた。

そして十一月七日、頼朝は本書冒頭に記したように千騎の大軍を率いて入京したのである。

先陣は畠山重忠、前後の随兵《ずいひょう》を従えた頼朝は水干姿で、後陣は千葉常胤であった。九条兼実は「白昼、騎馬の入洛、存ずる旨あるか（白昼に騎馬で入京することは何か意図があるのか）」（『玉葉』十一月十七日条）と記した。平時の京において武士団の大規模な行列は、貴族の度肝を抜いたのである。頼朝は、彼が率いる集団が、貴族社会とは異質な戦士集団であることを強烈に印象づけた。頼朝は、紛《まご》うことなき勝者として京の地を踏んだのである。

後白河との対面

入京から二日後の十一月九日、頼朝は院御所六条西洞院殿で後白河と対面した。参内《さんだい》よりも、院との対面を優先したことになる。この御所は、文治四年（一一八八）四月に焼失したが、先述のように頼朝の支援で再建されたばかりであった。かつての院近臣平信業《のぶなり》の邸宅の所在地で、寿永二年（一一八三）十一月、法住寺殿が木曽義仲の攻撃で焼失したあと、後白河は専らここを院御所として用いた。また、後白河院領荘園の寄進先として知られる彼の持仏堂長講堂《ちょうこうどう》は、この御所の敷地内に存在している。

院は常御所で頼朝と対面した。頼朝にとって後白河と対面するのは、おそらく平治の乱以来、三十年ぶりのことであったはずである。二人の密談は長時間にわたったという（『吾妻鏡』）。以後、両者の対面は八度にも及んだ。しかし、その話し合いの具体的な内容がわかるのは、『愚管抄』に記された上総介広常の粛清にふれたもののみである。

先述のように、頼朝は後白河に対して謀叛心はないとし、その証拠として広常の殺害を取り上げた。広常は頼朝挙兵時の功臣であったが、朝廷の権威を軽んじて上洛に反対したために、このような者を郎従にしていると、「冥加《みょうが》」（神仏の加護）が失われることを恐れて殺害したと後白河に伝えている。これを伝え聞いた慈円は、頼朝を「朝家ノタカラ」と称えている。

頼朝は、後白河に忠誠を尽くしたこと、そして自分こそが後白河の王権を支える官軍であることを強調したのである。文治元年（一一八五）十一月、頼朝は義経の挙兵に際して頼朝追討宣旨を下した後白河を「日本第一之大天狗」と罵倒したが、そうした両者の緊張関係は解消されたことになる。

しかし、この会見が頼朝の単純な諂諛《てんゆ》（へつらい）であろうはずはない。今や彼は、後白河を支えるとともに、保護する唯一の官軍の大将軍だったのである。後白河院政は、もはや頼朝の武力なくして存立しえない。それゆえに頼朝は、後述するように兼実との会見で、自身を「朝《ちょう》（朝廷）の大将軍」（『玉葉』十一月九日条）と称したのである。

反面、頼朝には大きな課題があった。戦時下で自力救済的な新恩給与を媒介に構築された頼朝軍団を、平時においてどのように維持するのか、ということである。頼朝の軍団が果たすべき役割と特権はどのようなものか。おそらく、後白河との間でこの問題が大きな議論となったと思われる。

九条兼実との面談

一方、頼朝の本来の盟友とされる九条兼実との面談は、後白河と同じ十一月九日と、十二月十一日の二度行われたに過ぎない。当時、兼実は頼朝の支援で就任した摂政の座にあった。一度目の会談における頼朝の発言を、兼実が『玉葉』に書き残している（現代語訳）。

現在は後白河法皇が天下の政務を執り行っています。そこで、自分は法皇に帰順しております。現在、後鳥羽天皇は東宮のような立場ですが、後白河が死去すれば政務は天皇中心となります。だから、けっしてあなたを粗略に思ってはおりません。表面上は疎遠を装っていますが、後白河院の聞こえを憚《はばか》ってそのようにしているだけです。

後白河院は、すでに六十四歳、当時としてはかなりの高齢であった。その後白河が死去すれば、後鳥羽天皇が政治の中心となる。しかし、この時点でまだ十一歳に過ぎない後鳥羽が単独で政治を主導することは困難で、当然摂政、もしくは関白として兼実が政治の中枢に加わることになる。そのことを見越して、頼朝は後白河の死去を条件として、兼実とともに政務を遂行することを約束したのである。

言い換えれば、現状においては後白河との提携を重視することを頼朝は通告したことになる。すでに述べたように、頼朝と兼実とはさほど緊密な政治的関係にあったとはいいがたい。頼朝にしてみれば、兼実は義経問題後における後白河との対立で利用したに過ぎないのである。もはや後白河と和解したことで、兼実の利用価値は低下していた。

兼実は、摂関家の慣例に従い、この年の正月、娘任子《にんし》を後鳥羽に入内させ、将来の皇子誕生と自らの外戚化を期待していた。ところが、翌建久二年（一一九一）の四月、その彼に衝撃的な情報が届いた。なんと、十月に頼朝の娘大姫が後鳥羽天皇に入内することとなったというのである（『玉葉』建久二年四月五日条）。兼実は「このような大事は、ただ大神宮・八幡・春日《かすが》の御計らいであり、人の意で成敗できるものではない」と衝撃を記している。入内が実現すれば、兼実の立場に大きな影響を及ぼすことはいうまでもない。それを頼朝は無断で実行しようとしたのである。このことは、両者の政治的関係が冷淡であったことを明示する。

しかし、頼朝が予期した通り、高齢の後白河は建久三年（一一九二）に急死することになる。時に後鳥羽天皇はまだ十三歳で、関白九条兼実が朝廷の中心となった。このため、兼実との提携が必要となった頼朝は、兼実との関係改善を図ることになり、大姫入内計画も断念されることになる。

2　諸国守護権

頼朝と官職

後白河と対面した十一月九日、頼朝は権大納言に任官した。彼は、文治元年（一一八五）に平氏追討の功績で従二位に叙されて公卿に列し、同五年正月には正二位に叙されていた。当時の左大臣藤原（徳大寺）実定、右大臣藤原（三条《さんじょう》）実房《さねふさ》、内大臣藤原（花山院《かざんいん》）兼雅《かねまさ》が、いずれも正二位であったように、位階から見れば大臣に就任してもおかしくなかった。しかし、頼朝は固辞したという（『愚管抄』）。

権大納言も、定員の七名に加えた任官で、臨時の色彩が濃厚である。建久元年（一一九〇）十一月二十四日には、花山院兼雅の辞退で空席となった右近衛大将《うこんえのだいしょう》（右大将と略称される）にも任官する。頼朝は十二月一日に拝賀を行うが、その二日後の十二月三日に、権大納言とともに辞任してしまった。当初から辞退の意思が強かったとされることから、征夷大将軍を望んでいた彼が、こうした王朝官職を忌避したとか、あえて官職に恬淡《てんたん》とした態度をとったなどとする解釈もあった。

しかし、後述のように、頼朝は征夷大将軍を熱望してはいなかったし、その補任をめぐって後白河と軋轢があったわけでもない。また、彼自身「前右大将」と称したように、右大将を忌避してはいなかった。権大納言・右大将は、ともに重職であり、在京して政務・儀式に参加する必要があるが、彼はすぐに鎌倉に下向しなければならない。まして、儀式の故実も知らない彼が、長くそうした職にとどまらないのは当然だったのである。

院政期において、右大将は武官としての意味を失い、大臣家以上の有力貴族が兼ねる一種の身分標識となっていたが、後白河院の下で平重盛・宗盛兄弟が相次いでその任についてから、武門の最高峰を意味するようになった。頼朝の右大将にも同じ意味合いがこめられていたのである。ただ、頼朝が、のちに前右大将と称し、前権大納言と名乗らなかったのは、武官を重視し文官を忌避したためとするのは正しくない。大臣も兼官することがある右大将のほうが、権大納言より格上であった結果である。

これ以後、頼朝は征夷大将軍を除いて、他の官職に就くことはなかった。二度目の上洛でも、新たな任官や位階の上昇はなかった。なお、三代将軍実朝の時代になると、鎌倉にいても大臣・納言といった議政官《ぎせいかん》（朝廷の政務を担当する官職）に就くことが可能となっており（佐伯智広氏）、将軍家が摂関家並みの家格を与えられていたこともあって、彼は父頼朝を凌ぐ右大臣・左大将に就任することになる。

「朝の大将軍」

兼実と対面した際に、頼朝は先述のように、自身を「朝（朝廷）の大将軍」と称した（『玉葉』十一月九日条）。まさに朝廷を支える唯一の官軍の立場を象徴する呼称である。後白河を支援しながら、平治の乱で反逆者として滅亡した父義朝の無念を晴らすとともに、平氏はもとより源氏内部のあらゆる競合勢力を排除し、朝廷・後白河の王権の唯一の擁護者となったのである。

こうした頼朝の立場を示したのが建久二年（一一九一）三月二十二日に発令された新制の条文である。新制は、十世紀の村上朝以来、宣旨などとして複数の禁制《きんせい》・改革等をまとめて発令した法令集で、平安・鎌倉時代に多数発令された。さて、建久二年三月新制の条文には「海陸盗賊放火」犯人を「前右大将頼朝朝臣《あそん》」および諸官司《しょかんし》等に追捕させるとする。頼朝は、朝廷の官司とともに国家的軍事・警察権を担当することになっており、頼朝と御家人は公的警察機関に位置づけられた。

また、『吾妻鏡』正治《しょうじ》元年（一一九九）二月六日条によると、正月十三日の頼朝死去のあと朝廷より頼家に宣旨が下された。その文言は、「前征夷将軍源朝臣遺跡《ゆいせき》をつぎ、よろしく彼の家人郎従等をして、旧のごとく諸国の守護を奉行せしむべし」というもので、頼朝の跡を継ぎ、御家人を統率して諸国を守護することを命じている。頼朝が獲得した権限の具体的内容に他ならない。

諸国守護権を象徴するのが、大番役である。建久三年（一一九二）六月、鎌倉時代を通して存続する、大犯《たいぼん》三ヵ条を基本的職務とする守護が登場することになる。大犯三ヵ条とは、よく知られているように、謀叛・殺害人の検断（検察と断罪）と、大番催促であった。『吾妻鏡』六月二十日条によると、美濃国御家人に対し、守護大内惟義の命に従い大番役を勤仕することが命じられたのである。以後、大番役による内裏警護は御家人に限定されることになり、幕府御家人のみが大番役勤仕の栄誉と官職任命の恩恵に浴することになる。合戦における新恩給与にかわる、平時における御家人に対する御恩が成立したのである（高橋典幸氏『鎌倉幕府軍制と御家人制』）。

こうした制度化によって、鎌倉幕府は名実ともに成立したといえよう。国家的武力の大半を幕府が独占して、軍事・警察権を担当することになった。この結果、院・摂関家・平氏などの諸権門が、独自の武力を有して相互に抗争したことで勃発した内乱も、終息を迎えたのである。

頼朝は、一月余りを京で過ごし、後白河・兼実と対面したほか、河内源氏所縁の石清水八幡宮、東大寺などに参詣し（『愚管抄』）、建久元年（一一九〇）十二月末に鎌倉に帰った。

延暦寺との衝突

明くる建久二年（一一九一）、思いもかけない事件が頼朝を待ち構えていた。四月、延暦寺千僧供養《せんそうくよう》の費用徴収をめぐり、延暦寺と近江守護の佐々木氏とが衝突したのである。

延暦寺千僧供養の費用は、寿永二年（一一八三）に清盛供養のために、平氏が佐々木荘の年貢から延暦寺に貢納することとした（『源平盛衰記』）。これは、佐々木秀義が佐々木荘を平氏に奪われていた間のことで、佐々木氏にとっては不本意な負担である。しかも、水害や頼朝上洛の負担もあって貢納が遅延していた。さらに、延暦寺はもともと平氏と政治的に親しく、幕府の守護佐々木氏との衝突は必然的でもあった。

三月、延暦寺の法師数十人が、取り立てのために佐々木氏の居館を襲撃する。この時、当主の定綱は不在で、留守を預かっていた息子定重《さだしげ》が法師らを撃退した。ところが、法師に死傷者が出た上に、神鏡を破壊するという不祥事を起こしてしまったのである。

怒った延暦寺は佐々木一族の配流を要求、四月二十六日に悪僧たちは日吉《ひえ》・祇園《ぎおん》・北野《きたの》社の神輿を担いで強訴《ごうそ》に及んだ。朝廷で強訴の防御が審議されるが、一条能保が別当であったにもかかわらず、検非違使《けびいし》はほとんど参入せず、鎌倉武士もわずかに過ぎない。一方、悪僧の動きは迅速で、たちまち神輿とともに内裏に殺到し、神輿を放置して退散するに至った。この時、禁裏《きんり》警護を担当していた安田義定の郎等が殺傷されている。

強訴防禦は惨めな失敗に終わり、佐々木定綱は薩摩、定重は対馬への配流を余儀なくされ、他の一族や下手人も厳しい処罰を受けたのである（『玉葉』）。しかも、不可解なことに、配流されるはずだった定重は、近江国唐崎《からさき》で突如斬首されてしまった（『吾妻鏡』五月二十日条）。頼朝は延暦寺に完全に屈服したのである。先述のように、義経問題に際しては、延暦寺攻撃も辞さない姿勢をみせた彼が、今回は大きく姿勢を変え、有力御家人を守ることさえ放棄してしまった。

この原因は強訴防禦の失敗にあった。鎌倉軍が強訴の防禦に当たったのは初めてで、不慣れな上に指揮官であった一条能保の武人としての未熟さも、防禦の失敗に関係した（佐伯氏前掲論文）。しかし、これまでの延暦寺強訴は、久安三年（一一四七）に平忠盛・清盛父子の配流を求めた強訴を鳥羽院が封じ込めて以後は、防禦に成功したことがない。院近臣藤原成親を訴えた嘉応元年（一一六九）、同じく藤原師高を訴えた安元三年（一一七七）の強訴は、平氏も巻き込んだ泥仕合の様相を呈し、後白河の屈服を招いている。

強訴は、謀叛や単純な合戦ではない、宗教的示威行為である。悪僧、神人《じにん》（神社の雑役に奉仕した下級神職）を殺傷したり、神体を毀損《きそん》したりすることなく、彼らの入京を阻止するしか防禦方法はない。入京を許した以上、神威を背景とした彼らの要求に屈するしかなかった。強訴の防禦が至難であることを、頼朝は思い知ったのである。

佐々木氏を保護すれば、強訴の再発を招き、後白河の王権を揺るがし、頼朝の権威にも重大な瑕疵《かし》を与えかねない。定重という犠牲を供して、頼朝は延暦寺との敵対を回避した。そして荘園領主をも保護の対象とする「諸国守護」の困難さを痛感したことであろう。建久四年（一一九三）に赦免された定綱に、頼朝が長門・石見《いわみ》の守護、各地の地頭職を恩給したのは、そのせめてもの埋め合わせであった（上横手雅敬氏『鎌倉時代政治史研究』）。

3　後白河の死去と大将軍

後白河死す

鎌倉に帰ったのちも、頼朝は翌建久二年（一一九一）に院御所法住寺殿を再建するなど、後白河に対する奉仕を続けた。それは、先述の通り後白河に対する単純な媚《こ》びへつらいであろうはずはなく、王権の保護者としての立場を誇示するものであった。

その後白河は、建久三年（一一九二）三月十四日に死去した。享年は六十六。白河院の七十七歳には及ばないが、父鳥羽院の五十四歳を大きく凌駕する。中継ぎとして皇位につき、幽閉や院政停止の苦難にあいながら、ついに正統王権を確立した波瀾《はらん》の生涯であった。頼朝と後白河とは、義経問題で鋭く対立したことはあったが、それを除けば一貫して協調関係を保持したといえる。挙兵以来、一貫して自身の正統性の拠《よ》り所としてきた後白河を失ったことで、頼朝は方針の転換を余儀なくされた。

先述したように後鳥羽天皇はまだ十三歳で、関白兼実が政務の実権を掌握することになる。かくして、頼朝は先の会見で約束した通り、兼実と提携して政治を行うことになった。『愚管抄』は当時の政情について、「殿下、カマ倉ノ将軍、仰セ合《あわせ》ツツ世ノ御政ハアリケリ（兼実と頼朝とが相談しながら政治を行った）」と述べている。もちろん、頼朝も大姫入内工作を断念し、彼女と一条能保の長男高能《たかよし》の婚姻を進めることになる（『吾妻鏡』）。兼実は、後鳥羽の中宮である娘任子の皇子出産を期待した。後白河の死去で兼実は救われたのである。

また兼実は、頼朝の妹婿一条能保の娘を、嫡男良経《よしつね》の室に迎えるなど、頼朝周辺への接近につとめていた。建久四年（一一九三）に能保の娘はのちの九条道家《みちいえ》を出産する。その子三寅《とら》（九条頼経《よりつね》）は河内源氏の血脈につながることもあって、実朝没後に幕府の四代将軍に迎えられることになる。兼実は、こうした頼朝との連携を背景として全盛期を迎えた。建久五年の興福寺供養の春日詣に際し、中納言を騎馬で随行させるという、往年の道長に匹敵する権勢をふるい、人々の顰蹙《ひんしゅく》を買った（『愚管抄』）。

むろん、後白河の死去でその近臣勢力が消滅したわけではない。その中心となったのは院の愛妾丹後局《たんごのつぼね》である。彼女の本名は高階栄子《えいし》で、高階氏は受領《ずりょう》などを輩出した中流貴族の出身である。父は法印澄雲《ちょううん》（その父の上座章尋《しょうじん》とも）とされる。

もともとは院近習平業房《なりふさ》の室であったが、業房が治承三年政変で平清盛に殺害されて以後、彼女は後白河に近侍し、皇女覲子《きんし》内親王（のちの宣陽門院《せんようもんいん》）をもうけている。彼女が長講堂領（後白河が集積した王家領荘園群。八条院領と並ぶ二大荘園群の一つ）を相続したことで、その母・後見人として大きな影響力を有し、村上源氏の公卿源（久我《こが》・土御門《つちみかど》）通親《みちちか》の政治支援を受けて兼実と対立する。

やがて、建久六年（一一九五）に二度目の上洛を行った頼朝は、再び大姫入内を企図し、後鳥羽の後宮《こうきゅう》を支配する丹後局や宣陽門院らに接近することになる。

「大将軍」の要求

後白河死去後の頼朝の行動で注目されるのは、七月に「大将軍」任官を朝廷に申し入れたことである。かつては、後白河との間で征夷大将軍任官をめぐって対立してきた頼朝が、その死去を機に任官を果たしたといった理解があった。しかし、先年、内大臣中山忠親の日記『山槐記』の抜書きである『三槐荒涼抜書要』の建久三年（一一九二）七月九日の記事が紹介され（櫻井陽子氏「頼朝の征夷大将軍任官をめぐって」）、頼朝は「前右大将」にかわり「大将軍」を要望しただけで、けっして征夷大将軍を望んでいなかったことが判明した。

頼朝からの申し出を受けた朝廷では、「惣官」（総官）、征東大将軍、征夷大将軍、上将軍《じょうしょうぐん》などが補任の候補として検討された。このうち、総官は治承五年（一一八一）に平宗盛が頼朝追討のために任じられたもの、征東大将軍は寿永三年（一一八四）に木曽義仲が、やはり頼朝追討のために任じられたもので、先例が不吉であり、上将軍は中国の例であるということから却下された。結局、消去法で無難な坂上田村麻呂《さかのうえのたむらまろ》を先例とする征夷大将軍に落ち着いたという。頼朝が、征夷使の「大将軍」として、天皇大権の委譲を目論《もくろ》んだとする見方もあるが、候補となった官職をみるとそれは当たらない。

では、後白河院没後、なぜ頼朝は関白九条兼実に「大将軍」を要求したのであろうか。おそらくは、後白河の死去に伴い、兼実との提携に方針を転換したことが関係するのであろう。右大将は後白河に補任されただけに、院との政治的連携を示す官職であった。しかし、院の死去で政権を握った兼実と協調関係に入ったことから、そのことを象徴する官職が必要となった。しかし、簡単に上洛することはできないため、大将を越える大臣などに任官することはできない。そこで頼朝は、京都以外に居住していても就任可能で、しかも二位の公卿に相応しい権威ある官職を求めた。それが「大将軍」の要求であり、その結果が征夷大将軍就任であった。

このように、征夷大将軍就任には偶然という側面があり、まだ幕府首長の官職として確立していたわけではない。このため、頼朝は建久五年（一一九四）に征夷大将軍を辞任したとされ（『尊卑分脈』）、二代目の鎌倉殿頼家が征夷大将軍になったのも、頼朝を継承した三年後の建仁《けんにん》二年（一二〇二）のことであった。したがって、征夷大将軍が幕府首長として定着したことから遡及させて、征夷大将軍就任をもって鎌倉幕府の成立と評価することはできない。

将軍家政所下文

頼朝は征夷大将軍就任後、本格的に政所下文《まんどころくだしぶみ》を発給する。『吾妻鏡』は、建久二年（一一九二）正月十五日に、京から帰ったばかりの頼朝が前右大将家政所吉書始《きっしょはじめ》を行ったとするが、この時の文書には疑問があり（黒川高明氏『源頼朝文書の研究』）、発給の事例もわずかである。このため、本格的な政所下文の発給は、建久三年八月五日における征夷大将軍就任後の政所始以後であったとみられる。

政所は、摂関家をはじめとする公卿家に設置された家政機関で、所領管理、文書発給などを担当した。五位以上で家司《けいし》とも呼ばれる複数の別当と、下家司《しものけいし》と呼ばれる六位以下の実務担当者で構成されていた。頼朝の政所の初見は、『吾妻鏡』の文治元年（一一八五）九月五日条で、一般貴族と同様、元暦二年（一一八五）四月、平氏追討により従二位に叙されたのちに設置されたとみられる。公文所別当でもあった大江広元が別当となるが、建久三年以後は醍醐《だいご》源氏出身の下総守源邦業《くになり》もその任にあった。一般の公家と同じく初期から複数の別当が存しており、これがのちの執権・連署《れんしょ》制の淵源となる。

頼朝は最初に千葉常胤に政所下文を授与した。常胤の重視を意味するが、常胤は反発した。それまでの袖判下文《そではんくだしぶみ》と相違して頼朝の花押《かおう》が消滅し、家司の署名が記されているのみで、後世の証拠たりえないと抗議したのである。このため、頼朝は同時に袖判下文も発給している。九月十二日には、小山朝政にも同様の措置がとられ、政所下文と袖判下文とが発給されている。

冒頭に頼朝の花押を記した袖判下文には、生《なま》の人格的結合が表出していたのに対し、政所下文は政所の官僚組織を利用するとともに、頼朝の官位を表出させ王朝権威で鎌倉殿を絶対化させる目的を有していた（上横手雅敬氏『鎌倉時代政治史研究』）。将軍家政所下文の本格的な発給は、主従関係が戦時下の大将軍と家人の関係から、平時における征夷大将軍と御家人との関係に移行したことを示すものであった。

文治二年（一一八六）正月、頼朝は鶴岡参詣の供奉人《ぐぶにん》の席次で、六位の父千葉常胤と五位の息子胤頼を相対し着座させ、父子関係より王朝権威である官位を重視した。政所下文の発給は、このことと通じる姿勢といえよう。頼朝は、鎌倉殿を王朝権威で荘厳《しょうごん》する（重々しく厳《おごそ》かに飾り立てる）とともに、官位を恩賞とし、御家人の序列化を図り、さらに大番役を御家人の特権・名誉とした。

古めかしい王朝権威に依存した頼朝を非難するのはたやすい。しかし、所領の新恩給与は戦時下であったがゆえに可能となったのである。また、内乱以前の武士に対する恩給は官位であった。平時に移行した頼朝が、官位を中心とする王朝権威に依拠して主従関係を維持するのは当然のことだったのである。

X　頼朝の晩年——権力の継承と「失政」

1　曽我事件と鎌倉殿の継承

富士野の巻狩りと曽我事件

建久四年（一一九三）四月、後白河の喪が明けると、頼朝は下野国那須野《なすの》、信濃国三原野《みはらの》、駿河国富士野《ふじの》と、各地で大規模な巻狩《まきが》りを主催し、権威を示した。巻狩りは、勢子《せこ》（狩猟の補助者）などが四方から猪《いのしし》・鹿《しか》などの獣を追って捕殺する形態の狩猟である。実戦と同様に馬上から走る獲物を射殺する騎射が行われたので、武士にとって軍事訓練という性格があった。天皇や公家も狩猟を行っているが、これは鷹司《たかつかさ》が鷹・犬を駆使して雉《きじ》などを捕らえる鷹狩りで、武士とは大きく異なっていた。また、武士の狩猟は農作物を荒らす害獣を駆除し、農業を保護する領主の義務という意味もあった。

頼朝は那須野・三原野の巻狩りでは射手を限定し、御家人の忠誠競争を煽ったが、富士野では選抜はしなかった。これは、初の巻狩りで獲物を仕留める頼家の快挙に参加させるためであったとされる（木村茂光氏『頼朝と街道』）。

富士野の巻狩りは駿河守護北条時政が準備し、五月十五日、頼朝は狩場に到着した。その翌日、嫡男頼家が鹿を射たことを喜んだ頼朝は、その晩、山神《やまがみ》・矢口《やぐち》を祭り、北条義時が儀式のための餅《もち》などを献上した。餅などは予《あらかじ》め準備する必要があるので、頼家の勲功は予定されたことであったとみられる。

頼家は頼朝の長男だが、源平争乱最中の寿永元年（一一八二）の生誕で、まだ元服前の十二歳である。頼朝はすでに四十七歳で、初老というべき年齢に達していたから、後継者の未確定は幕府の不安定要因でもあった。それだけに、頼家の狩猟でのお披露目は、大きな意味をもったのである。

ところが、その巻狩りたけなわの五月二十八日夜、突如曽我兄弟の仇討ち事件が勃発した。曽我十郎祐成《すけなり》・五郎時致《ときむね》兄弟が頼朝たちの宿営に侵入し、父河津祐泰の仇敵工藤祐経を殺害したのである。深夜、しかも豪雨の影響で混乱が起こり、多数の御家人が殺傷された。祐成は仁田忠常《にったただつね》に殺害されるが、時致は祖父伊東祐親の仇《かたき》として頼朝の館に突進、頼朝自ら剣を握る一幕もあった。結局、時致は大友能直《おおともよしなお》に捕らわれ、頼朝の尋問を受けたのちに処刑された。

事件と並行して常陸国の御家人が粛清されたほか、事件後には頼朝の弟範頼が失脚し、大庭景能・岡崎義実以下、挙兵以来の老臣たちも出家している。こうしたことから、曽我事件は単なる仇討ちではない、大きな政治的事件であったとみられる（坂井孝一氏『曽我物語の史的研究』）。

範頼の失脚

事の発端は、すでにふれたが（三三頁参照）、工藤祐経が上洛中に義理の叔父伊東祐親に所領と室を奪われたことから、その報復に祐親の嫡男河津祐泰を殺害したことにある。その後、京の文化に通じた祐経は頼朝に仕え寵臣となったが、祐泰の遺児曽我兄弟に報復され落命したのである。東国社会の自力救済と葛藤を物語る。

曽我兄弟は伊東祐親の孫で、父が討たれたあと、母が曽我祐信《すけのぶ》に再嫁したため曽我を名乗る。弟時致は建久元年（一一九〇）九月七日、北条時政を烏帽子親《えぼしおや》として元服した（『吾妻鏡』）。烏帽子親は、元服に際し烏帽子を被《かぶ》らせ、烏帽子名を与える仮親《かりおや》で、おおむね主君がこの役に当たった。このため、兄弟は時政に祗候しており、事件は時政の手引きで勃発したとする見方が強い。時致が頼朝に肉薄したことから、時政が頼朝暗殺を企てたとする見解も存する。

しかし、時政と頼朝はともに頼家の擁立で利害が一致しており、時政に頼朝を襲うほどの動機はないし、事件後も頼朝と時政との懸隔はみられない。だいいち頼家の晴れの舞台で時政が殺人を仕組むとは考えがたいのである。また、兄祐成を討ったのは時政の側近仁田忠常であり、祐成は時政を狙った可能性が高い。兄弟は時政の統制を逸脱した行動をとったことになる。そこで事件との関係で注目されるのが、範頼の失脚である。

『吾妻鏡』によると、範頼は八月二日に謀叛の嫌疑をかけられ、頼朝に起請文を提出したとする。記事は唐突で、曽我事件との関係などは不明確である。一方、歴史書『保暦間記』は、曽我事件の際、頼朝からの音信がなく狼狽《ろうばい》する政子に、範頼が自分の存在があれば幕府は安泰と述べたことが頼朝の疑惑を受けた原因とする。

ついで八月十日、頼朝寝所の床下に範頼の腹心当麻太郎《たいまのたろう》が潜伏していたことが発覚し、十七日に範頼と当麻の配流が決定する。そして範頼は、狩野宗茂《かのうむねもち》と、祐経の弟宇佐美祐茂《すけもち》（助茂とも）によって伊豆に連行される。以後、範頼の動向は不明で、おそらくは暗殺されたものと考えられる。十八日には範頼の郎等が討伐され、二十日には曽我兄弟の異父兄弟である原小次郎《はらこじろう》が、範頼に連座して処罰されている（以上『吾妻鏡』）。これらを見れば、曽我事件の黒幕が範頼であるかのごとき記述である。

ついで二十四日には、石橋山合戦以来の功臣、大庭景能・岡崎義実が出家した。年来の素《そ》懐《かい》（かねてからの願い）とあるだけで理由が不明確である。ただ、時期から見て、範頼の問題と何らかの関係があったと考えられる。

鎌倉殿の継承

曽我事件は複雑な様相を示し、史料も限られており、諸説錯綜してその真相に迫ることは難しい。ただ、このころ幕府は平時体制に移行しつつあり、その不満が御家人や範頼周辺に鬱積《うっせき》していたことは疑いない。

とくに、実戦経験もない幼い頼家による鎌倉殿の継承は、源平争乱で大きな武勲を立てた範頼には不満であっただろう。また、大番役や政所下文《まんどころくだしぶみ》のあり方に代表されるように、幕府が合戦中心の戦時体制にかわり王朝権威重視の平時体制に移行しつつあった。奥州合戦開戦時に、天子の令より将軍の命を重んじ、王朝権威より自力救済の重視を主張した大庭景能らに、憤懣があったことはいうまでもない。

曽我事件は、こうした動きを背景として勃発したのである。巻狩りに参加していない範頼が本当の黒幕か否かは不明確であるが、幕府の平時体制への移行と、実戦経験のない頼家の権力継承に不満をもつ者が事件の背景にあったことは疑いない。結果として範頼は粛清され、彼に期待する老臣たちも失脚を余儀なくされた。曽我事件が、頼家の地位の安定と、幕府の方針転換への不満分子の一掃に連なったのである。

範頼の粛清で、頼家の地位を脅かす存在は、源平争乱の功労者安田義定一族のみとなった。ところが同じ建久四年（一一九三）の十一月二十八日、安田義定の嫡男義資は、前日の永福寺薬師堂《じやくしどう》供養の際、女房聴聞所《にょうぼうちょうもんどころ》に「艶書《えんしょ》」（恋文）を投げ込んだ罪で、驚くべきことに斬首されてしまったのである。あまりに過酷な刑罰であるが、かつての一条忠頼と同様、勢力削減のための言いがかりであり、『吾妻鏡』の記述が真相を糊塗していることは疑いない。まさか、政子に言い寄って頼朝を怒らせたのではないだろうが。

同時に父義定も処罰され、翌年八月には謀叛の嫌疑で処刑されるに至った。遠江を実力で支配し強盛を誇った安田一族も、実にあっけなく滅亡してしまった。これも甲斐源氏の分断孤立政策の結果といえよう。かくして、頼家の立場を脅かす存在は消滅し、彼の鎌倉殿後継としての地位は磐石となったのである。

2　再上洛と大姫入内工作

再度の上洛と東大寺供養

範頼・安田一族の粛清は、頼家の地位安泰とともに、彼らが支配していた三河・遠江に対する頼朝のより強固な支配を可能とした（木村茂光氏前掲書）。これを背景として、建久六年（一一九五）二月、頼朝は二度目の上洛を行うことになる。供奉人《ぐぶにん》、行列次第は建久元年の上洛の通りであったが、前回と異なり、頼朝は室北条政子・娘大姫・長男頼家を伴って上洛した。

頼朝は、東大寺大仏殿落慶供養に出席するとともに、再度企図した大姫の後鳥羽天皇入内の布石を打ち、さらに十四歳を迎え元服目前の後継者頼家の、朝廷へのお披露目をも目的としていたのである（木村茂光氏『初期鎌倉政権の政治史』）。三月四日、頼朝は前回の上洛と同じ六波羅邸に入った。

頼朝は、三月十二日、大檀越《おおだんおち》（施主）として東大寺大仏殿以下の再建供養に臨んだ。治承四年（一一八〇）暮れ、平清盛の命を受けた平氏軍の攻撃で焼失してから、実に一四年余りが経過していた。供養には後鳥羽天皇が行幸したのをはじめ、天皇の母七条院、関白九条兼実、大納言徳大寺実家以下の行事官の公卿も参入した。

大勧進《だいかんじん》（寄付金集めに従事する僧）として再建を担った重源《ちょうげん》は、地頭の反発を受けたため頼朝に支援を求め、彼の権威で費用は徴収されたのである。文治元年（一一八五）の大仏開《かい》眼供養《げんくよう》で入眼《じゅげん》を行い、主役をつとめたのは後白河院であったが、今回の頼朝は後白河にかわる立場にあった（上横手雅敬氏「頼朝と東大寺復興」）。後白河にかわり、朝廷の大事業を推進した頼朝には、朝廷の中心、保護者という自負もあったであろう。

『愚管抄』によると、武士たちは大雨ものともせず厳重な警護を行ったという。その光景は、慈円には驚異的で、賛嘆と同時に畏怖《いふ》すべき姿であった。さらに、頼朝は平氏残党などの襲撃を恐れ、武装を解除せず、大仏殿に入ろうとしなかった。こうした武士に対する反発は、慈円にとどまらない。

大仏を鋳造した宋の工人陳和卿《ちんなけい》も、頼朝が多くの人命を絶ったとして対面を拒み、贈り物も返納した。肝心の重源も、高野山《こうやさん》に逐電したために頼朝との対面が遅延し、頼朝の鎌倉下向も延引してしまった。武威のみではけっして後白河にかわる存在たりえないことを、頼朝は痛感したことであろう。その頼朝が希求したのが、大姫入内により王家との姻戚関係を結ぶことだったのである。

宣陽門院派への接近

頼朝の在京は、建久元年（一一九〇）の一回目上洛が十一月七日から十二月十四日までの一月余りであったのに対し、今回は三月四日から六月二十五日までの長きに及んだ。むろん、東大寺供養が長期化の一因だが、それを除いても三月半ばから百日以上にわたっている。在京の大きな目的は、長女大姫の後鳥羽天皇に対する入内工作にあった。

東大寺から帰洛した頼朝は、真っ先に後白河院皇女宣陽門院（覲子《きんし》内親王）の御所六条殿に参入した。六条殿は旧後白河院御所、六条西洞院殿で、長講堂の所在地である。宣陽門院は長講堂領の継承者で、かつての後白河院近臣集団の中核となっていた。彼女を中心とする集団が、後鳥羽の後宮を支配していたのである。大姫入内をめざす頼朝は、宣陽門院やその周辺に接近していった。

宣陽門院は、後白河と丹後局との皇女で、源平争乱の最中の養和元年（一一八一）に生誕し、建久二年（一一九一）に女院となっていた。とはいえ、まだ十五歳で、母丹後局や女院別当源通親の後見を受けていた。宣陽門院を中心とする勢力を宣陽門院派と呼ぶことにする。

源通親は、村上源氏の嫡流の公卿で、邸宅の所在地から久我・土御門とも呼ばれた。彼の祖は、その治世を天暦《てんりゃく》の治と称されたことで知られる平安中期の村上天皇である。村上天皇の孫師房《もろふさ》が源姓を賜り、村上源氏を称する。師房が道長の女婿《じょせい》となったことから、摂関家の一門に準ずる立場にあった。けっして摂関家と対立する立場にあったわけではない（橋本

源通親の系譜

村上天皇――具平親王――師房――顕房――雅実――雅定――雅通――**通親**

義彦氏『平安貴族』)。

村上源氏は十一世紀末期の堀河《ほりかわ》天皇の外戚として、師房の孫雅実《まさざね》が太政大臣となるなど、大きな勢力を得たが、その後は勢威が低下し、通親の父雅通《まさみち》は美福門院らの院近臣に接近して政治的地位を保持した。通親ももとは親平氏派で、高倉院側近であったが、平氏没落後は巧みに後白河院・丹後局に接近し、後鳥羽の乳母《めのと》高倉範子《はんし》を妻に迎えて後鳥羽の後宮に影響力をもち、宣陽門院の別当に就任していた。

頼朝は、三月二十九日、丹後局を六波羅邸に招き、政子・大姫と対面させ、砂金三百両を銀製の蒔箱《まきばこ》(蒔絵をほどこした箱か)に収め、白綾《しらあや》三十端《たん》を敷物とする豪華な贈物を準備し、随行の諸大夫・侍にも引出物を渡した。四月十七日にも、頼朝は再度丹後局を六波羅邸に招いている(以上『吾妻鏡』)。これが大姫入内工作の一環であることはいうまでもない。

逆に、九条兼実との関係は冷淡なものとなった。『愚管抄』も兼実との会見が「万《よろず》ニヲボツカナク(よそよそしい雰囲気)」であったとする。兼実との対面は丹後局より後回しとされ、その内容も『玉葉』に「雑事を談ず」とするのみであった(三月三十日条)。しかも、頼朝からの贈り物は馬二頭のみで、兼実を愕然《がくぜん》とさせた。

四月十日、頼朝は兼実と長時間の対談を行うが、これはかつて兼実が廃止した長講堂領荘園の復活を要請するもので、結局兼実もそれに応じた(橋本義彦氏『源通親』)。さらに五月の四天王寺《してんのうじ》参詣でも、頼朝は妹婿一条能保が勧めた船を断りながら、丹後局の船を借用し、能保の同道を拒絶して能保の面目を潰している。能保は兼実の嫡男良経を女婿としており、これも丹後局への接近と、兼実派排除のあらわれであった。後鳥羽の後宮は宣陽門院派が強い影響力を有していたし、娘任子を中宮とする兼実と鋭く対立するのは当然のことであった。

大姫入内工作

大姫は頼朝挙兵前の生誕で、元暦元年（一一八四）、まだ幼いころに義仲の息子で許婚《いいなずけ》とされた源義高を父に殺害され、以後「気鬱」となっていた。頼朝は、一度目の上洛直後の建久二年（一一九一）に入内の動きをみせたが、後白河院との連携が前提だけに、院の死去と、兼実の政権獲得で中断した。同五年には、一条能保の息子高能との婚姻も計画されたが、大姫は峻拒《しゅんきょ》したという。

頼朝の子と孫（数字は将軍就任の順序）

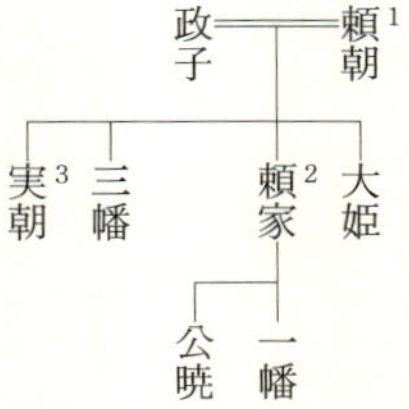

その翌年、頼朝は二度目の上洛で、入内工作を再開する。このため、入内工作を、不遇な娘に最高の婿を迎えようとする親心とする見方もあるが、頼朝は大姫死後に妹の三幡《さんまん》（乙姫《おとひめ》）の入内を計画しており、娘の入内は単なる親心の産物などであろうはずがない。しかも、三幡入内計画は頼朝死後も継続された。

入内計画は、けっして頼朝個人の思いつきなどではないのである。

頼朝死後に三幡入内を推進したのは若い頼家ではあるまい。おそらくは政子であり、さらには外孫の入内によって、王家の縁戚をめざした北条時政も関係したとみられる。大姫・三幡入内計画は、北条氏と王家を結び付ける工作でもあった。先述のように、頼朝は北条・比企両氏を将軍家の支柱とし、両者の一体化をめざしていた。そして比企氏を頼家の外戚とする一方、京との人脈を有し、家格上昇に関心をもつ北条氏を王家の縁戚に位置づけようとしたのである。

一方、大姫入内については、大姫が生んだ皇子を東国の王として推戴しようとしたとする説、さらには東国に清新な政権を樹立しながら、王朝権威に依存して失敗した清盛の轍を踏んだ失策で、頼朝の貴族的性格の発露とする見方も根強い。

しかし、「朝《ちょう》の大将軍」と称し、朝廷を保護下に置いたことを自負する頼朝が、わざわざ東国に皇族を擁立して「王」とすることは考えがたい。先述のように、頼朝は御家人統制に王朝権威を利用し始めていた。したがって、朝廷の統制は不可欠であり、政敵も多い兼実との連携では不十分とした頼朝は、自ら朝廷に強力な楔を打ち込もうとした。その最も直截的な方策こそ、娘の入内であり、外孫の即位だったのである。

もちろん清盛の失敗は頼朝の念頭にあったであろう。清盛の失策は、朝廷を制圧しながら、治承三年政変で強引な体制の改変を行い、地方武士の反乱で政権を瓦解《がかい》させたことにあった。しかし、頼朝は清盛が成しえなかった地方武士の掌握に成功している。あとに残された課題は朝廷の支配に過ぎない。全国の武力と莫大な富を掌握した頼朝にとって、後宮を牛耳る院近臣を籠絡し、娘を入内させることなど、いとも容易に思えたはずである。頼朝には、清盛を超越し、公武を従属させた空前の権力が眼前に迫ったと思えたことであろう。

なお、後継者としてのお披露目となる頼家は、六月三日に後鳥羽と対面し御剣《ぎょけん》を下賜《かし》された。しかし、すでに成人である十四歳に達しながら元服した形跡はなく、官位も授与されることはなかった。彼が初めて官位を得たのは、建久八年（一一九七）のことであった。あるいは、関白兼実との軋轢によって、頼家の元服・叙爵が実現しなかったのかもしれない。

ともかく、頼朝は盛りだくさんの行事をこなし、六月二十五日に京を発った。鎌倉に帰着したのは七月八日のことであった。

3　晩年の「失政」

建久七年政変と大姫の死

建久六年（一一九五）、関白兼実の娘中宮任子は懐妊していた。兼実は空前の規模の祈禱を行い、男子の出産を祈ったが、八月に生誕したのは女子であった。昇子《しょうし》内親王、のちの春華門院《しゅんかもんいん》である。皇子が得られなかった兼実は、外戚の座が遠のき求心力を低下させることになる。

一方、同年の十一月、源通親の室高倉範子の連れ子である在子《ざいし》は、後鳥羽の第一皇子為仁《ためひと》を出産した。為仁の即位が実現すれば、義理の関係とはいえ、通親は天皇の外祖父となる。そうなれば、貴族社会の慣例で大臣昇進も可能となり、大臣家としての村上源氏の地位を守ることができるのである。

翌建久七年（一一九六）十一月、朝廷を揺るがす大事件が勃発した。十年にわたり摂関に君臨した九条兼実が、突如関白を罷免《ひめん》されたのである。これに先立ち、娘の中宮任子も宮中を退出させられた。それればかりか、兼実の弟の天台座主慈円も解任され、九条家一門は徹底的に排除されるに至った。いわゆる建久七年の政変である。関白には、後白河の側近であった近衛基通が復帰した。

事件の首謀者は権大納言源通親で、頼朝もこれを黙認した。兼実の家司《けいし》藤原（三条）長兼《ながかね》の日記『三長記《さんちょうき》』によると、九条家を訪れる者は頼朝に処罰されるとの噂も流れたという（十一月二十八日条）。通親は大姫入内への協力を口実に、頼朝の同意を取り付けたとされる。大姫入内をめざす頼朝にとっては、兼実の失脚と任子の退出はむしろ好都合であった。政変は通親の讒言《ざんげん》が原因とされるが、兼実の過度な権勢、院近臣坊門家出身の国母《こくも》七条院（藤原殖子《しょくし》）に対する無礼などが、後鳥羽天皇の怒りと不信を招いた面もあったとみられる（上横手雅敬氏「兼実の失脚」）。

翌建久八年（一一九七）、大姫入内に前進したかにみえた頼朝を、悲劇が襲った。七月十四日、長い闘病の末に大姫が亡くなったのである。鎌倉帰還後に発病したのであろうが、長期の旅行や入内計画が心労となった可能性もある。徳大寺公能の子で、のちに天台座主となる高僧実全《じつぜん》法印が鎌倉に下って祈禱を行ったが、それも空しかった。

大姫の死去による頼朝・政子夫妻の悲嘆は想像にかたくない。しかし、この時期は『吾妻鏡』が欠落していることもあって、簡略な『愚管抄』以外に史料もなく、頼朝の感慨や、前後の詳しい事情を知ることはできない。ともかく、兼実を見限って推進してきた大姫入内工作は、水泡に帰したのである。

土御門天皇と源通親

兼実は失脚し、大姫の死去で頼朝も朝廷に対する影響力を低下させた。そうした間隙《かんげき》を衝いて建久九年（一一九八）正月、通親は後鳥羽の第一皇子で、通親にとっては義理の外孫にあたる為仁親王の践祚《せんそ》を実現する。土御門《つちみかど》天皇である。通親は天皇の外祖父となり、大きな

王家・源通親関係系図

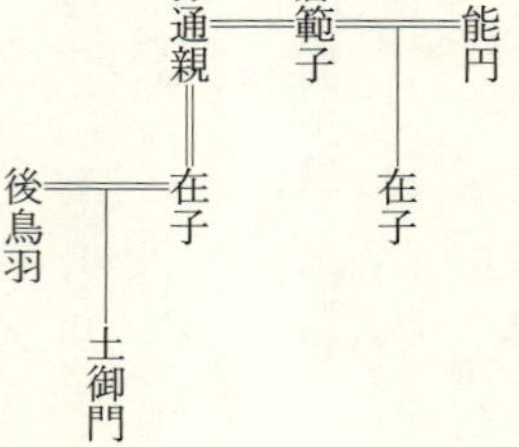

権威を得た。為仁の母在子の実父は能円《のうえん》という僧侶で、僧の外孫が践祚することを疑問視する者も多かった。頼朝もまだ四歳での為仁の即位には賛成していなかったらしい（『玉葉』正月七日条）が、通親はこれを押し切ったという。

通親は、退位した後鳥羽院の執事別当に就任するとともに、天皇の外祖父として朝廷を支配し、院・内裏の実権を奪った。当時の通親は正二位権大納言だが、実質的に政治の主導権を掌握し「源博陸《げんはくりく》（源氏の関白）」と号される（『玉葉』正月七日条）。後鳥羽は若く、関白基通、右大臣兼雅はともに旧後白河側近で、通親と同じ立場にあったから、政治主導権は通親の掌中にあった（橋本義彦氏『源通親』）。

先に兼実の失脚を黙認した頼朝は、翌年十月に一条能保を失い、さらに翌九年九月にはその子高能をも亡くして（『愚管抄』）朝廷への窓口を失っており、なす術《すべ》もなかったという解釈が一般的である。こうしたことから、頼朝は老獪《ろうかい》な通親の手練手管に翻弄され、盟友兼実を失い、大姫入内も失敗して、晩節を汚したとされることが多い。

しかし、大姫入内の頓挫は彼女の夭折という想定外の事態によるものであり、次女三幡の入内工作は継続していた。兼実との関係も当初から緊密とはいいがたく、盟友を失ったという評価は当たらない。後鳥羽天皇もすでに十八歳を迎え、院政をめざすのは当然のことで、後白河の場合と同様、天皇が誰であれ、後鳥羽院との提携が重要な意味をもつのである。通親に反発する兼実や『愚管抄』の記述から、頼朝と通親の対立を深刻に捉えるのは疑問である（佐伯智広氏「源通親─権力者に仕え続けた男の虚像」）。

だいいち通親は、鎌倉将軍家に多大の恩恵を施している。頼朝の後継者頼家の叙爵は、『公卿補任』正治二年（一二〇〇）項尻付《しづけ》によると、建久八年（一一九七）十二月十五日で、従五位下を越えて従五位上に叙されている。この時、すでに兼実は失脚し、政治主導権は源通親にあった。さらに、後述するように頼朝死去後にも、通親はその喪を秘して頼家を五位のまま左近衛中将に任じている。

元服時の従五位上、五位で中将を兼ねる五位中将は、ともに摂関家にのみ認められた特権であった。前者は庶子、後者は嫡流を中心に庶子にもみられた。こうした恩恵は、身分秩序に拘泥する兼実から与えられることはありえない。通親は、将軍家に摂関家並みの特権と家格を与えたのである。

通親が外孫を即位させたのは、村上源氏の大臣家という家格を守るためで、そのために、なりふり構わずに行動したに過ぎない。むろん、頼朝の立場や幕府を否定しようとしたわけではないのである。仮に彼が頼朝に敵対したとしても、基盤も脆弱な通親など、頼朝の敵ではなかったはずである。

頼朝の三度目の上洛が実現していたら、おそらく通親は揉《も》み手をして頼朝を迎え、頼朝は次女三幡を後鳥羽の後宮に送り込むことに成功していたことであろう。なお、『尊卑分脈』は、彼女が鎌倉にいたまま女御《にょうご》宣旨を受けたとする。娘の入内が目的である以上、兼実との提携も考えがたいことであった。しかし、上洛は実現しなかった。頼朝は急死したのである。

頼朝の死去

頼朝は、建久十年（一一九九）正月十一日に出家し、二日後の十三日に息を引き取った。享年は五十三。後白河よりも十三歳、平清盛よりも十歳も若い。また、河内源氏の歴代当主は、横死した父義朝や、曽祖父義親を除くと、六十歳を超えており、それらに比べれば短命であったことは否めない。

周知の通り、『吾妻鏡』には頼朝死去に関する直接の記述はないが、建暦《けんりゃく》二年（一二一二）二月二十八日条に、頼朝の死去にふれた部分がある。この日、相模川橋《さがみがわばし》の修復が問題となったが、この橋には悪《あ》しき因縁があるとされ、建久九年（一一九八）に稲毛重成《いなげしげなり》が同橋を新造した際、頼朝は橋供養に出席したが、その帰りに落馬し、程なく死去したと記されているのである。

相模川橋供養は建久九年十二月二十七日のことで、この日、重成の亡妻の供養が行われている（『鎌倉大日記《かまくらおおにっき》』）。重成は武蔵の豪族であるが、その室は北条時政の娘で、政子の妹であった。頼朝が出席したのはこのためである。『保暦間記』には義広、義経、行家ら源氏一門、さらには安徳天皇の亡霊があらわれ、発病したとするが、もとより事実とは考えがたい。ただ、五十三歳では「老死」とはいいがたいことから、このような伝承と結び付けられたのであろう。

一方、京に頼朝死去の報が届いたのは正月二十日であった。摂政近衛基通の子家実《いえざね》の日記『猪隈関白記《いのくまかんぱくき》』正月十八日条には、頼朝が飲水病《いんすいのやまい》（糖尿病）で重病となり、すでに十一日に出家したとの情報が記され、二十日条には、頼朝が去る十三日に死去したと記されている。これによると、頼朝は病死であったことになる。また、『百練抄』の正月十三日条にも、頼朝は所労《しょろう》（病気）で死去したとある。

これが落馬後の容態を物語るのか、日ごろの持病を意味するのかは判然としない。あるいは、頼朝は単なる落馬事故の負傷が原因で亡くなったのではなく、病気を発症して落馬し、そのまま帰らぬ人となったのかもしれない。飲水病とあるので、寒風の中で乗馬中に脳血管系の病気を急に発症したのではあるまいか。

たびたび死の淵を覗き込みながら、したたかに生き延びた彼も、病気には勝てなかったのである。朝廷工作も、幕府の権力継承も未完成のままでの最期であった。頼朝の死後、幕府では血で血を洗うかのごとき内紛が勃発することになる。

むすび――頼朝死後の幕府

通親と将軍家

頼朝の死後、幕府は激しい内紛に見舞われた。その中で、二代将軍頼家は滅亡し、三代将軍実朝も頼家の遺児公暁《くぎょう》に暗殺された。この結果、源氏将軍は三代で滅亡し、幕府は執権政治に移行することになる。このことから遡及させて、建久七年政変、大姫入内の失敗、土御門天皇の即位等々、通親に翻弄された頼朝晩年の失政が、将軍独裁に対する反発を招いた結果とする見方が有力である。果たしてそのような評価は正しいのであろうか。すでに述べたように、頼朝晩年の政策を単純に失政ということはできないのである。以下では、頼朝没後の政情を分析し、再検討してみることにしたい。

頼朝死去後の建久十年（一一九九）正月二十日、朝廷では除目《じもく》が行われた。すでに頼朝の訃報《ふほう》が京に届いていたにもかかわらず、通親は頼朝の喪を隠して、頼朝の子頼家を左中将に補任した。五位のまま中将に昇進する五位中将は、先述のように本来摂関家にのみ許された特権的地位であった（拙稿「五位中将考」）。これが、頼家・源氏将軍家に対する通親の恩恵であることはいうまでもない。

ちなみに、実朝も元久《げんきゅう》二年（一二〇五）にやはり五位中将となっており（『公卿補任』承《じょう》元《げん》三年実朝項尻付《しつけ》）、鎌倉将軍家は摂関家並みの家格を確立していたことになる。したがって、家格から考えれば、実朝が摂関家子弟と同様に二十八歳で右大臣に昇進したのは当然の処遇であった。彼の昇進ぶりを異常として、後鳥羽が実朝の破滅を願って、身分不相応な官位を与える「官打《かんうち》」をしたなどとするのは俗説に過ぎない。

一方、頼朝没後も三幡の入内工作は継続されており、この点からも京で実権を握っていた源通親の源氏将軍家に対する厚遇は明らかである。通親は、源氏将軍家の家格を上昇させ、入内工作を支援して、将軍家との連携継続を望んでいたのである。『玉葉』『愚管抄』などの九条家側の史料にみえる片言半句から、頼朝の通親に対する憤怒や、頼朝の報復を想定するのは疑問である。

『吾妻鏡』二月六日条によると、正月二十六日、朝廷から頼家に対して、頼朝の遺跡《ゆいせき》を継承し家人・郎従を率いて諸国守護を奉行すべきことが命じられた。頼家が頼朝を後継することが認められたのであり、同時に鎌倉幕府の存続が公認されたことになる。幕府は朝廷にとって、必要な機関となっていた。頼家滅亡や、後述するが北条時政による平賀朝雅の将軍擁立をめぐる紛争に、朝廷が介入し幕府の瓦解を図ることはなかった。

しかし、頼朝が推進していた三幡の入内計画は、彼女の夭折で失敗に終わった。五月、三幡は重病に陥り、後鳥羽より医師丹波時長《たんばのときなが》が下されるが、回復することなく、六月三十日にわずか十四年の短い生涯を閉じたのである。悲嘆にくれた乳母《めのと》夫中原親能が出家している(『吾妻鏡』)。頼朝没後も入内工作を継承し、王家縁戚をめざしてきた時政の野望も潰《つい》えたのである。大姫・三幡の相次ぐ夭折は、頼朝、そして時政の宮廷工作の挫折を招いたが、これはあくまでも偶然の産物に過ぎない。通親は、源氏将軍家に高い家格を与え、幕府体制の継承を公認したのである。

頼家の滅亡

一方、目を幕府内に転ずることにしよう。頼家は父頼朝の急死で、継承の準備も不十分なまま、突然鎌倉殿に就任することになった。まだ十八歳の若年である。御家人相互の対立を調停するには経験不足は否めないし、実戦経験もないために、源平争乱を勝ち抜いてきた老練の御家人からの信頼も充分とはいいがたい。しかも、幕府の組織もまだ十全に確立・機能しておらず、不安定であった。しかし、将軍の経験不足が幕府の動揺に直結するとは限らない。南北朝動乱の最中である応安《おうあん》元年（一三六八）、まだ十一歳の足利義満《よしみつ》が三代将軍に就任したが、執事・管領細川頼之《かんれいほそかわよりゆき》の補佐で、室町幕府は安定しているからである。同じように、頼家を支える有能な重臣がいたなら、事態は変わっていたのではないか。

重臣が頼家を支えようとする動きはあった。周知の通り、『吾妻鏡』は訴訟に関する頼家の親裁をとどめ、十三人の御家人・吏僚たちが合議を行うことになったとする（正治元年四月十二日条）が、実際には重臣が未熟な頼家を支えようとしたものであったとみられる。しかし、重臣たちは一丸となって頼家を支えることはなく、互いに争い、最悪の結果を招いたのである。

正治元年（一一九九）十二月、侍所別当梶原景時が滅亡した。頼朝の寵臣結城朝光《ゆうきともみつ》を頼家に讒言《ざんげん》したため、御家人たちから弾劾《だんがい》されたという（『吾妻鏡』）。景時は一貫して侍所の中心として御家人統制に尽力し、上総介広常殺害をはじめ、頼朝の腹心として将軍権力を支えてきた。『愚管抄』は、「一ノ郎等」「鎌倉本体ノ武士」であった景時の滅亡が、頼家の失脚をもたらしたとする。また、『保暦間記』は、景時からの情報を取捨選択した頼朝と異なり、若い頼家は全てを鵜呑みにしてしまったという。ともかく、景時は将軍権力に過度に密着したため、他の御家人から遊離し、孤立して滅亡したことになる。

一方、頼朝が心を砕いた北条と比企両氏の結合は、十分実現しないまま頼朝の死を迎え、北条の王家縁戚化も実現することはなかった。再び将軍家との結合を重視した時政は、比企氏と密接に結合した頼家にかわり、弟の千幡《せんまん》擁立を企てたとみられ、景時の滅亡もそれに関係したことが窺われる（『玉葉』正治二年正月二日条）。

そして建仁三年（一二〇三）八月、決定的な破局が訪れる。頼家が重病に陥り、比企能員の外孫一幡《いちまん》の鎌倉殿継承の可能性が高まるや、北条と比企との激しい衝突が勃発する（山本みなみ氏のご教示による）。時政は先手を打って、比企一族と頼家・一幡父子を滅亡に追い込んで、千幡を擁立したのである。幕府を二分する大規模な闘争に勝利した時政は、大江広元と並ぶ政所《まんどころ》別当に就任し、事実上の初代執権の座を得た。

頼朝の権威

三代将軍となった千幡は、元服と同時に後鳥羽より実朝と命名された。元服しただかりの少年でも就任可能で、鎌倉殿としての権威を示すことができる官職、征夷大将軍に就任する（山本みなみ氏のご教示による）。

ところが、その二年後の元久二年（一二〇五）、時政は後妻牧の方との間にもうけた娘の婿平賀朝雅の将軍擁立を図ることになる。朝雅は、武蔵守平賀義信の次男で、兄は大内惟義、しかも頼朝の猶子であった。京都守護として上洛し、後鳥羽院の側近ともなっていた。かくして、幕府は再度将軍をめぐる大規模な内紛に見舞われる。今回の内紛は、将軍の支持基盤となった北条氏の分裂が原因であった。

将軍（鎌倉殿）の地位が不安定であった原因は、平氏のような所領と密着した重代相伝の家人をもたず、腹心を姻戚関係や乳母《めのと》関係で形成したため、代替わりによって腹心の立場が大きく変化したことにある。頼朝は、北条と比企の一体化をめざしたが、実現しないままに彼が死去したため、両者の間の調停者を失った幕府は大規模内紛を免れず、頼家の滅亡を招き、実朝の地位も北条氏内部の姻戚関係をめぐる内紛から、時政・牧の方に脅かされた。

また、時政によって畠山重忠の一族が滅亡に追い込まれるが、この際に三浦義村《よしむら》（三浦義澄の嫡男で、義明の孫）らが攻撃に参加したことには、かつて祖父の三浦義明を討たれた遺恨が関係したとみられる。戦時体制下において、外部の敵方の討伐で隠蔽されていた御家人相互の対立が、表面化したのである。さらに、敵方所領没収による新恩給与の恩恵を受けた御家人たちが、王朝権威による恩給に満足せず、外敵にかわり幕府内部に敵対者を求め、合戦を惹起したことも、内紛の原因となったと考えられる。

しかし、時政は子に対して絶対的な立場である父権を背景としていたにもかかわらず、実朝を擁護する娘政子・嫡男義時に敗れて失脚した。政子側が勝利した原因は、彼女が将軍家家長に準ずる頼朝後家であったことにある。政子が、通常反抗できない父時政を斥《しりぞ》け、実朝を守ることができたのは、まさに頼朝後家という権威によるものであった。さらに、建暦三年（一二一三）に勃発した和田義盛の乱も含めて、鎌倉幕府を二分する大規模な内紛が再三発生したが、幕府は瓦解することはなかった。その原因は、つねに政子が支持した側が勝利を収めたことにある。この結果、幕府の一貫性が保たれ、権力の交代に伴う混乱が回避されて、幕府の瓦解が抑止されたのである。

その六年後の建保《けんぽう》七年（一二一九）正月、継嗣のない実朝は親王将軍推戴を決めた翌年、甥の鶴岡八幡宮別当公暁に暗殺され、公暁も殺害された。このため、源氏将軍家は断絶する。事件の背景には諸説があり、親王将軍決定に不満を抱いた公暁の単独犯行とみられるが、将軍暗殺が大規模な内紛を惹起する可能性はあった。しかし、事態は沈静化する。さらに、幕府は後鳥羽院による「倒幕」計画、承久の乱にも勝利を収めるのである。こうした重大な局面で御家人の結束をもたらしたのも、やはり頼朝後家としての政子の権威であった。亡き頼朝の権威は、幕府を守り続けたのである。

あとがき

当然のことだが、評伝を書くとその人物に対する思い入れがより深くなる。かつて、平清盛は公家政権と正面から対決してそれを従属させたが、頼朝はそれを回避して東国に幕府を作ったに過ぎないとして、清盛を高く評価したことがある。しかし、それはある意味、結果論であったに過ぎない。

そもそも人物として考えた場合、権力の頂点に登り詰めるまで、ある意味では順風満帆な人生を歩んだ清盛に対し、頼朝のそれはあまりに異なっていた。頼朝は、再三の死線を潜《くぐ》り抜け、一介の流人から強大な権力を築き上げたのである。その波瀾万丈で劇的な生涯に、深く思いを致さざるをえない。

一般的に頼朝の評判は芳しいものではない。挙兵における功労者上総介広常、一族の木曽義仲、平氏一門、そして平氏追討の立役者義経までも滅亡に追いやったことで、冷酷非情という人物評は拭《ぬぐ》いがたいものとなった。しかし、彼の行動は、薄氷を踏む思いで築いてきた権力を守るための、究極の選択だったのである。また、義経の問題で詳述したように、それは決して理不尽な圧力の結果でもなかった。そうでなければ、軍団の信頼を得ることはできなかったことであろう。

大姫入内をはじめとする、頼朝晩年の朝廷との交渉に関する分析に、違和感をもたれた読者も多いかもしれない。しかし、当時の頼朝が望んだのは、果たして東国のみの権力者なのか、それとも日本全体の最高実力者なのか。娘たちと彼自身の死去という不幸がなければ、歴史自体が大きく変わった可能性もあったのではないか。総じて、結果論ではなく、その時点で頼朝がどのように判断を下したのか、そのことを念頭に置いて叙述するように心がけた。拙著の視角、そして分析の当否は読者のご判断に委ねたい。

本書は、前作『河内源氏　頼朝を生んだ武士本流』の続編である。同書では、河内源氏の「武家棟梁化」、東国武士の組織化が鎌倉幕府の成立をもたらしたという通説に疑念を呈した。それでは、どのようにして頼朝は幕府を築いたのか。このことが大きな問題にならざるをえない。本書は不十分ながら、その一応の答えである。中世成立期における武士論は大きく変化しつつあるが、逆に武士政権成立史については、貴族と武士との対立を強調する旧説を支持する動きが強まっている。そうした学界の「ねじれ現象」に一石を投ずることができれば幸いに思う。

本書の執筆も、前作に引き続き中公新書編集部の並木光晴氏の御慫慂《しょうよう》によるものである。

氏の叱咤・激励がなければ、加齢と、学内の役職による頤使《いし》とで、すっかり消耗していた私が本書を刊行することはできなかったであろう。並木氏に、心から御礼を申し上げる次第である。また、この二年余り、大学の授業で頼朝の生涯を取り上げ、執筆の準備を進めてきたが、授業に際し、時として鋭い質問を呈してくれた院生・学生諸君に感謝する。原稿段階で下読みをしてくださった、岩田慎平・山本みなみ両氏、そして、いつも私を支えてくれる家族に心からの感謝を表したい。

二〇一八年十二月

元木泰雄

主要参考文献

主な史料と底本

『大日本史料』（東京大学出版会）
『吾妻鏡』（新訂増補国史大系、吉川弘文館）
『百錬抄』（新訂増補国史大系『百錬抄』吉川弘文館）
『尊卑分脈』（新訂増補国史大系、吉川弘文館）
『公卿補任』（新訂増補国史大系、吉川弘文館）
『兵範記』（史料大成、臨川書店）
『人車記』（『兵範記』）（陽明史学叢書、思文閣出版）
『玉葉』（図書寮叢刊、明治書院）
『吉記』（新訂『吉記』和泉書院）
『山槐記』（史料大成、臨川書店）
『顕広王記』（『国立歴史民俗博物館研究報告』一五三輯）
『官職秘抄』（群書類従、続群書類従完成会）
『吉口伝』（群書類従、続群書類従完成会）
『清獬眼抄』（群書類従、続群書類従完成会）
『愚管抄』（日本古典文学大系、岩波書店）

『延慶本平家物語』（勉誠社）
『源平盛衰記』（三弥井書店）
『源平盛衰記』（『新定　源平盛衰記』新人物往来社）
『曽我物語』（日本古典文学大系、岩波書店）
『平家物語』（新日本古典文学大系、岩波書店）
『保元物語』（新日本古典文学大系『保元物語・平治物語・承久記』岩波書店）
『陸奥話記』（日本思想大系『古代政治社会思想』岩波書店）
『大山寺文書』（『特別展　古文書が語る播磨の中世』兵庫県立歴史博物館）

全体に関わる文献

石井　進　『日本の歴史7　鎌倉幕府』（中央公論社、一九六五年）
市川　久編　『蔵人補任』（続群書類従完成会、一九八九年）
上横手雅敬　『日本中世政治史研究』（塙書房、一九七〇年）
〃　『平家物語の虚構と真実　上・下』（塙書房、一九八五年）
〃　『鎌倉時代政治史研究』（吉川弘文館、一九九一年）
大山喬平　『日本の歴史9　鎌倉幕府』（小学館、一九七四年）
川合　康　『鎌倉幕府成立史の研究』（校倉書房、二〇〇四年）
〃　『日本中世の歴史3　源平の内乱と公武政権』（吉川弘文館、二〇〇九年）
〃　『源平合戦の虚像を剝ぐ』（講談社学術文庫、二〇一〇年、初出は一九九六年）
木村茂光　『初期鎌倉政権の政治史』（同成社、二〇一一年）
坂井孝一　『曽我物語の史的研究』（吉川弘文館、二〇一四年）
〃　『人をあるく　源頼朝と鎌倉』（吉川弘文館、二〇一六年）

高橋典幸『鎌倉幕府軍制と御家人制』（吉川弘文館、二〇〇八年）
〃『源頼朝（日本史リブレット）』（山川出版社、二〇一〇年）
永原慶二編『日本の名著9　慈円・北畠親房』（中央公論社、一九八三年）
野口　実『坂東武士団の成立と発展』（戎光祥出版、二〇一三年、初出は一九八二年）
〃『中世東国武士団の研究』（高科書店、一九九四年）
〃『武門源氏の血脈』（中央公論新社、二〇一二年）
美川　圭『後白河天皇』（ミネルヴァ書房、二〇一五年）
元木泰雄『源義経』（吉川弘文館、二〇〇七年）
＊なお受領の任免については、菊池紳一・宮崎康充編「国司一覧」（『日本史総覧Ⅱ　古代二・中世一』所収、新人物往来社、一九八四年）を参照した。

Ⅰ　頼朝の登場

上横手雅敬「院政期の源氏」（御家人制研究会編『御家人制の研究』所収、吉川弘文館、一九八一年）
佐伯智広『中世前期の政治構造と王家』（東京大学出版会、二〇一五年）
元木泰雄「源義朝論」（『古代文化』五四―六、二〇〇二年）
〃『保元・平治の乱』（角川ソフィア文庫、二〇一二年、初出は『保元・平治の乱を読みなおす』NHKブックス、二〇〇四年）
〃『河内源氏』（中公新書、二〇一一年）
元木泰雄編『中世の人物　京・鎌倉の時代編第一巻　保元・平治の乱と平氏の栄華』（清文堂出版、二〇一四年）

Ⅱ　流刑地の日々

上横手雅敬「院政期の源氏」（御家人制研究会編『御家人制の研究』所収、吉川弘文館、一九八一年）
坂井孝一「流人時代の源頼朝」（同『曽我物語の史的研究』所収、初出は二〇一二年）
杉橋隆夫「牧の方の出身と政治的位置―池禅尼と頼朝と」（上横手雅敬監修『古代・中世の政治と文化』所収、思文閣出版、一九九四年）
多賀宗隼『源頼政（人物叢書）』（吉川弘文館、一九七三年）
角田文衞「池禅尼」（同『王朝の明暗』所収、東京堂出版、一九七七年）
滑川敦子「和田義盛と梶原景時―鎌倉幕府侍所成立の立役者たち」（野口実編『中世の人物　京・鎌倉の時代編第二巻　治承～文治の内乱と鎌倉幕府の成立』所収、清文堂出版、二〇一四年）
野口　実「「京武者」の東国進出とその本拠地について」（同『東国武士と京都』所収、同成社、二〇一五年、初出は二〇〇六年）
〃　「伊豆北条氏の周辺」（『京都女子大学宗教・文化研究所研究紀要』二〇号、二〇〇七年）
〃　「平清盛と東国武士」（『立命館文学』六二四号、二〇一二年）
羽下徳彦「以仁王〈令旨〉試考」（同『中世日本の政治と史料』所収、吉川弘文館、一九九五年）
森　幸夫「伊豆守吉田経房と在庁官人北条時政」（『ぐんしょ』三一二、一九九〇年）
〃　「頼朝挙兵時の相模目代について」（『ぶい&ぶい』九号、二〇〇九年）

Ⅲ　挙兵の成功

浅香年木『治承・寿永の内乱論序説　北陸の古代と中世2』（法政大学出版局、一九八一年）
清水　亮『中世武士　畠山重忠』（吉川弘文館、二〇一八年）
滑川敦子「和田義盛と梶原景時―鎌倉幕府侍所成立の立役者たち」（野口実編『中世の人物　京・鎌倉の時代編第二巻　治承～文治の内乱と鎌倉幕府の成立』所収、清文堂出版、二〇一四年）
野口　実「平清盛と東国武士」（『立命館文学』六二四号、二〇一二年）

元木泰雄　『敗者の日本史5　治承・寿永の内乱と平氏』（吉川弘文館、二〇一三年）

Ⅳ　義仲との対立

浅香年木　『治承・寿永の内乱論序説　北陸の古代と中世2』法政大学出版局、一九八一年）
石井　進　『石井進著作集　第五巻　鎌倉武士の実像』（岩波書店、二〇〇五年）
佐藤進一　『日本中世史論集』（岩波書店、一九九〇年）
長村祥知　「木曽義仲―反乱軍としての成長と官軍への転換」（野口実編『中世の人物　京・鎌倉の時代編　第二巻　治承～文治の内乱と鎌倉幕府の成立』所収、清文堂出版、二〇一四年）
村石正行　「治承・寿永の内乱における木曽義仲・信濃武士と地域間ネットワーク」（『長野県立歴史館研究紀要』一六号、二〇一〇年）
元木泰雄　『敗者の日本史5　治承・寿永の内乱と平氏』（吉川弘文館、二〇一三年）

Ⅴ　頼朝軍の上洛

上横手雅敬「小松殿の公達について」（安藤精一先生退官記念論文集『和歌山地方史の研究』所収、清文堂出版、一九八七年）
金澤正大　『鎌倉幕府成立期の東国武士団』（岩田書院、二〇一八年）
木村茂光　「頼朝政権と甲斐源氏」（『武田氏研究』五八号、二〇一八年）
櫻井陽子　「頼朝の征夷大将軍任官をめぐって」（同『『平家物語』本文考』所収、汲古書院、二〇一三年）
佐藤進一　『日本の中世国家』（岩波現代文庫、二〇〇七年、初出は岩波書店、一九八三年）
長村祥知　「木曽義仲―反乱軍としての成長と官軍への転換」（野口実編『中世の人物　京・鎌倉の時代編　第二巻　治承～文治の内乱と鎌倉幕府の成立』所収、清文堂出版、二〇一四年）
菱沼一憲　『源義経の合戦と戦略』（角川選書、二〇〇五年）

福田豊彦『中世成立期の軍制と内乱』(吉川弘文館、一九九五年)
宮田敬三「元暦西海合戦試論」(『立命館文学』五五四号、一九九八年)
村石正行「治承・寿永の内乱における木曽義仲・信濃武士と地域間ネットワーク」(『長野県立歴史館研究紀要』一六号、二〇一〇年)
元木泰雄『敗者の日本史5　治承・寿永の内乱と平氏』(吉川弘文館、二〇一三年)

Ⅵ　平氏追討

上杉和彦『大江広元(人物叢書)』(吉川弘文館、二〇〇五年)
金澤正大『鎌倉幕府成立期の東国武士団』(岩田書院、二〇一八年)
木村真美子「中世の院御厩司について―西園寺家所蔵「御厩司次第」を手がかりに」(『学習院大学史料館紀要』一〇号、一九九九年)
近藤好和『源義経』(ミネルヴァ書房、二〇〇五年)
佐藤雄基「大江広元と三善康信(善信)」(平雅行編『中世の人物　京・鎌倉の時代編第三巻　公武権力の変容と仏教界』所収、清文堂出版、二〇一四年)
髙橋昌明『増補改訂　清盛以前』(平凡社ライブラリー、二〇一一年)
谷　昇『後鳥羽院政の展開と儀礼』(思文閣出版、二〇一〇年)
菱沼一憲『源義経の合戦と戦略』(角川選書、二〇〇五年)
宮田敬三「元暦西海合戦試論」(『立命館文学』五五四号、一九九八年)
目崎徳衛『貴族社会と古典文化』(吉川弘文館、一九九五年)
元木泰雄『敗者の日本史5　治承・寿永の内乱と平氏』(吉川弘文館、二〇一三年)

Ⅶ　義経挙兵と公武交渉

大山喬平「文治の国地頭をめぐる源頼朝と北条時政の相剋」（『京都大学文学部研究紀要』二一号、一九八二年）
佐伯智広「一条能保と鎌倉初期公武関係」（『古代文化』五八―一、二〇〇六年）
野口　実「北条時政の上洛」（『京都女子大学宗教・文化研究所研究紀要』二五号、二〇一二年）
菱沼一憲『源義経の合戦と戦略』（角川選書、二〇〇五年）
美川　圭『院政の研究』（臨川書店、一九九六年）
〃『公卿会議―論戦する宮廷貴族たち』（中公新書、二〇一八年）
元木泰雄「延慶本『平家物語』にみる源義経」（佐伯真一編『中世の軍記物語と歴史叙述』所収、竹林舎、二〇一一年）
森　幸夫「伊豆守吉田経房と在庁官人北条時政」（『ぐんしょ』三―二、一九九〇年）

Ⅷ　義経の滅亡と奥州合戦

入間田宣夫『藤原秀衡』（ミネルヴァ書房、二〇一六年）
大石直正『奥州藤原氏の時代』（吉川弘文館、二〇〇一年）
大山喬平「文治の国地頭をめぐる源頼朝と北条時政の相剋」（『京都大学文学部研究紀要』二一号、一九八二年）
佐伯智広「一条能保と鎌倉初期公武関係」（『古代文化』五八―一、二〇〇六年）
角田文衞「陸奥守藤原基成」（平安博物館記念論文集編集委員会編『日本古代學論集』所収、古代學協會、一九七九年）
野口　実「北条時政の上洛」（『京都女子大学宗教・文化研究所研究紀要』二五号、二〇一二年）

Ⅸ　頼朝上洛と後白河の死去

井上満郎「六条西洞院殿とその時代」（古代學協會編『後白河院』所収、吉川弘文館、一九九三年）
黒川高明編『源頼朝文書の研究　史料編』（吉川弘文館、一九八八年）
〃　『源頼朝文書の研究　研究編』（吉川弘文館、二〇一四年）
佐伯智広「中世貴族社会における家格の成立」（上横手雅敬編『鎌倉時代の権力と制度』所収、思文閣出版、二〇〇八年）
櫻井陽子「頼朝の征夷大将軍任官をめぐって」（同『『平家物語』本文考』所収、汲古書院、二〇一三年）
杉橋隆夫「鎌倉初期の公武関係―建久年間を中心に」（『史林』五四－六、一九七一年）
勅使河原拓也「治承・寿永内乱後の東海地域における鎌倉幕府の支配体制形成」（『年報中世史研究』四二号、二〇一七年）
橋本義彦『源通親（人物叢書）』（吉川弘文館、一九九二年）

Ⅹ　頼朝の晩年

上横手雅敬「頼朝と東大寺復興」（『日本の中世8　院政と平氏、鎌倉政権』所収、中央公論新社、二〇〇二年）
〃　「兼実の失脚」（『日本の中世8　院政と平氏、鎌倉政権』所収、中央公論新社、二〇〇二年）
木村茂光『頼朝と街道』（吉川弘文館、二〇一六年）
佐伯智広「源通親―権力者に仕え続けた男の虚像」（野口実編『中世の人物　京・鎌倉の時代編第二巻　治承～文治の内乱と鎌倉幕府の成立』所収、清文堂出版、二〇一四年）
橋本義彦『平安貴族』（平凡社、一九八六年）
〃　『源通親（人物叢書）』（吉川弘文館、一九九二年）

むすび

藤本頼人　「源頼家―「暗君」像の打破」（野口実編『中世の人物　京・鎌倉の時代編第二巻　治承～文治の内乱と鎌倉幕府の成立』所収、清文堂出版、二〇一四年）
元木泰雄　「五位中将考」（大山喬平教授退官記念会編『日本国家の史的特質　古代・中世』所収、思文閣出版、一九九七年）
〃　「源義朝論」（『古代文化』五四―六、二〇〇二年）
〃　「源頼朝―天下草創の光と影」（野口実編『中世の人物　京・鎌倉の時代編第二巻　治承～文治の内乱と鎌倉幕府の成立』所収、清文堂出版、二〇一四年）

源頼朝略年譜

（年齢は数え年）

年号	西暦	年齢	事項
久安三年	一一四七年	一歳	源義朝の三男として誕生。母は熱田大宮司藤原季範の娘。
保元元年	一一五六年	十歳	七月、保元の乱。義朝、その父為義や弟たちを処刑。
保元三年	一一五八年	十二歳	二月、皇后統子内親王の皇后宮権少進となる。
保元四年（平治元年）	一一五九年	十三歳	正月、右近将監を兼任。二月、統子内親王の院号宣下により、皇后宮権少進を止め、上西門院蔵人となる。六月、二条天皇の六位蔵人となる。十二月、平治の乱。元服し初陣を果たす。従五位下・右兵衛権佐となる。義朝、平清盛に敗北、頼朝解官される。
平治二年（永暦元年）	一一六〇年	十四歳	正月、義朝、尾張国で長田忠致に殺害される。三月、頼朝、伊豆に配流される。
承安五年（安元元年）	一一七五年	二十九歳	九月、伊東祐親の謀計を逃れ、北条時政の保護を受ける。
安元三年（治承元年）	一一七七年	三十一歳	このころ、北条時政の娘政子と結婚。
治承三年	一一七九年	三十三歳	十一月、平清盛、後白河院を幽閉。平氏政権を樹立。
治承四年	一一八〇年	三十四歳	四月、以仁王、平氏追討を命ずる令旨を下す。五月、以仁王挙兵、以

			仁王・源頼政敗亡。六月、頼朝、挙兵を決意。八月、伊豆で挙兵、目代平兼隆を討つ。石橋山合戦で敗北。九月、房総半島で上総介広常、千葉常胤を組織し再起する。十月、武蔵の武士らと合流、鎌倉に入府。富士川合戦で平維盛率いる平氏の追討軍を破る。弟源義経と合流。相模国府で論功行賞、本領安堵・新恩給与を行う。十一月、佐竹秀義を追討、和田義盛を侍所別当に補任。十二月、鎌倉の新邸に移徙。
治承五年（養和元年）	一一八一年	三十五歳	閏二月、平清盛死去。後白河院政復活。七月、後白河に和平を提案。
養和二年（寿永元年）	一一八二年	三十六歳	八月、長男頼家誕生。
寿永二年	一一八三年	三十七歳	二月、叔父志田義広の蜂起を鎮圧、七月、平氏都落ち、義仲入京。十月、従五位下に復帰。寿永二年十月宣旨、東海・東山道の行政権、軍事・警察権を公認される。閏十月以前、義経、上洛目指し、鎌倉を出立。十二月、上総介広常を殺害。
寿永三年（元暦元年）	一一八四年	三十八歳	正月、頼朝の代官範頼・義経、義仲を討つ。二月、一の谷合戦、範頼・義経、再上洛目指す平氏軍を撃退。四月、義仲の嫡男義高を殺害。六月、一条忠頼を殺害。十月、公文所・問注所を設置。
元暦二年（文治元年）	一一八五年	三十九歳	二月、義経、屋島合戦に勝利。三月、壇ノ浦合戦、義経、平氏を滅ぼす。四月、従二位に叙され、公卿に列す。五月、鎌倉に下った義経を

			冷遇。八月、義経、頼朝の推挙で伊予守に就任するも、頼朝、国務を妨害。十月、勝長寿院供養。義経・行家挙兵、頼朝追討宣旨が下される。十一月、義経・行家没落。頼朝に義経・行家追討宣旨下される。岳父北条時政、代官として上洛。十二月、国地頭設置、議奏公卿任命など廟堂改革を要求。
文治二年	一一八六年	四十歳	三月、時政を召還。六月ごろ、国地頭廃止。
文治三年	一一八七年	四十一歳	この年、義経、平泉に逃亡。十月、藤原秀衡死去。
文治五年	一一八九年	四十三歳	閏四月、藤原泰衡、義経を殺害。七月、頼朝、泰衡討伐に出撃。九月、平泉を征服、平泉藤原氏滅亡。
文治六年（建久元年）	一一九〇年	四十四歳	十一月、頼朝上洛。後白河院、後鳥羽天皇、摂政九条兼実と対面。権大納言・右大将に就任。十二月、官職を辞任、鎌倉に下る。
建久二年	一一九一年	四十五歳	四月、延暦寺強訴。五月、佐々木定重処刑。
建久三年	一一九二年	四十六歳	三月、後白河院死去。七月、頼朝、朝廷に大将軍任命を要請、征夷大将軍就任。八月、次男実朝誕生。
建久四年	一一九三年	四十七歳	五月、頼朝、富士野で巻狩り。曽我兄弟の仇討ち事件が発生。八月、範頼を伊豆に流し、ついで殺害する。十一月、安田義資を殺害する。
建久五年	一一九四年	四十八歳	八月、安田義定を殺害する。
建久六年	一一九五年	四十九歳	三月、再度の上洛。東大寺再建供養に臨む。ついで宣陽門院・高階栄子らに面会、大姫入内工作を行う。
建久七年	一一九六年	五十歳	十一月、建久七年政変、関白九条兼実、罷免される。

建久八年	一一九七年	五十一歳	七月、長女大姫死去。
建久九年	一一九八年	五十二歳	十月、相模川橋供養の帰途、落馬する。
建久十年	一一九九年	五十三歳	正月十三日、死去。

元木泰雄（もとき・やすお）

1954年（昭和29年），兵庫県に生まれる．京都大学文学部卒業，同大学大学院文学研究科博士課程指導認定退学．京都大学博士（文学）．京都大学総合人間学部助教授などを経て，同大学大学院人間・環境学研究科教授．専攻は中世前期政治史．

著書『源頼義』（吉川弘文館，2017）
『治承・寿永の内乱と平氏』（「敗者の日本史」5，吉川弘文館，2013）
『平清盛と後白河院』（角川選書，2012）
『河内源氏』（中公新書，2011）
『源義経』（歴史文化ライブラリー，2007）
『保元・平治の乱を読みなおす』（ＮＨＫブックス，2004．『保元・平治の乱』に改題，角川ソフィア文庫，2012）
『源満仲・頼光』（ミネルヴァ書房，2004）
『平清盛の闘い』（角川叢書，2001．角川ソフィア文庫，2011）
『藤原忠実』（吉川弘文館，2000）
『院政期政治史研究』（思文閣出版，1996）
『武士の成立』（吉川弘文館，1994）
ほか

源《みなもとの》 頼朝《よりとも》
中公新書 *2526*

2019年1月25日初版
2019年2月10日再版

著　者　元木泰雄
発行者　松田陽三

本文印刷　三晃印刷
カバー印刷　大熊整美堂
製　　本　小泉製本

発行所　中央公論新社
〒100-8152
東京都千代田区大手町1-7-1
電話　販売 03-5299-1730
　　　編集 03-5299-1830
URL http://www.chuko.co.jp/

Published by CHUOKORON-SHINSHA, INC.
Printed in Japan　ISBN978-4-12-102526-5 C1221

中公新書刊行のことば

いまからちょうど五世紀まえ、グーテンベルクが近代印刷術を発明したとき、書物の大量生産は潜在的可能性を獲得し、いまからちょうど一世紀まえ、世界のおもな文明国で義務教育制度が採用されたとき、書物の大量需要の潜在性が形成された。この二つの潜在性がはげしく現実化したのが現代である。

いまや、書物によって視野を拡大し、変りゆく世界に豊かに対応しようとする強い要求を私たちは抑えることができない。この要求にこたえる義務を、今日の書物は背負っている。だが、その義務は、たんに専門的知識の通俗化をはかることによって果たされるものでもなく、通俗的好奇心にうったえて、いたずらに発行部数の巨大さを誇ることによって果たされるものでもない。現代を真摯に生きようとする読者に、真に知るに価いする知識だけを選びだして提供すること、これが中公新書の最大の目標である。

私たちは、知識として錯覚しているものによってしばしば動かされ、裏切られる。私たちは、作為によってあたえられた知識のうえに生きることがあまりに多く、ゆるぎない事実を通して思索することがあまりにすくない。中公新書が、その一貫した特色として自らに課すものは、この事実のみの持つ無条件の説得力を発揮させることである。現代にあらたな意味を投げかけるべく待機している過去の歴史的事実もまた、中公新書によって数多く発掘されるであろう。

中公新書は、現代を自らの眼で見つめようとする、逞しい知的な読者の活力となることを欲している。

一九六二年一一月

中公新書

日本史

d2

中公新書

日本史

d3

- 476 江戸時代 大石慎三郎
- 870 江戸時代を考える 辻 達也
- 2273 江戸幕府と儒学者 揖斐 高
- 1227 保科正之《ほしなまさゆき》 中村彰彦
- 740 元禄御畳奉行の日記 神坂次郎
- 1945 江戸城―本丸御殿と幕府政治 深井雅海
- 1099 江戸文化評判記 中野三敏
- 853 遊女の文化史 佐伯順子
- 929 江戸の料理史 原田信男
- 2376 江戸の災害史 倉地克直
- 2380 ペリー来航 西川武臣
- 1621 吉田松陰 田中 彰
- 2291 吉田松陰とその家族 一坂太郎
- 2047 オランダ風説書 松方冬子
- 2297 勝海舟と幕末外交 上垣外憲一

- 1619 幕末の会津藩 星 亮一
- 1958 幕末維新と佐賀藩 毛利敏彦
- 2497 公家たちの幕末維新 刑部芳則
- 1754 幕末歴史散歩 東京篇 一坂太郎
- 1811 幕末歴史散歩 京阪神篇 一坂太郎
- 60 高杉晋作 奈良本辰也
- 69 坂本龍馬 池田敬正
- 1773 新選組 大石 学
- 2040 鳥羽伏見の戦い 野口武彦
- 455 戊辰戦争 佐々木 克
- 1235 奥羽越列藩同盟 星 亮一
- 1728 会津落城 星 亮一
- 2498 斗南藩―「朝敵」会津藩士たちの苦難と再起 星 亮一
- 1033 王政復古 井上 勲

中公新書

日本史

2107 近現代日本を史料で読む　御厨 貴編
190 大久保利通　毛利敏彦
2011 皇族　小田部雄次
1836 華族　小田部雄次
2379 元老―近代日本の真の指導者たち　伊藤之雄
2492 帝国議会―西洋の衝撃から誕生までの格闘　久保田 哲
840 江藤新平（増訂版）　毛利敏彦
2051 伊藤博文　瀧井一博
2103 谷 干城　小林和幸
2212 近代日本の官僚　清水唯一朗
2294 明治維新と幕臣　門松秀樹
2483 明治の技術官僚　柏原宏紀
561 明治六年政変　毛利敏彦
1927 西南戦争　小川原正道
1584 東北―つくられた異境　河西英通

2320 沖縄の殿様　高橋義夫
252 ある明治人の記録（改版）　石光真人編著
161 秩父事件　井上幸治
2270 日清戦争　大谷 正
1792 日露戦争史　横手慎二
2509 陸奥宗光　佐々木雄一
2141 小村寿太郎　片山慶隆
881 後藤新平　北岡伸一
2393 シベリア出兵　麻田雅文
2269 日本鉄道史 幕末・明治篇　老川慶喜
2358 日本鉄道史 大正・昭和戦前篇　老川慶喜
2312 鉄道技術の日本史　小島英俊

源　頼朝
中公新書 2526